미드에서 건진
Spoken English

미드
표현
사전

초판 1쇄 2011년 1월 11일
개정판 1쇄 2011년 9월 16일

지은이 황혜진
펴낸이 조치영
편집 홍성은
디자인 이현숙
마케팅 손지훈, 심민섭
경영지원 정연희
펴낸곳 스크린영어사

서울특별시 관악구 대학동 1514번지
TEL (02) 887-8416
FAX (02) 887-8591
http://www.screenplay.co.kr

등록일자 1997년 7월 9일
등록번호 제16-1495

ISBN 978-89-6415-062-7 13740

미드에서 건진
Spoken English

미드
표현
사전

스크린영어사
Screen English Publishing co.

머리말

미드(미국 드라마)의 인기가 날로 늘어가는 요즘, 미드를 통해 공부하려는 사람 또한 많아지고 있습니다. 하지만 대부분 자막을 통해 공부하다 보니, 잘못된 자막을 그대로 학습하는 경우도 종종 생기고 있습니다.

우리가 이미 알고 있는 단어들이지만 전혀 다른 뜻으로 쓰일 때가 많은 게 영어이며 계속해서 신조어들이 나오고 있기 때문에, 자막을 만드는 사람도 모든 표현을 정확하게 알고 있다고는 장담할 수 없습니다. 그러니 자막을 통해 학습하다 잘 모르는 부분이 있을 때는 구글이나 영영사전 등을 통해 다시 한 번 확인하는 것도 좋은 방법입니다.

하지만 미드를 볼 때마다 매번 그렇게 검색을 하거나 사전을 뒤적거리기가 사실 쉽지 않습니다. 그래서 그런 부분들을 좀 더 쉽게 해결할 방법을 찾다가 이렇게 미드표현사전을 집필하게 되었습니다.

자주 나오는 단어들이지만 많은 사람이 모르거나 헷갈릴만한 단어들을 모아 이 책에 담았습니다. 미드를 보다가 해석이 안 된다 싶을 때, 또는 자막이 왠지 틀린 것 같다는 느낌이 들 때 편하게 이 책을 통해 답을 알아낼 수 있길 바라는 마음입니다.

그렇게 찾은 단어들은 다시 자신의 미드노트를 마련하여 적어나간다면 학습효과는 배가 되리라 생각합니다.

영어는 언어이기 때문에 단시간에 학습할 수 있는 것이 아닙니다. 오랜 시간 영어에 자신을 노출시키고, 계속해서 말하는 연습을 할 때에만 조금씩 자신의 것으로 만들 수 있습니다.

영어자막과 한글자막을 통해 내용을 제대로 인지한 후에, 따라 말하는 연습을 충분히 하고 나서 자막 없이 반복해서 듣는 과정을 꾸준히 해나간다면 자신이 목표하는 영어 실력을 갖추게 될 날이 올 것이라 확신합니다.

길게 공부해야 하는 만큼 지치지 않도록 재미있는 미드로 즐겁게 공부하길 바라며, 이 책이 그 과정에서 큰 도움이 되었으면 합니다.

지금 이 글을 읽고 계신 모든 분께 감사드리며, 항상 제게 큰 힘이 되어주는 저희 남편, 그리고 가족들, 또한 이 책이 나오기까지 고생하신 홍성은 대리님, 그리고 스크린영어사 편집자분들께 깊은 감사를 드립니다.

황혜진

Henah

책의 구성과 활용법

알고 보면 더 재미 있는 미드

✔ 미드 영어공부에 앞서 Level 별로 다루고 있는 미드에 대해 알아본다. ¶

✔ 미드의 성격과 많이 사용되는 표현 등을 고려하여 난이도를 구분하였다. ¶

Essential Expressions A to Z

✔ 해당 Level의 드라마에 나온 표현들을 알파벳순으로 정리하였다. ¶

✔ 책 뒤의 Index를 이용하여 사전처럼 활용할 수 있다. ¶

미드 속 명대사

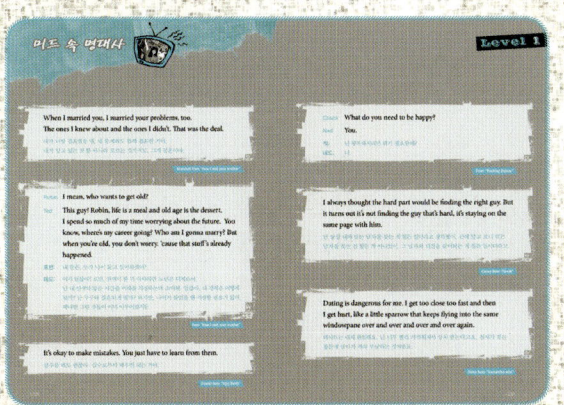

✔ 반짝이는 위트와 감동이 깃든 대사들을 소개한다.

✔ 한글보다 영어문장을 먼저 읽고 의미를 해석해보자.

Study Break

✔ 쉬어가는 페이지로 드라마에 얽힌 재밌는 뒷담화 이야기

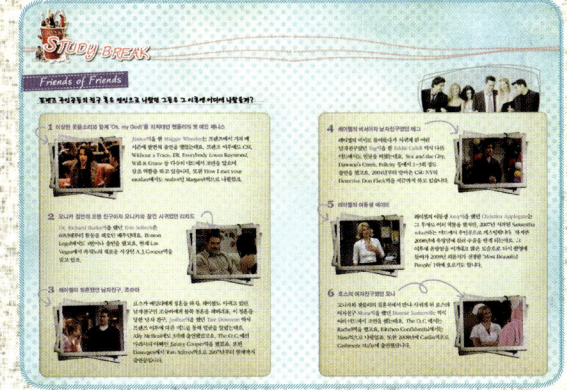

Contents

Level 2 미드표현에 익숙해진 사람을 위한 미드

90210

30 Rock

Las Vegas

Community

Gossip Girl

Gilmore Girls

Sex and the City

The Big Bang Theory

Two and a half men

Desperate Housewives

Level 3 미드영어에 자신이 생긴 사람을 위한 미드

NCIS

Castle

Lie to me

Royal Pains

Boston Legal

The Mentalist

The Good Wife

Close to Home

Private Practice

Drop Dead Diva

Joey

Greek

Cougar Town

Chuck

Samantha who

Friends

That '70s show

Ugly Betty

Pushing Daisies

How I met your mother

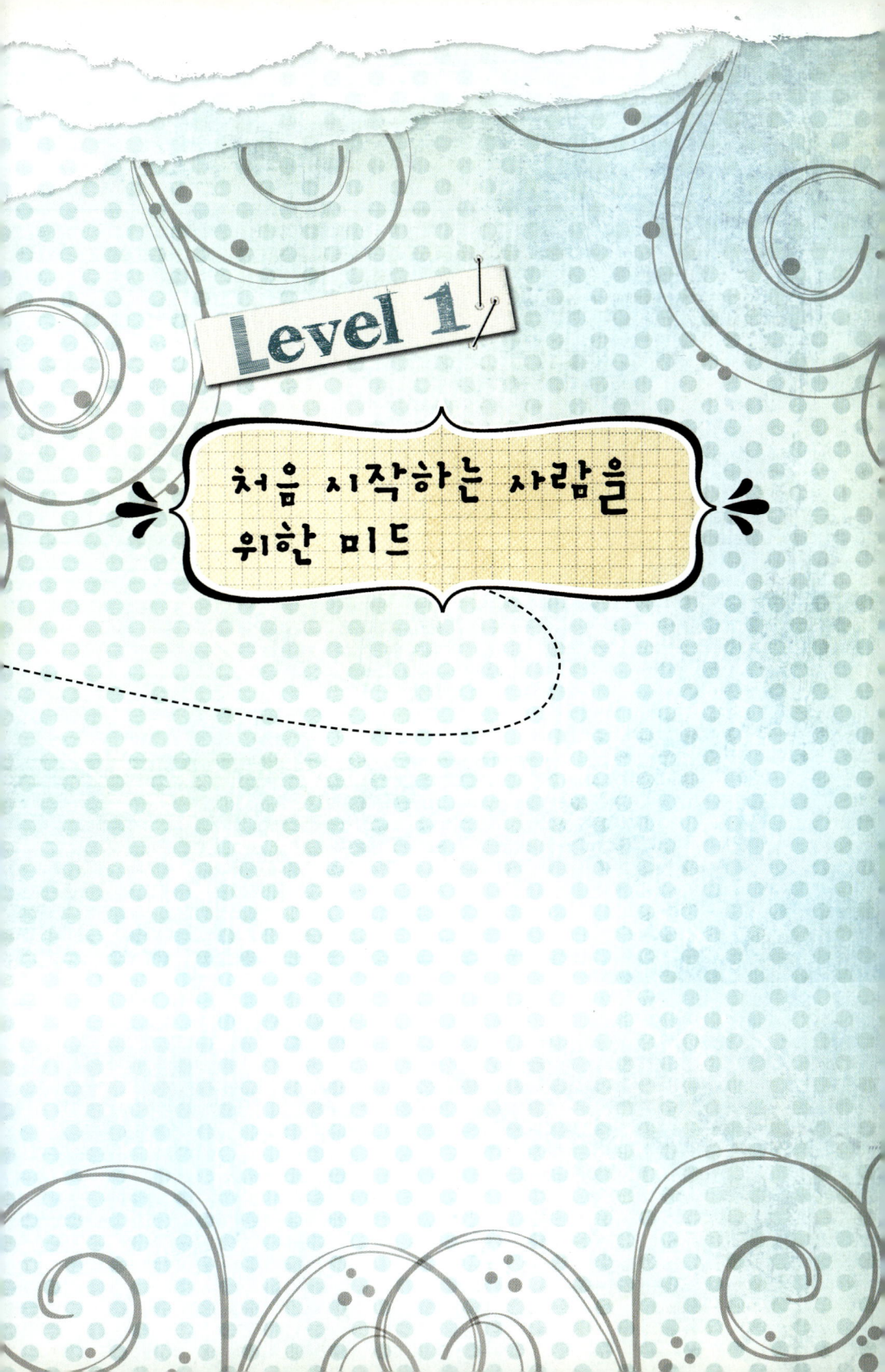

Level 1

처음 시작하는 사람을
위한 미드

JOEY

프렌즈의 귀여운 바람둥이 '조이' 캐릭터만을
가져와 만든 미드. 프렌즈에서 친구들이 모두 자리를
잡아가고 혼자 남게 되자 조이는 친누나가 있는
할리우드로 오게 됩니다. 배우로 성공하겠다는 큰 꿈을
갖고 온 조이가 할리우드에서 겪는 에피소드와, 독특한
캐릭터의 친누나와 그녀의 아들이 펼쳐나가는 코미디
미드입니다.

GREEK

공부만 하던 모범생인 남자 주인공이 대학에 들어가게 되면서
남성 클럽에 들기 위해 애쓰는 모습과, 이미 여성 클럽에서
자리를 잡아가는 누나의 대조되는 모습을 보며 성격이 정말
다른 두 남매의 스토리를 즐길 수 있습니다. 또한 미국 대학의
클럽 문화를 배울 수 있는 미드입니다.

CHUCK

머리는 좋지만 일상생활에선 어리바리한 주인공 척이
친구의 이메일을 통해 정부의 모든 기밀 내용을 머리에
입력시키게 됩니다. 갑자기 일어난 사건에 어리둥절하고
있는 그에게 예쁜 정부요원이 와서 자신들을 도와달라고
요청하자 척은 그녀와 그녀의 동료를 도와 정부를 위해
일을 하게 됩니다.

FRIENDS

세계 최고의 미드라고 할 수 있는 프렌즈는 친한 친구들이 함께 모여 살아가는 이야기와 우리 주변에서 일어날 수 있는 에피소드들을 통해 공감대를 형성하며, 다소 코믹한 캐릭터들을 통해 끊임없이 웃음을 주어 오랜 세월 사랑받고 있는 미드입니다.

UGLY BETTY

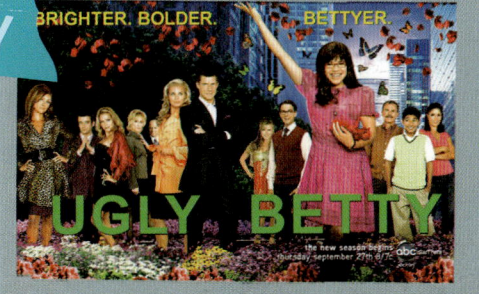

못생긴 여자 주인공 베티가 패션 매거진 회사에 들어가면서 겪게 되는 에피소드를 코믹하게 그려낸 미드입니다. 베티는 못생긴 외모로 처음엔 상사로부터 미움을 받지만, 차차 실력을 인정받으며 성장하는 모습이 그려집니다. 또한 철없던 사장 아들도 조금씩 일에 대해 욕심을 부리며 능력을 인정받고, 회사를 뺏으려는 무리로부터 회사를 지켜냅니다.

COUGAR TOWN

프렌즈의 전 맴버 코트니 콕스가 주연을 맡은 신작 미드로, 남편과 이혼하고 아들과 함께 살아가던 주인공이 새롭게 살겠다며 어린 남자와 데이트를 하면서 긍정적으로 변해가는 모습이 코믹하게 그려집니다. 주변의 친구들 모두 재밌는 캐릭터라 부담 없이 즐겁게 볼 수 있는 미드입니다.

SAMANTHA WHO

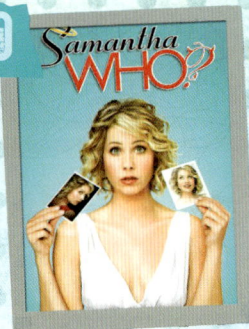

교통사고로 인해 의식을 잃었던 주인공 사만다가 의식을 되찾지만, 기억 상실증에 걸려 아무것도 기억을 못하게 됩니다. 그녀는 자신의 기억을 살리기 위해 무던히 애쓰지만, 조금씩 알아갈수록 자신이 나쁘게 살았다는 것을 깨닫고 새로운 사만다로 착하게 살아가려 노력합니다.

THAT '70S SHOW

1970년대를 배경으로 한 미드로, 십대 주인공과 그의 친구들이 겪는 에피소드를 코믹하게 그려냈으며 그 시대의 스타일을 잘 살려내 보는 재미 또한 있습니다. 쉴 새 없이 웃으며 볼 수 있는 최고의 시트콤이라고 할 수 있죠.

PUSHING DAISIES

죽은 사람을 만지면 다시 살아나게 할 수 있는 능력을 가진 주인공 네드가 이
사실을 알게 된 탐정과 함께 살해 당한 시체들을 잠깐 동안 살려내 범인을 알아내서
보상금을 타는 일을 하게 됩니다. 이 과정에서 어릴 적 좋아하던 여자를 만나게
되는데, 네드가 만지는 순간 그녀는 다시 죽게 되므로 둘은 손도 잡지 못한 채
안타까워하며 사랑을 합니다.

HOW I MET YOUR MOTHER

남자 주인공 테드가 자신이 엄마를 어떻게 만나게 되었는지 아이들에게
설명하며 이야기를 풀어나가는 형식으로, 프렌즈와 마찬가지로 친한
친구들이 함께 생활하며 겪는 여러 가지 에피소드들이 코믹하게 펼쳐지며,
그들의 사랑과 우정이 재미있게 그려지는 유쾌한 미드입니다.

A

about to 막 ~하려던 참인

about to는 be동사와 함께 쓰여 지금 막 ~하려던 행동을 이야기할 때 사용되는 표현입니다. 아직 하진 않았지만, 막 하려고 하는 행동을 to뒤에 붙여 쓸 수 있죠.

Casey	You up for some spontaneous big sis, little sis bonding? 의자매끼리 즉흥적으로 한번 뭉쳐볼래?
Jordan	I was **about to** go for a run. You wanna come with? 저 조깅하러 가려던 참인데요. 언니도 같이 갈래요?

from >> Greek 2-15

a little bird told me 어디서 들었는데, 누가 그러던데

우리도 어떤 이야기를 할 때 어디서 들었는지 말하지 않은 채로 할 때가 있는데요. 그럴 때 '누가 그러던데,'라는 말로 이야기를 시작하고는 합니다. 이와 같은 영어표현이 바로 a little bird told me죠. 말 그대로 작은 새가 와서 얘기해줬다고 돌려 말하는 것입니다.

Amanda	Hey, Betty, **a little bird told me** about your fancy dinner with your rich boyfriend. 야, 베티, 너 부자 남친하고 멋진 저녁식사 있다고 작은 새가 와서 말하더라.
Betty	Oh, was the little bird looking at the calendar on my desk? 오, 그 작은 새가 내 책상에 있는 달력을 보고 있었대?

from >> Ugly Betty 3-18

asap 가능한 빨리, 지금 당장

asap는 As Soon As Possible을 줄여 쓰는 말로 '가능한 한 빨리'라는 의미입니다. 보통 문서나 편지에는 ASAP라고 대문자로 많이 쓰지만, 일반 회화에서는 소문자로 쓰기도 하죠. 또한 요즘은 특히 10대들은, 글자 그대로 간단하게 [에이셉]이라고 읽기도 합니다.

| Barney's brother | Barney, you need to find a girl and have sex with her **asap**. That's what dudes do after a breakup.
| | 바니, 넌 최대한 빨리 여자를 찾아서 섹스를 해야 해. 남자들은 이별 후에 그렇게 하는 거야.
| Barney | I know. I want to, but I guess I'm just scared.
| | 나도 알아. 나도 그러고 싶지만 좀 두렵다고.

from >> How I met your mother 3-10

ask someone out ~에게 데이트 신청을 하다

ask out은 말 그대로 누군가에게 나가자고 요청하는 것입니다. 근사한 곳으로 가자고 요청하는 것은 보통 데이트 신청이 되죠. 그래서 ask someone out은 '누군가에게 데이트 신청을 하다'란 뜻이 됩니다.

| Marshall | So, are you gonna **ask her out**?
| | 그러니까, 너 그녀에게 데이트 신청할거야?
| Ted | No! I can't ask her out.
| | 아니! 난 그녀에게 데이트 신청을 할 수가 없어.

from >> How I met your mother 1-2

at ease 마음을 놓는, 편안한

at ease는 ease한 상태라고 보면 됩니다. 즉 편안한 상태가 되는 것을 말하죠. 여기서처럼 put과 함께 쓰여 누군가를 안정시키다라고 할 수도 있고, be동사와 함께 쓰여 안정된 상태를 표현할 수도 있습니다.

| Mauser | Chuck, you did a good job, but I'll take it from here.
| | 척, 잘했네, 하지만 여기서부터는 내가 맡겠네.
| Chuck | But, but, you know what? Ned is really uptight so maybe I should go over there and tell him that you're taking over. Kinda put him **at ease** so he doesn't get upset.

하지만, 하지만, 있잖아요. 네드가 너무 긴장하고 있으니까 내가 가서 그에게 이제부터 당신이 맡을 거라고 말해줄게요. 그를 안정시켜서 열 받지 않게 하도록 말이예요.

from >> *Chuck 2-11*

baby shower 베이비 샤워, 출산 전 파티

baby shower는 임신한 친구를 위해 출산 전에 파티를 열어주는 것을 말합니다. 보통 임신한 사람의 친한 친구들이 파티 준비를 하며, 초대 받은 사람들은 아이 선물을 준비해와 임신한 친구에게 주고 같이 게임을 하는 등 즐거운 시간을 보냅니다.

Charlie Do you want to throw me a **baby shower**?
네가 내게 베이비 샤워를 열어주겠다고?

Betty Um, yes.
음, 그래

from >> *Ugly Betty 2-16*

badass 멋진, 끝내주는

badass는 문제를 일으키거나 성격이 좋지 않은, 또는 그런 사람을 뜻하기도 하지만, 여기서와 마찬가지로 좋은 뜻으로 쓰이기도 합니다. 누군가가 굉장히 멋있을 때 쓰는 슬랭이죠.

Sam You know, I don't want to sound conceited or anything, but I'm pretty **badass**.
있잖아요, 내가 뭐 우쭐해 보이려고 그러는 건 아닌데요, 나 꽤 멋진데요.

Sam's dad Yeah, you were incredible.
응, 너 굉장했어.

from >> *Samantha who 2-1*

beat ~를 이기다 / 피곤한

beat은 회화에서 보통 두 가지 뜻으로 쓰이는데요, 어떤 경기나 게임에서 상대방을 이겼을 때도 쓰이며, 너무 지쳐 피곤한 상태를 말할 때도 쓰입니다. 물론 일반적인 의미로 '치다, 두드리다'로 사용될 수도 있죠.

Kelso	Oh, Donna **beat** you in basketball?
	오, 도나가 농구에서 널 이겼어?
Fez	Is this true, Eric?
	그게 진짜야, 에릭?

from >> That '70s show 1-4

Justin	You know, I'm kind of **beat**, so could we talk about it tomorrow morning?
	있잖아요, 나 좀 피곤한데, 우리 내일 아침에 얘기하면 안될까요?
Hilda	Oh, sure.
	오, 그래.

from >> Ugly Betty 4-1

beat oneself up 자책하다, 자신을 책망하다

beat oneself up은 자기 자신을 책망하거나 자책하는 것을 뜻합니다. 말 그대로 자신을 beat up, 즉 때린다고 할 수 있죠. 실제로 때리는 건 아니지만 그만큼 자신을 탓하며 괴로워한다는 뜻입니다.

Destroy	Oh, man!
	오, 이런!
Give Back	Don't **beat yourself up**, you had no way of knowing.
	너무 자책하지 마, 너도 몰랐잖아.

from >> that '70s show 1-6

be in touch 연락하다

누군가와 헤어지거나 떨어져 있게 될 때 우리는 연락하라는 말을 하고는 하는데요, 이때 쓰는 표현이 바로 in touch입니다. 계속 연락하라고 말할 때는 keep in touch라고 하며, 여기서와 마찬가지로 will be in touch를 사용해서 이후에 연락하겠다고 쓸 수도 있습니다.

> **Veronica**   I want "justice" at any price.
> '정의'를 위해서라면 어떤 대가도 치르겠어요.
>
> **Emerson's mom**   That's our kind of "justice". We'll **be in touch**.
> 그게 바로 우리가 실현하는 '정의'예요. 연락할게요.

from >> Pushing Daisies 2-4

between jobs 실직 중인, 무직인

다니던 직장을 그만두고 새로운 일자리를 찾고 있을 때 보통 between jobs라는 표현을 사용합니다. 말 그대로 일 사이에 놓여있는 거죠. 백수라는 말보다는 조금 더 돌려 말하는 표현입니다.

> **Ted**   So, Jen, what do you do?
> 그래, 젠, 넌 무슨 일 해?
>
> **Jen**   I'm **between jobs**, banking crisis.
> 난 지금은 쉬고 있어요. 은행 위기 알잖아요.

from >> How i met your mother 5-2

black eye 멍든 눈

누군가에게 눈을 맞아서 멍이 들었을 때 우리는 시퍼렇게 멍이 들었다고 하지만, 영어에서는 black을 써서 표현합니다. 그래서 멍든 눈을 black eye라고 말하죠.

> **Donna**   Hey. God, you got a **black eye**. It looks pretty hot.
> 야. 이런, 너 눈이 멍들었잖아. 좀 멋져 보인다.
>
> **Eric**   You should see the other guy.
> 너 (나랑 싸운) 그 자식을 봐야해.

from >> That '70s show 1-23

bluff 허풍 치다, 허세 부리다, 속이다

bluff는 카드 게임을 할 때 안 좋은 패를 들었지만 허세를 부리며 패가 좋은 척 하는 것을 말합니다. 표정 관리를 잘하는 사람은 이 bluff를 많이 하곤 하죠. bluff는 이렇게 '허세 부리다, 허풍을 떨다'외에도 명사로 '허세 부리는 사람, 속임수' 등의 뜻도 가지고 있습니다.

Donna	You got nothing. 니 패 꽝이잖아.
Eric	Yeah, and I'm gonna **bluff**, so watch out! 맞아, 하지만 난 허풍 떨 거야, 그러니까 조심하라고!

from >> That '70s show 1-7

boob job 가슴 수술

boob job은 가슴 성형수술을 뜻합니다. 정식으로는 유방 확대수술이라 해서 breast enlargement surgery라고 해야 맞지만, 그냥 일반인들 사이에서는 간편하게 boob job이라고 부르죠. 이와 마찬가지로 코를 높이는 수술은 nose job이라고 합니다. 이런 수술을 받는다고 할 때는 동사 get을 써서 문장을 만들면 됩니다.

Sam	Did you know that I was getting a **boob job**? 너 내가 가슴 수술 받으려고 하는 거 알고 있었어?
Andrea	Yeah, I think it's a fantastic idea. 그럼, 난 좋다고 봐.

from >> Samantha who 1-2

booze 술, 독한 술

일반적으로 술은 drink, liquor, alcohol 등이라고 하는데, 구어로 booze라 하기도 합니다. booze는 보통 위스키와 같은 독한 술을 의미하죠. 또한 '술을 많이 마시다'라는 동사로 쓰이기도 합니다.

Chuck	I'll make some tea.
	내가 차 끓일게요.
Olive	And I'll get the **booze** to take the edge off.
	그럼 난 긴장을 풀어줄 술 좀 가져올게요.

from >> Pushing Daisies 1-5

born and raised (=born and bred) 태어나고 자란

누군가에게 출신을 물어보면 보통 자신이 태어난 곳을 이야기하는데요. 종종 그 곳에서 태어나서 쭉 자라온 사람들도 있습니다. 이런 사람들은 그것을 강조하기 위해 born and raised 또는 born and bred라고 말하곤 하죠.

Ted	Lily?
	릴리, 너는?
Lily	Oh, sorry, Ted. I'm a **born and raised** New Yorker. I'm programmed to despise and loathe New Jersey and all that it stands for.
	오, 미안, 테드. 난 뉴욕에서 태어나고 자란 뉴요커잖아. 난 뉴저지에 관한 모든 것은 싫어하게 되어있다고.

from >> How i met your mother 4-3

boss around 휘두르다, 이래라 저래라 하다

상사, 사장이라는 뜻인 boss에서 나온 boss around는 자신이 상사인양 상대방을 부리는 것을 뜻합니다. 상대에게 이래라저래라 명령을 하며 부하처럼 부려대는 것을 말하죠.

Ricky	Name something about yourself that you consider to be a weakness.
	자네의 단점이라고 생각하는 것을 말해보게.
Eric	I allow people to **boss me around**.
	전 사람들에게 휘둘려요.

from >> That '70s show 1-5

bouncer (바, 클럽 등의) 경비원, 바운서

보통 외국의 바나 클럽을 가면 문 앞에 덩치 큰 사람이 서서 들어오는 사람을 통제하는데요, 이런 사람들을 '바운서'라고 합니다. 이 사람들은 클럽 안에서 누군가가 소란을 피웠을 때 그들을 내쫓는 역할을 하기도 하죠.

> **Hyde** Hey, did slipping the **bouncer** a ten work?
> 야, 바운서한테 10달러 주는 거 먹혔어?
>
> **Eric** Yes, it did, Hyde. That's why I'm inside the club.
> 응, 먹혔어, 하이드. 그러니까 내가 지금 클럽 안에 있는 거잖아.

from >> That '70s show 2-3

brag 자랑하다

brag는 boast나 show off와 같은 뜻으로, 자신에 대해서 '자랑하다, 뽐내다'라는 뜻입니다. 명사로 '자랑, 허풍'이라고 쓰이기도 하죠.

> **Robin** Who was that?
> 저 사람은 누구였어?
>
> **Ted** Oh, I don't wanna **brag**, but it seems chicks are really digging the whole professor thing.
> 오, 자랑하고 싶진 않지만, 여자들이 이 교수 스타일을 좋아하는 것 같아.

from >> How i met your mother 5-4

break 방학

break는 '깨다, 부수다'란 뜻 외에 '방학'이란 뜻도 있는데요. 방학이 학기 사이를 떨어뜨려 공부에서 잠시 쉬게 해주는 시간이니 뜻이 조금 통한다고 볼 수도 있겠네요. 각 계절을 넣어서 spring break(봄 방학), summer break(여름 방학) 등으로 쓰기도 합니다.

> **Casey** How was your **break**?
> 네 방학은 어땠어?
>
> **Cappie** Uh, productive. How about you?

> 어, 생산적이었어. 너는?

from >> Greek 1-11

break the ice 썰렁한(어색한) 분위기를 깨다

어색한 분위기를 가리켜 썰렁하다라고 하는데요, 이렇게 썰렁한 분위기를 깨는 것을 break the ice라고 합니다. 즉 얼음과 같이 차가울 정도로 썰렁한 분위기를 깨는 것을 말하죠.

Marshall	Ooh, terrible.
	우, 끔찍하다.
Ted	What? I thought it would **break the ice**.
	뭐가? 난 그게 어색한 분위기를 깰 줄 알았다고.

from >> How i met your mother 3-9

break up 깨지다, 헤어지다

우리가 이성과 헤어졌다고 말할 때 '깨졌다'라고 말하는 것과 비슷하게 영어에서도 이를 break up이라고 합니다. 누군가와 헤어졌다고 말하려면 with를 써서 break up with라고 말하면 됩니다.

Ted	Really? You're OK with it?
	정말? 너 괜찮아?
Lily	Look, we've been **broken up** almost six months, I mean, not thrilled about the idea, but he has every right to date someone else.
	야, 우리가 헤어진지도 벌써 6개월이야. 그러니까, 그게 기쁘지는 않지만,
	걔도 다른 사람과 데이트할 권리가 있는 거잖아.

from >> How i met your mother 2-7

brunch 아점, 아침 겸 점심

우리말에서 아침과 점심을 합쳐 '아점'이라고 하는 것처럼 brunch는 breakfast와 lunch를 합친 말입니다. 아침 늦은 시간대에 가볍게 하는 식사를 말하죠.

| Monica | Okay, the reason why I asked you guys out to **brunch** today is because I have been doing some thinking about who should be my maid of honor.
자, 내가 오늘 너희들한테 아점을 같이 먹자고 한 이유는, 누가 내 (대표) 들러리가 되야 하는지에 대해서 생각을 해봤기 때문이야. |
| :--- | :--- |
| Rachel | Oh my God! This is it! (To Phoebe) I really hope it's you!
정말! 드디어 왔구나! (피비에게) 니가 됐으면 좋겠다! |

from >> Friends 7-6

buckle down 열심히 하다, 공부(일)에 매진하다

buckle down은 공부건 일이건 자신이 하는 일에 대해서 매진하여 열심히 하는 것을 뜻합니다. 좀 더 열정적이고 적극적인 자세로 일을 하거나 공부하는 것을 의미하는 표현이죠.

| Cappie | It sucked, didn't it? I knew it as soon as I saw you.
그거 구렸지, 그지? 널 보자마자 알았어. |
| :--- | :--- |
| Casey | But now I know what real life demands. I need to **buckle down** and get serious.
하지만, 이제 난 진짜 삶이 필요로 하는 게 뭔지 알았어. 열심히 공부하고 진지해져야겠어. |

from >> Greek 2-11

bug ~를 귀찮게 하다, 방해하다

bug는 가장 일반적인 뜻으로 '벌레'라는 뜻을 가지고 있는데요. 벌레는 사람을 귀찮게 하죠. 그래서 bug가 동사로 쓰이면 상대방을 귀찮게 하거나 방해하다라는 의미로 쓰입니다. 벌레가 계속해서 주위로 날아와 신경 쓰이게 하는 것을 생각하면 되죠.

| Alex | Hey. I'm sorry to **bug** you, but did you get some of my mail by mistake? I didn't get my People magazine and the post office said they delivered it today.
안녕, 귀찮게 해서 미안한데, 실수로 내 우편물 가져가지 않았어요? 내 피플 잡지를 못 받아서요. 우체부 말로는 오늘 배달했다고 하던데. |
| :--- | :--- |

> **Joey** Gina, weren't you readin' that earlier?
> 지나, 너 아까 그거 읽고 있지 않았어?

from >> Joey 1-4

bully ~를 괴롭히다, 괴롭히는 아이들

학교를 다닐 때 보면 약한 아이들을 괴롭히는 무리들이 꼭 있는데요, 이러한 아이들을 bully라고 합니다. 힘이 없는 아이들을 놀리거나 때리는 등의 행동을 하는 것을 뜻하기도 하고, 괴롭히는 아이들을 의미하기도 합니다.

> **Justin** I would totally get revenge on my **bullies** if I could.
> 난 할 수 있다면 날 괴롭히는 애들한테 복수할거야.
>
> **Hilda** Wait a minute. You have bullies?
> 잠깐만, 너 괴롭히는 애들 있어?

from >> Ugly Betty 3-5

bummed 우울한, 속상한, 기분 잡친

bummed는 '우울한, 속상한, 기분이 잡친' 등의 뜻을 나타내는 형용사로, 젊은이들 사이에서 많이 쓰이는 표현입니다. 또한 bummer라고 해서 '안됐다, 짜증나겠다, 속상하겠다' 등의 감탄사로 쓰이기도 합니다.

> **Joey** Well, if we're both **bummed**, you wanna go be bummed together? Maybe we could get something to eat.
> 음, 우리 둘 다 우울하다면, 같이 우울해할래요? 뭔가를 먹어도 되고요.
>
> **Alex** Oh, I wish I could.
> 오, 나도 그러고 싶어요.

from >> Joey 1-1

bump into ~와 우연히 마주치다

길을 가다 우연히 누구와 마주치게 되는 경우가 있는데요, 이럴 때 쓰는 표현이 바로 bump into입니다. 비슷한 표현으로 run into도 많이 쓰이죠.

Marshall	Alright, so call her up!
	알았어, 그럼 그녀에게 전화해!
Ted	No! Calling's not casual! I just gotta **bump into** her somewhere.
	안돼! 전화하는 건 캐주얼하지 않잖아! 그녀랑 어딘가에서 마주쳐야해.

from >> How I met your mother 1-2

burning up 열이 펄펄 끓는

감기에 걸리거나 몸이 아파 열이 심하게 나면 '열이 펄펄 끓는다'라는 표현을 쓰곤 하는데요, 영어에서도 이런 상태를 burning up이라고 합니다. 즉, 불이 타오를 정도로 열이 난다는 것이죠.

Betty	Hilda, you're **burning up**. There's no way you're going to that dance.
	힐다(언니), 열이 펄펄 끓잖아. 언니 그 파티에 가면 안되겠다.
Hilda	No, tonight is the night that I find out if the coach likes me.
	안 돼, 오늘밤이 코치가 나를 좋아하는지 알 수 있는 날이란말야.

from >> Ugly Betty 2-17

butt out 빠지다, 참견하지 않다

어떤 일에서 빠지거나 참견하지 않을 때 쓰는 표현을 butt out이라고 합니다. 말 그대로 그곳에서 엉덩이를 빼는 것을 말하죠. 반대로 '참견하다, 끼다'라고 할 때는 butt in이라고 합니다.

Ellie	But you want me to **butt out**. I get it. It's none of my business.
	넌 내가 참견 안 했으면 좋겠다는 거구나. 알았어. 내 알 바 아니지.
Chuck	No, no, no, I'm not, I'm not saying that.
	아냐, 아냐, 아냐, 그게 아니야. 그런 뜻으로 말한 게 아냐.

from >> Chuck 1-3

buy ~를 믿다

buy는 일반적으로 쓰이는 '사다'라는 뜻 외에도 '~를 믿다'라는 뜻으로 회화에서 많이 쓰입니다. 상대방의 말에 믿을 수 없을 때 보통 I don't buy it.이라고 말하죠. 또한 반대로 누군가를 믿게하다라고 말할 때는 sell 동사를 씁니다. We have to sell it.(우린 사람들이 그걸 믿게 해야 해)처럼 사용되죠.

Kelso	Okay, I'll tell her there's an emergency and I gotta go. She'll **buy** that, right?
	알았어, 그녀한테 급한 일이 있어서 가야한다고 말할게. 그녀가 믿겠지, 그렇지?
Hyde	Yeah, except for one thing.
	응, 한 가지만 빼면 말이지.

from >> That '70s show 1-4

call it a day 하루를 마감하다, 하루 일과를 끝내다

call it a day는 그 날의 해야 할 일을 끝마쳤을 때 쓸 수 있는 표현입니다. 이제 하던 일을 마치고 집으로 가자는 뜻으로 쓰이죠. call it a day 대신에 call it a night이라고 해도 같은 표현이며, 상황에 맞게 써주면 됩니다.

Donna	Well, I'm gonna **call it a day**.
	음, 난 그만 가봐야겠다.
Eric	Good night.
	잘 가.

from >> That '70s show 1-1

Dad	I'm gonna **call it a night**. Happy birthday, sweetie.

난 그만 자러가야겠다. 생일 축하한다, 사랑하는 딸아.

Betty   Thank you, daddy.

고마워요, 아빠.

from >> Ugly Betty 2-14

call it even 비긴 걸로 하다

even은 형용사로 '동일한, 대등한'이라는 뜻도 가지고 있습니다. 그래서 call it even이라고 하면 동등한 걸로 치다, 즉 비긴 걸로 하다라는 뜻이 되는 거죠.

Chandler   **Call it even?**

비긴 걸로 할래?

Monica   Okay.

좋아.

from >> Friends 8-2

call off 미루다, 연기하다, 취소하다

call off는 어떤 약속이나 일을 뒤로 미루거나 연기할 때 또는 취소할 때 쓰는 표현입니다. '미루거나 연기하다'라는 뜻으로 쓰일 때는 put off나 delay와 바꿔 쓸 수 있으며, '취소하다'라는 뜻으로 쓰일 때는 cancel과 바꿔 쓸 수 있죠.

Chuck   What is it?

무슨 일이야?

Sarah   We have to **call off** the date.

우리 데이트를 미뤄야할 것 같아.

from >> Chuck 2-1

care to~? ~할래?

상대방에게 무언가 하자고 가볍게 제안할 때 쓸 수 있는 표현이 care to입니다. 간단하게 to 뒤에 제안하고자 하는 동사를 넣어 "Care to~?"라고 말할 수 있죠.

Ashleigh	Hey, **care to** dance?
	이봐요, 춤출래요?
Rusty	I don't think so, Ash.
	아니요, 애쉬.

from >> Greek 2-7

catch 꿍꿍이, 함정

누군가가 갑자기 잘 해준다거나 선물을 준다거나 하면 우리는 무슨 꿍꿍이가 있는 거 아니냐고 말하곤 하는데요. 이때 '꿍꿍이'에 해당하는 표현이 바로 catch입니다. 즉 무언가 숨겨진 의미가 있는 것을 말하죠. 같은 뜻으로 angle도 있으며, "What's your angle?"과 같이 쓰입니다.

Rebecca	What's the **catch**?
	꿍꿍이가 뭐야?
Frannie	Just here me out.
	내 말을 끝까지 들어봐.

from >> Greek 2-10

catch 퀸카, 킹카, 매력 있는 사람

catch가 사람에게 쓰일 때는 킹카, 퀸카 등의 매력 있는 사람을 의미합니다. 즉, 놓치지 말고 꼭 잡아야(catch)하는 사람을 뜻하는 거죠.

Betty	Well, I- we haven't talked about that yet but ...
	음, 난, 우린 아직 그거에 대해서 얘기 안했는데…
Hilda	Well, I think he's a **catch**.
	음, 난 걔가 매력있는 애라고 생각해.

from >> Ugly Betty 1-1

catch up (밀린) 이야기를 하다 / 잠, 공부 등을 따라잡다

밀린 이야기를 하거나 잠을 자거나 공부를 하는 등, 한동안 못했던 것을 하며 그것을 따라잡으려고 할 때 쓰는 표현이 catch up입니다. 뒤에 전치사 on을 넣은 후 따라잡고자 하는 것을 말하면 되죠. 또한 "I'll catch up with you later."와 같이 먼저 가는 친구들에게 '나중에 따라가겠다, 나중에 보자'라고 말할 때 쓰이기도 합니다.

Ted   Great. It'll give us a chance to **catch up**.
잘됐다. 우리가 밀린 이야기를 할 기회가 생기겠네.

Robin   Yeah.
그러게.

from >> How i met your mother 3-9

chaperone 보호자

미국은 학교에서 학생들을 위한 파티를 여는 등의 행사를 하기도 하는데요. 이때 아이들을 관리하고 보호하기 위해 보통 학부모 중 몇 명을 부르기도 합니다. 이렇게 보호자 자격으로 오는 사람을 '새프론'이라고 부르죠.

Betty   What are you doing here?
여기서 뭐하는 거예요?

Gio   I'm a **chaperone**.
나 보호자로 왔어요.

from >> Ugly Betty 2-17

check on someone ~가 (잘 있는지) 확인하다

친구나 가족이 안 좋은 일을 당했다거나 힘든 일을 겪게 되면 집에 찾아간다든가 그 사람에게 전화를 해보게 되는데요. 이러한 행동을 가리켜 check on이라고 합니다. on 뒤에 확인하려는 사람을 넣어서 표현하면 되죠.

Jules   Did you come over here to make fun of me?
너 나 놀리려고 온 거야?

Ellie   No, I came over to **check on you**.
아냐, 너 잘 있나 보려고 왔어.

from >> Cougar Town 1-2

cheer someone up ~의 기운을 복돋아주다

우울하거나 힘들어하는 누군가에게 응원을 해주어 기운을 나게 할 때 cheer up을 써서 표현합니다. 또한 'Cheer up!'만 써서 '기운내, 힘내!'라고 말할 수도 있죠.

> **Phoebe** Your own boat?
>
> 네 보트라고?(네게 보트를 사주셨다고?)
>
> **Rachel** What?! What?! He was trying to **cheer me up**! My pony was sick.
>
> 뭐?! 뭐가?! 아빠는 내 기운을 복돋아주려고 그런거였어! 내 조랑말이 아팠다고.

from >> Friends 7-3

chew out 야단치다, 꾸짖다

chew out은 누군가를 심하게 꾸짖거나 야단을 치는 것을 뜻하는 표현입니다. 우리도 누군가를 나쁘게 이야기하거나 그 사람에 대해서 안 좋은 이야기를 할 때 '씹다'라는 속어를 쓰는데요. 영어도 이와 마찬가지로 chew가 쓰이지만, 다른 점은 씹는 대상을 바로 앞에 두고 이야기한다는 것이죠.

> **Rusty** You're here to **chew me out** for losing Casino Night.
>
> 내가 카지노의 밤에서 돈 잃었다고 나 혼내러 왔구나.
>
> **Casey** I'm here to say that I was wrong.
>
> 난 내가 틀렸다고 말하러 온 거야.

from >> Greek 2-3

chip in (돈을) 조금씩 모으다, 조금씩 걷다

친구나 동료의 생일이 다가오면 서로 돈을 조금씩 모아 선물을 사거나 현금을 건네주기도 하죠. 이렇게 돈을 모으는 행동을 chip in이라고 합니다. 조각(chip)들을 모아 하나로 다시 만들듯 돈을 모아 무언가를 준비한다고 생각하시면 됩니다.

> **Rachel** Oh my god, oh, you guys are great.

이런, 오, 너희 정말 최고야.

Monica We all **chipped in**.

우리가 조금씩 모았어.

from >> Friends 1-9

chipper 기운이 넘치는, 기분 좋은

누군가가 기분이 아주 좋아 보인다거나 명랑하고 기운이 넘치는 상태일 때 쓸 수 있는 표현이 chipper입니다. 쾌활하고 밝은 느낌을 나타내는 단어죠.

Jules Hi.

안녕.

Grayson Oh, good, you're **chipper** again.

오, 다행이다. 다시 밝아졌구나.

from >> Cougar Town 1-2

come down with the flu 감기가 오다, 감기 기운이 있다

감기가 아직 심하게 걸린 건 아니지만, 감기 기운이 있거나 감기가 올 것 같은 느낌이 들 때 쓸 수 있는 표현이 come down with the flu입니다. come down with 뒤에 다른 병명을 써서 말할 수도 있습니다.

Eric I'm kinda tired and my wrist hurts and I think I'm **coming down with the flu**.

난 좀 피곤해, 손목도 아프고, 그리고 감기 기운도 있는 것 같아.

Donna Well, it's just as well, I'm pretty bad at it.

음, 나도 저거 잘 못해.

from >> That '70s show 1-4

count on ~에게 의지하다, ~를 믿다

누군가를 믿거나 의지할 때 count 동사와 전치사 on을 써서 표현하기도 합니다. on 뒤에

Essential Expressions  A to Z

믿는 상대를 넣어 말하면 되죠. 비슷한 표현으로는 rely on, depend on이 있습니다.

Rusty	All right, I'll do it. 알았어, 내가 할게.
Casey	Yes! I knew I could **count on** you, little brother. 좋았어! 널 믿어도 된다는 걸 알았다니까, 동생아.

from >> Greek 2-4

crank call 장난전화(하다)

crank call은 prank call이라고 하기도 하며, '장난전화'를 뜻합니다. 동사로 '장난전화를 하다'라는 의미로 사용하기도 하죠.

Ned	Have you been **crank calling** Lily again? 릴리에게 다시 장난전화 하고 있었던 거야?
Chuck	Mm, not recently. 아니, 요즘은 안했어.

from >> Pushing Daisies 2-6

crash 초대 받지 않은 파티에 가다, 남의 집에서 자다

crash는 원래 '충돌, 부수다' 등의 뜻을 가진 단어이지만, 회화에서는 '남의 집에서 자다, 초대받지 않은 파티에 가다'라는 뜻으로 더 많이 쓰입니다. 잘 곳이 없어서 남의 집에서 신세를 진다거나, 초대받지도 않았는데 불쑥 남의 파티에 쳐들어간다거나 하는 행위를 crash라고 하죠.

Ellie	She left me at a club, so I need a ride home, and a place to **crash** tonight. 그녀가 클럽에 날 두고 갔어, 그래서 집에 데려다 줄 사람이 필요해. 그리고, 오늘 밤 잘 곳도 있어야 해.
Jules	Okay. I'll be right there. 알았어. 내가 갈게.

from >> Cougar Town 1-3

Max	I can't believe we're **crashing**. 우리가 파티에 초대받지 않고 그냥 가다니 믿을 수가 없어.
Casey	You're crashing. I'm Dale's plus-one. 네가 초대받지 않은 거지. 난 데일의 데이트 상대로 온거야.

from >> Greek 2-17

crave ~가 땡기다, 너무 먹고 싶다

무언가를 지금 당장 먹어야 할 것 같은 느낌이 들 때 쓸 수 있는 표현이 바로 crave입니다.
우리말의 '~가 너무 땡겨.'와 가장 비슷한 표현이라고 볼 수 있죠.

Phoebe	Y'know, it doesn't matter how much I'm **craving** it. Y'know why I'm never gonna eat meat? Because it's murder, cold blooded murder. 너도 알잖아, 내가 얼마나 그게 먹고 싶던 상관없다는 거. 내가 고기 안 먹을 거라는 거 너도 알지. 그건 살인이잖아, 냉혈한 살인.
Chandler	Okay. 알았어.

from >> Friends 4-16

cross the line 도를 넘다, 도가 지나치다

상대의 말이나 행동이 예의에 벗어난다거나 일반적으로 생각하는 수준을 넘어선다고 할 때,
즉 도가 지나치다라고 말할 때 cross the line을 사용합니다. 우리말의 '선을 넘어서다'와
같은 의미이죠.

Gina	I gotta get this guy as a client for Bobbie. 나 이 남자를 바비의 고객으로 만들어야 한다고.
Joey	You have **crossed the line**, Gina. 너 도가 지나쳤어, 지나.

from >> Joey 2-6

cup of joe 커피 한 잔

cup of joe는 커피 한 잔, 즉 cup of coffee를 뜻하는 슬랭으로 회화에서 자주 쓰입니다. 좀 더 줄여 cup o' joe 또는 cuppa joe라고 하기도 하죠.

> **Bobby** Isn't this great? Drinking a refreshing **cup of joe** on a boat?
> 좋지 않아? 보트 위에서 신선한 커피 마시는 거?
>
> It's like we're in one of those fancy coffee commercials.
> 우리가 멋진 커피 광고에 나오는 거 같잖아.
>
> **Grayson** No. The old boat-in-a-parking lot coffee commercial.
> 아니. 주차장에 세워둔 낡아빠진 보트 커피 광고지.

from >> Cougar Town 1-10

curfew 통금시간

외국도 엄격한 집에서는 아이들에게 통금시간을 주어 그 시간까지 들어오라고 하는 경우가 있는데요, 이러한 통금시간을 curfew라고 합니다. 이 curfew를 어겼을 때는 ground(외출금지)시키기도 하죠.

> **Eric** Dad, I want to talk to you about my **curfew** on Saturday. We're going to a disco in Kenosha.
> 아빠, 토요일 통금시간에 대해 얘기하고 싶어요. 저희 케노샤에 있는 디스코장에 갈거예요.
>
> **Eric's mom** Ooh, dancing in Kenosha. That's quite a drive.
> 오, 케노샤에서 댄싱이라. 그거 좀 멀겠구나.

from >> That '70s show 1-7

cut class 수업을 빼먹다, 재끼다

cut class는 말 그대로 수업을 잘라먹는, 즉 수업을 빼먹는 것을 말합니다. 우리가 흔히 말하는 '나 수업 재꼈어.'라는 표현을 cut class를 이용해서 말할 수 있으며, 비슷한 표현으로는 skip class, ditch class가 있습니다.

Hyde	What are you guys doing in here?
	너희들 여기서 뭐하는 거니?
Eric	I **cut class**.
	나 수업 재꼈어.

from >> that '70s show 1-6

D

deadline 마감일

학교의 과제나 회사의 보고서 등을 제출해야 하는 마감일을 deadline이라고 하며, '마감일을 맞추다'라는 표현은 동사 meet을 사용해 meet the deadline이라고 합니다.

Betty	Gio, I have an article that I need to write, and my **deadline** is tomorrow, so please stop distracting me.
	지오, 나 써야 할 기사가 있어요. 그리고 마감일이 내일이라고요, 그러니까 나 좀 그만 정신 산란하게 해요.
Gio	What? I'm chaperoning here.
	뭐라고요? 난 여기 보호자로 온 거라고요.

from >> Ugly Betty 2-17

dibs (이성을) 찜

우리도 마음에 드는 이성을 보거나 만났을 때 "쟨 내가 찜했어."라는 말을 하기도 하는데요. 영어에서도 이와 같은 표현이 있습니다. 바로 dibs라는 단어죠. 동사 call과 함께 쓰여 call dibs on이라고 하면 '~를 찜하다'라는 뜻의 표현이 됩니다.

Barney	Dude, back off. I called **dibs** on Stefanie.
	야, 물러나. 스테파니는 내가 찜했어.

Ted	Okay, Mary's hot.
	알았어. 메리도 섹시한데.

from >> How i met your mother 3-12

dig ~를 좋아하다, 관심을 갖다

dig은 일반적인 뜻인 '파다'라는 뜻 외에도 '누군가를 좋아하다'라는 뜻으로 쓰입니다. 이성이 마음에 들거나 관심이 간다고 말할 때 회화에서 자주 사용되는 표현이죠.

Ted	You are wrong. The ladies **dig** the professor look.
	너 틀렸어. 여자들은 교수 스타일을 좋아한다고.
Robin	You know, there's something to that.
	그게, 뭔가 특별하긴 해.

from >> How i met your mother 5-4

ditch ~를 따돌리다, 버리고 가다

같이 놀던 일행 중에 누군가를 버리고 간다거나 따돌릴 때 ditch라는 단어를 사용해서 말합니다. 또는 ditch 뒤에 school이나 class를 넣어 '땡땡이치다'라는 뜻으로 사용할 수도 있죠.

Barney	Dude! You gotta **ditch** her.
	야! 너 그녀를 버리고 가야해.
Ted	Obviously.
	그래야겠네.

from >> How i met your mother 2-7

Ditto! 동감! 마찬가지야!

Ditto는 상하 한벌의 옷을 말하는 Ditto suit에서 유래했는데요. 남성들이 양복을 위아래로 맞춰 입기 시작하면서 쓰여진 단어라고 합니다. 동사로 '마찬가지다, 되풀이하다' 등의 뜻으로 쓰이기도 하지만, 보통 '동감이야!'라는 뜻의 표현으로 더 많이 쓰입니다.

Red	You take her home, you wait for me! That's an order!
	그녀를 집에 데려다 준 후에 날 기다려! 명령이다!
Bob	(To his daughter) **Ditto**!
	(그의 딸에게) 나도 동감이다! (너도 그렇게 해라)

from >> That '70s show 1-6

do a favor 부탁을 들어주다, 호의를 베풀다

상대방에게 부탁을 들어달라고 말할 때 가장 많이 쓰이는 표현이 바로 do a favor입니다. 정중하게 "Could you do me a favor?" 또는 "May I ask you a favor?"라고 말하면 되죠.

Rachel	What-what?! You're gonna leave this person with me?!
	뭐, 뭐? 너 이 사람을 나랑 남겨놓고 가겠다고?
Joey	Yeah. Hey, don't worry, she's a terrific girl. And hey listen, could you **do me a favor**? When she comes out, could you just mention that I'm not looking for a serious relationship; that'd be great.
	응, 야, 걱정 마, 걔 좋은 애야. 그리고 있잖아, 부탁 좀 들어줄래? 그녀가 나오면, 내가 진지한 관계를 원하는 게 아니라고 말해줄래, 그럼 참 좋겠다.

from >> Friends 7-7

doomed 망한, X된

우리도 무언가 일이 잘 안되었을 때 "나 완전 망했어."라고 말할 때가 있는데요. 이렇게 '망했다', 좀 더 심한 말로 'X됐다'라고 말할 때 쓸 수 있는 표현이 doomed입니다. 일이 크게 잘못되었거나 안 좋은 상황이 된 것을 의미하죠.

Rusty	Wait, what does this mean?
	잠깐만, 이게 뭘 의미하는 건데?
Cappie	This means we're **doomed**.
	이건 우리가 망했다는 뜻이야.

from >> Greek 1-5

double 대역배우

배우들이 위험한 촬영을 할 때면 실제 배우 대신 스턴트맨을 쓰기도 하고, 심한 노출 장면을 찍을 때도 다른 사람이 대신 찍기도 하는데요. 이러한 대역배우를 영어로는 double이라고 합니다.

Rachel	You're, you're, what? 너, 너, 무슨 역할이라고?
Joey	I'm his butt **double**. OKay? I play Al Pacino's butt. 나 엉덩이 대역이야. 응? 내가 알파치노의 엉덩이역을 한다고.

from >> Friends 1-6

double shifts 2교대

보통 shift, 즉 교대 근무제를 보면 day shift와 night shift 이렇게 밤,낮을 나눠서 일하게 되는데요. 종종 돈을 더 벌기 위해 2교대를 모두 일하는 사람들도 있습니다. 이렇게 2교대를 모두 일할 때는 work double shifts라고 하죠.

Red	I don't want you working **double shifts**. 난 당신이 2교대를 다 일하는 것을 원치 않아.
Kitty	Well, Red, we need the money. 하지만, 여보, 우린 돈이 필요하다고요.

from >> That '70s show 2-8

down 우울한, 기분이 안 좋은

우리도 기분이 안 좋아 보이는 상대에게 "왜 그렇게 처져있어?"라고 물을 때가 있는데요, 영어에서도 이러한 상태를 down이라고 표현합니다. feel이나 be동사를 써서 feel down 또는 be down이라고 하죠.

Bobby	Why so **down**? 왜 그렇게 처져있어?
Grayson	I have something on my mind.

생각하고 있는 게 있어서 그래.

from >> Cougar Town 1-10

downside 안 좋은 점, 나쁜 점, 부정적인 면

어떤 일에는 좋은 점 뿐 아니라 안 좋은 점이 있기 마련인데요. 이러한 부정적인 면을
downside라고 부릅니다. 반대로 긍정적인 면, 즉 좋은 점은 upside라고 하죠.

Lily Marshall's always at the office, and I'm afraid that if we have a baby
now, all the work will fall on me.

마샬은 항상 직장에 있으니까, 지금 우리가 아이를 가지면, 모든 일을 나혼자 감당해야할
거야.

Ted You're just panicking and focusing on the **downside**.

넌 지금 당황해서 나쁜 점만 보고 있어서 그래.

from >> How i met your mother 4-7

doze off 깜빡 졸다, 살짝 잠이 들다

제대로 낮잠을 자는 것은 take a nap이라는 표현을 사용하는데요. 이에 반해 무언가를
하다가 깜빡 졸거나 살짝 잠이 드는 것은 doze off라고 합니다.

woman Oh! I must have **dozed off** again. Uh, can I help you?

오! 내가 또 깜빡 졸았나봐요. 어, 뭘 도와드릴까요?

Emerson We're looking for a windmill.

우린 풍차를 찾고 있어요.

from >> Pushing Daisies 1-4

drag into 끌어들이다

'마우스를 드래그하다'라고 하는 말이 있는데 여기서 drag는 무언가를 끌고 가는 것을 뜻하는
단어입니다. 그래서 사람을 드래그해서 어떤 일에 끌고 간다는 것은 '끌어들이다'는 말이
됩니다. 이때는 drag into를 써서 표현합니다.

Calvin	You wanna talk about what happened the other night?
	지난 밤에 무슨 일이 있었는지 얘기할래요?
Evan	Look, I'm sorry I **dragged you into** that, man.
	있잖아, 널 끌어들여서 미안하다.

from >> Greek 2-14

drama queen 드라마 퀸, 오버쟁이

작은 일에도 호들갑을 떨며 오버를 하는 친구들이 있죠. 이렇게 오버해서 걱정하는 사람을 드라마 퀸이라고 부릅니다. 지금 일어나고 있는 일이 현실이 아니라 드라마인 양 상황을 부풀리거나 확대해석하는 것을 말하죠.

Rusty	My entire pledge class hates me.
	내 클럽 동기들이 다 나를 싫어해.
Casey	Okay, you know what? Have a seat on your throne, **drama queen**.
	응, 있잖아, 니 왕좌에 앉아봐, 이 드라마 퀸아.

from >> Greek 1-13

dressed up 쫙 빼입은, 잘 차려입은

dressed up은 평소와 다르게 잘 차려입거나 어딘가를 가기 위해 쫙 빼입은 것을 말합니다. 이와 비슷한 표현으로는 dressed to kill이 있습니다.

Gina	Hey. Look at you two all **dressed up**. Where are we going?
	야, 너희 둘 쫙 빼입은 것 좀 봐. 우리 어디 가?
Joey	Uh.. nowhere. Nowhere. We're just hanging out.
	어, 아무데도. 아무데도 안가. 우리 그냥 놀고 있는 거야.

from >> Joey 1-2

drive someone nuts ~를 미치게 하다, 화나게 하다

drive someone nuts는 누군가를 미치게 하거나 화나게 할 때 쓰는 표현입니다. drive가

'어떤 상태로 몰아가다'라는 뜻이 있기 때문이죠. nuts 대신에 같은 뜻인 crazy를 넣어서 drive someone crazy라고 쓸 수도 있습니다.

Jules   Hey, Grayson. You know what **drives me nuts**?
이봐, 그레이슨. 뭐가 날 미치게 하는 줄 알아?

Grayson   Is it people that start conversations without saying hello?
사람들이 인사도 없이 대화를 시작하는 거 말이야?

from >> Cougar Town 1-1

---

drop off ~를 내려주다

drop off는 차를 타고 가다가 누군가를 어떤 장소에 내려주는 것을 말합니다. 말 그대로 차에서 drop시키는 거죠. 대명사와 함께 쓸 때는 대명사를 drop과 off 사이에 넣어 주어야 합니다.

Kitty   Honey, honey, really, I'd rather walk. When I ride the bus in my nurse's uniform, people always show me their scars.
여보, 여보, 정말 나 차라리 걸어갈래. 내가 간호사복을 입고 버스에 타면, 사람들이 항상 나한테 자기들 상처를 보여준다고.

Red   Then I'll **drop** you **off** on my way to the plant.
그럼, 내가 공장가는 길에 자기를 내려 줄게.

from >> that '70s show 1-1

---

drop the act ~척을 그만두다

상대방을 억지로 챙겨주는 척 한다거나 슬퍼하는 척 하는 사람을 볼 때 우리는 '연기 그만해'라고 하는데요. 영어에서도 이와 마찬가지로 drop the act라고 말합니다. 즉 연기하는 것처럼 걱정하는 척 하지 말라는 것이죠.

Tom   I'm sorry?
뭐라고?

Rachel   No, it's all right, you can just **drop the act**, Tommy. I know what's

---

going on here.

정말, 괜찮아. 연기는 그만해도 돼, 토미. 어떻게 돌아가는지 나도 알아.

from >> Friends 5-7

drop the ball 실수하다, 실수로 일을 망치다

운동 경기에서 공을 떨어뜨리면 공격권이나 점수를 잃는 등의 문제가 생기는데요. 그래서 drop the ball은 어떤 실수를 해서 일을 그르치는 것을 말합니다. 보통 바보 같은 실수를 해서 일을 망치는 것을 말하죠.

Daniel I know how important Y.E.T.I. was to you, and I **dropped the ball**

Y.E.T.I가 너한테 얼마나 중요한지 아는데. 내가 일을 망쳤어.

Betty It's fine.

괜찮아요.

from >> Ugly Betty 3-9

due 마감인, 기한이 다 된

due는 무언가가 기간이 다 됐거나 마감이 다 된 상태를 말합니다. 또한 아이를 낳을 때가 되가는 것도 뜻하죠. 그래서 임신한 사람에게 출산 예정일이 언제냐고 물을 때 "When is your baby due?" 또는 "When are you due?"라고 합니다.

Rusty I haven't gone to sleep yet.

나 아직 잠 안 잤어.

Dale Is something **due**?

뭐 낼 거 있어?

from >> Greek 1-13

dump ~를 차다, 차버리다

dump는 원래 '(쓰레기 등을) 버리다'라는 뜻인데요, '(사귀던 사람을) 차버리다'라는 뜻으로도 쓰입니다. 쓰레기를 버리듯이 이성을 뻥~ 차버리는 거죠.

> **Cappie** Don't go getting all nostalgic on me. Look, Case, the reason I broke up with you-
> 날 너무 그리워하지 마. 있잖아, 케이스, 내가 너랑 헤어진 이유는..
>
> **Casey** I **dumped** you.
> 내가 널 찬거거든.

Form >> Greek 1-1

E

Easy. 진정해.

상대방이 화를 낸다거나 막 흥분했을 때 진정하라고 간단하게 말할 수 있는 것이 바로 "Easy."입니다. 좀 더 제대로 말하면 "Take it easy."라고 할 수 있죠.

> **Asleigh** And Martha might visit with wedding and cooking and traveling tips!
> 마사가 결혼식이랑 요리랑 여행에 관한 조언을 직접 해줄 수도 있잖아.
>
> **Casey** **Easy**, Ash, we have to play it cool.
> 진정해, 애쉬, 우린 쿨한척 해야해.

from >> Greek 2-12

eye candy 눈요깃거리

eye candy는 예쁜 여자나 멋진 남자들과 같이 매력적인 이성의 눈요깃거리를 뜻하는 속어입니다. 달콤한 캔디처럼 눈이 즐거워지는 것을 말하죠.

> **Fisher** This is an interesting choice for a first date.
> 첫 데이트로 고르기엔 흥미로운 장소인걸.

Asleigh	But look at all the perks. You can check out all the **eye candy**.
	하지만 저 멋진 사람들을 좀 봐. 이 눈요깃거리를 즐길 수 있잖아.

from >> *Greek 2-17*

Fair enough. 알았어.

Fair enough.는 상대방이 한 말에 대해 100% 동감하거나 동의하는 것은 아니지만, 이해는 한다 또는 무슨 말인지 알아들었다는 뜻으로 쓰이는 표현입니다.

Phoebe	Thanks, Mon! Oh, but Mon, if you touch my guitar again I'll have to pound on you for a little bit.
	고마워, 모니카! 오, 근데, 모니카, 한번만 더 내 기타를 만지면, 내가 널 좀 때리게 될 수도 있어.
Monica	**Fair enough**, now go get ready!
	알았어, 자, 이제 가서 준비해!

from >> *Friends 7-1*

fall for ~에게 빠져있다, 반하다

fall for는 누군가에게 홀딱 반하거나 빠져있을 때 쓸 수 있는 표현입니다. 또는 다른 뜻으로 누구에게 속아 넘어가는 경우 쓰이기도 합니다. 사랑에 빠지면 잘 속기도하니 어떻게 보면 연관성이 있다고 볼 수 있겠네요.

Rusty	I **fell for** you. Say something.
	난 너한테 빠져있어. 무슨 말 좀 해봐.
Jordan	I have to go.
	나 가야해.

from >> *Greek 2-19*

fess up 자백하다

fess up은 무언가 자신이 한 일에 대해 confess하는, 즉 자백하는 것을 뜻하는 표현입니다.
범죄를 자백하는 것 뿐 아니라 자신이 잘못한 일에 대해서 인정한다는 뜻으로 일상생활에서
많이 쓰입니다.

Cappie	Oh, you here to **fess up**?
	오, 너 자백하러 온 거야?
Rusty	Nope. I just came to give you this.
	아니요, 난 그냥 형한테 이거 주려고 왔어요.

from >> Greek 2-1

fibber 거짓말쟁이

유치하거나 하찮은 거짓말을 잘 하는 사람을 fibber라고 합니다. fib 자체가 사소한
거짓말을 하는 것을 뜻하기 때문에 이러한 행동을 하는 사람, 즉 fibber는 거짓말쟁이가 되는
거죠.

Chuck	Well, he's a great big **fibber,** isn't he?
	음, 그는 정말 완전 거짓말쟁이야, 그렇지?
Ned	A great big fibber.
	대단한 거짓말쟁이지.

from >> Pushing Daisies 1-4

fill one's shoes ~를 대신해서 일하다, ~의 빈자리를 채우다

누군가의 신발을 채운다는 것은 그 빈자리를 채운다는 뜻입니다. 즉 누군가의 일을 대신하는
것을 뜻하죠.

Betty	It's like you said in your eulogy. You promised to **fill his shoes**.
	당신이 추도연설에서 말했었잖아요. 아버지의 일을 대신해서 하겠다고 약속했잖아요.
Daniel	That was easy to say.
	말하기야 쉬웠지.

from >> Ugly Betty 2-9

fire drill 소방훈련

미국은 화재에 대비한 훈련을 철저히 하는데요, 정기적으로 화재가 난 상황을 가정해 대피하는 연습을 합니다. drill이 비상시를 위한 훈련이라는 뜻이 있기 때문에 소방훈련을 fire drill이라고 합니다.

Eric	I cut class.
	나 수업 재꼈어.
Kelso	Yeah, right, so was there like a **fire drill** or something?
	그래, 잘도 그랬겠다, 뭐 소방훈련이라도 있었던 거야?

from >> That '70s show 1-6

flash 가슴이나 성기를 휙 내보이다

여자 학교 앞에 종종 나타나는 바바리맨이 있는데요. 이러한 바바리맨이 하는 행동을 flash라고 합니다. 번쩍하고 flash가 비치는 것처럼 순식간에 자신의 벗은 몸을 휙 내보이는 것을 의미하죠. 이와 마찬가지로 여자들이 옷을 올려 가슴을 보여주는 행위도 flash라고 합니다.

Barney	So, Jillian, I hear when you're not **flashing** bartenders, you teach the second grade. What's that like?
	그러니까, 질리안, 내가 듣기로는, 당신이 바텐더에게 가슴을 보여주지 않을 때는, 2학년을 가르치는 일을 한다고 하던데요, 그건 어때요?
Jillian	So rewarding.
	아주 보람있어요.

from >> How i met your mother 4-8

flip out 화내다, 흥분하다, 난리를 피우다

flip은 휙 뒤집거나 뒤집히는 것을 뜻하죠. 그래서 flip out은 화를 내며 난리를 피우는 것을 뜻하는 표현입니다. 뒤집어질 정도로 열이 받아서 흥분하는 것을 의미하죠.

| Michael | You know, if you let me be your roommate, you could have this like every day.
있잖아, 삼촌이 날 룸메이트로 받아준다면, 이걸 매일같이 먹을 수 있을 거야. |
| --- | --- |
| Joey | Michael, look, you're a great kid, and I would love to have you as my roommate, but your mother would **flip out**.
마이클, 있잖니, 넌 좋은 아이야, 그리고 나도 널 룸메이트로 받고 싶어,
하지만, 네 엄마가 알면 난리 날 거야. |

from >> Joey 1-1

flunk 낙제하다, 낙제해서 잘리다

flunk는 학교에서 성적이 좋지 않아 낙제하는 것을 뜻합니다. out과 함께 쓰여 flunk out이라고 하면 낙제로 인해 학교에서 퇴학당하는 것을 의미하죠.

| Laurie | Yeah, Mother, I went there.
맞아요, 엄마, 나 거기 다녔잖아요. |
| --- | --- |
| Laurie's mom | No, you **flunked** out of there.
아니, 넌 거기서 잘렸잖아. |

from >> That '70s show 2-2

fly solo 혼자 가다

원래 fly solo는 단독 비행을 하는 것을 뜻하는 표현이지만, 젊은이들 사이에서는 파티나 결혼식 등에 데이트 상대 없이 혼자 간다는 뜻으로 쓰이기도 합니다. 혼자 가는 게 좋아서이기도 하고, 또는 데이트 상대를 가서 찾기 위해서이기도 하죠.

| Cappie | If you're looking for a date, I know someone who's completely available.
당신이 데이트 상대를 찾고 있는 거라면, 내가 가능한 사람을 알고 있어요. |
| --- | --- |
| Robin | No, I prefer **flying solo** at weddings.
아니, 난 결혼식에 혼자 가는 걸 더 좋아해. |

from >> Greek 2-16

foxy 섹시한

보통 여자를 여우에 많이 비유하곤 하는데요. 여우같다고 하면 보통 교활하고 간교한 것을 떠올리게 되지만, 매력적인 여자에 쓰여 섹시하다는 의미로 사용되기도 합니다.

Cappie	Seriously, she's **foxy**.
	진짜, 그녀는 섹시하다니까.
Beaver	I know.
	나도 알아.

from >> Greek 2-12

frat (대학교 내의) 남성 사교 클럽

frat은 fraternity를 줄여 부르는 말로, 대학교 내에 있는 남자들만의 사교 클럽을 뜻하는 단어입니다. 우리나라 대학의 클럽과 달리 미국 대학의 클럽은 들어가기가 까다로울 뿐만 아니라 한 번 들어가게 되면 평생 형제(bro)로 서로 도우며 지내게 됩니다. 또한 미국에서 대통령을 포함해 영향력을 끼치는 대부분의 사람들이 각 대학의 frat 멤버였을 만큼 사회생활에서 큰 도움이 되기도 하죠.

Evan	I'm looking for Rusty.
	난 러스티를 찾고 있는데.
Dale	It's a little early for visitors. What are you, one of his **frat** bros?
	방문하기엔 좀 이른 시간인데. 넌 뭐야, 그의 대학 클럽 형제 중 한명이야?

from >> Greek 1-1

freshman (고등학교, 대학교) 신입생, 1학년

대학교나 고등학교의 파릇파릇한 신입생인 1학년을 freshman이라고 부릅니다. 또한 2학년은 sophomore, 3학년은 junior, 4학년은 senior라고 각각 부르죠.

Rusty	Two more weeks left in **freshmen** year, isn't that crazy?
	1학년이 2주 밖에 안 남았어, 말도 안 되지?

Dale	Yeah.
	그러게.

from >> Greek 2-8

from scratch 처음부터

from scratch는 처음부터라는 뜻입니다. 아무것도 없는 상태에서 시작했다는 것을 이야기할 때 쓰이지요. 사전에 어떤 준비도 없었다, 즉 맨손으로 시작했다는 것을 강조하는 것입니다.

Sam	I don't like that family. Is there another family that we can have?
	나 저 가족 너무 싫어요. 우리한테 다른 가족은 없어요?
Regina	Oh, this is good, now you can start **from scratch**.
	오, 잘됐다, 이제 처음부터 다시 시작할 수 있겠네.

from >> Samantha who 2-16

FYI 니가 궁금해할까봐 말해주는 건데

FYI는 For your information을 줄인 말로, 무언가 참고로 이야기하겠다는 뜻인데요. 보통 상대가 굳이 물어보지 않았는데도 자신이 이야기하고 싶을 때 쓰는 표현입니다.

Amanda	**FYI**, Betty, assistants are usually here before their bosses
	니가 궁금해할까봐 말해주는데, 베티, 비서들은 보통 여기에 사장님들보다 일찍 와.
Betty	Oh, I was filling out paperwork in H.R.
	오, 전 인사부에서 서류를 작성하고 있었어요.

from >> Ugly Betty 1-1

get along 사이좋게 지내다

get along은 서로 사이좋게 지내는 것을 의미하는 표현입니다. 뒤에 with를 써서 잘 지내는 상대를 나타내기도 하고요, "I get along well with him."과 같이 well을 함께 써서 말하기도 합니다.

Ross	It turns out Ben and Sting's son do not **get along**.
	벤하고 스팅 아들하고 사이가 안 좋대.
Phoebe	How come?
	왜?

from >> Friends 8-10

get cold feet 겁먹다

get cold feet은 무언가에 대해 겁을 먹거나 공포심을 느껴 달아나려고 하는 것을 뜻하며, 주로 결혼식 전에 신랑이나 신부가 겁을 먹고 결혼식을 취소하려고 하거나 도망가려고 할 때 쓸 수 있는 표현입니다.

Joey	I've **got cold feet**.
	나 겁먹었어.
Rachel	…it's gonna be okay!
	괜찮을 거야!

from >> Friends 7-6

get in one's way ~를 방해하다

get in one's way는 누군가의 길에 들어와 있다, 즉 누군가를 방해하다라는 뜻입니다. 가고자 하는 또는 하고자 하는 것에 누군가가 끼어들어 귀찮게 하는 것을 말하죠.

Casey	This is how this is gonna work. I'm gonna go over there, rescue Sarah, capture Dr. Zarnow, shoot anybody who **gets in my way**. You, you're gonna stay here.
	우리 이렇게 할 거야. 내가 가서 사라를 구하고, Zarnow 박사를 잡고, 날 방해하는 사람이 있으면 누구든 쏴버릴 거야. 넌, 너는 여기서 기다려.
Chuck	So, in this plan I basically do nothing?
	그러니까, 계획에 따르면 난 아무것도 안하는 거네?

from >> Chuck 1-2

get suspended 정학 당하다

suspend는 무언가를 공식적으로 중단하는 것을 의미하는데요. 그래서 get suspended는 정지를 당한, 즉 학교에서 정학 당했을 때 쓰는 표현입니다.

Hyde	You're gonna **get suspended**, little lady.
	너 정학 당할 거야, 이 아가씨야.
Eric	When did you start smoking?
	너 언제부터 담배피기 시작한 거야?

from >> That '70s show 2-9

give someone a hard time ~에게 심하게 대하다, ~를 힘들게 하다

hard time을 준다는 것은 말 그대로 힘든 시간을 주는 것인데요. 즉 누군가에게 심하게 대하거나 그 사람을 힘들게 하는 것을 의미합니다. 반대로 살살 대하는 것은 go easy on을 써서 표현하죠.

Cappie	Rusty, I just wanted to say I'm sorry for **giving you a hard** time like that and letting my baggage come between us.
	러스티, 너한테 심하게 대하고 내 문제를 우리 사이에 갖다 붙인 거 미안해.
Rusty	It's okay. I understand.
	괜찮아, 이해해.

from >> Greek 2-18

go easy on ~에게 살살 대하다, ~를 봐주다

go easy on은 어떤 일에 있어서 누군가를 봐주거나 살살 대하는 것을 의미하는 표현입니다. 잘못한 일에 대해서 심하게 꾸짖지 않거나 너무 뭐라고 하지 말라는 뜻으로 쓰이는 거죠. 또는 on 뒤에 음식을 넣어 그 음식을 적당히 먹어라는 뜻으로 쓰이기도 합니다.

> **Rebecca** Lucky me.
> 내가 운이 좋은 거네.
>
> **Casey** You're lucky. And you should be grateful we're **going easy on** you.
> 넌 운이 좋은 거야. 그리고 우리가 널 봐주는 거에 대해 감사하게 생각해야 해.

from >> Greek 2-1

gold digger 돈 많은 남자를 꼬시는 여자

돈 많은 남자를 자신의 미모를 이용해 꼬시는 여자를 gold digger라고 합니다. 옛날 금을 찾아 다녔던 사람들처럼 돈이 많은 남자들을 만나려고 애쓰는 여자들을 말하죠.

> **Amanda** A few more moves, and you will be in the **gold digger** hall of fame.
> 좀만 더하면, 넌 골드 디거 명예의 전당에 오를 거야.
>
> **Betty** I'm not a gold digger.
> 난 골드 디거가 아니야.

from >> Ugly Betty 3-18

go nuts 미치다

go nuts는 go crazy와 같은 뜻으로, '돌다, 미치다'라는 의미를 나타냅니다. 비슷한 표현으로 go bananas가 있으며, 좀 더 슬랭으로 go bonkers라고 하기도 합니다.

> **Betty** I'll **go nuts**, I just need to talk to him.
> 난 미쳐버릴 거야. 난 그냥 그와 얘기를 해야 해.

Marc   Right after you buy us lunch.
우리한테 점심을 사준 다음에 (해).

from >> Ugly Betty 3-19

good at ~을 잘하는

good at은 '~을 잘하는'이란 뜻으로 쓰이며, 반대로 못한다고 말할 때는 bad at 또는 poor at이라고 합니다. good at 앞에 be동사의 부정형을 써서 나타낼 수도 있죠.

Bobby   Hey, Travis is one of his moods, and, uh, you know I'm not very **good at** talking to him.
있잖아, 트레비스가 기분이 안 좋아, 그리고, 어, 알잖아, 난 걔랑 말하는 거 잘 못하는거.

Jules   All right. I'll handle it.
알았어. 내가 알아서 할게.

from >> Cougar Town 1-3

google (인터넷 상에서) 검색하다

구글은 원래 네이버나 다음과 같은 검색 사이트의 이름을 뜻하지만, 세계적으로 많이 쓰이는 탓에 요즘은 동사화되어 '검색하다'라는 뜻으로 사용이 됩니다. xerox가 원래 복사기 상표명이지만, 요즘은 '복사하다'라는 뜻으로 사용이 되는 것과 마찬가지죠.

Amanda How did you know we were doing this?
우리가 이거 하는 줄 어떻게 아셨어요?

Gene   Oh, I **google** myself every morning.
오, 난 매일 아침 내 이름을 검색해보거든.

from >> Ugly Betty 2-13

go out with someone ~와 데이트하다, 교제하다

go out은 '밖에 나가다'라는 뜻이지만, 이성에 대한 이야기를 하는 중이라면 '데이트하다, 교제하다'라는 뜻이 됩니다. 누군가와 데이트를 한다고 할 때는 전치사 with와 함께 써서 표현합니다.

Essential Expressions A to Z

Ted	Where are you going, buddy? Hot date?
	어디 가냐, 친구? 뜨거운 데이트라도 있어?
Lily	I'll say, she's **going out with a billionaire**.
	말하자면, 쟤 억만장자랑 데이트해.

from >> How i met your mother 1-10

go well 일이 잘 되다, 잘 진행되다

go well은 말 그대로 어떤 일이 잘 되어 가는, 즉 잘 진행되는 것을 뜻합니다. 또한 "This goes well with that suit. (이건 그 양복하고 잘 어울려.)" 와 같이 옷이나 신발 등이 서로 잘 어울린다고 말할 때도 쓰입니다.

Ned	I blame you.
	당신 때문이예요.
Emerson	I blame me, too. That **went well**.
	맞아, 나 때문이야. 잘 된 거지.

from >> Pushing Daisies 2-1

grab 먹다, 간단하게 먹다

네이티브들이 eat이나 have대신에 즐겨 사용하는 표현이 바로 grab입니다. 간단히 요기를 때운다거나 먹으러 간다고 할 때 grab을 써서 말하죠.

Heath	Go **grab** some ice-cream?
	가서 아이스크림이나 먹을래?
Calvin	Actually, I'm pretty beat.
	실은, 난 좀 피곤해.

from >> Greek 1-8

grad school 대학원

grad school은 graduate school을 줄여서 부르는 말로, 대학원을 말합니다. 이와 마찬가지로 대학원생인 graduate student를 그냥 grad라고 부르기도 하죠.

Casey	He's going to **grad school** in the fall in California.
	그는 가을 학기에 캘리포니아에 있는 대학원에 갈 거야.
Cappie	California, Ohio?
	오하이오 주에 있는 캘리포니아?

from >> Greek 2-10

hang out 놀다, 어울리다

보통 친구들과 만나서 논다고 하면 우리는 play라는 단어를 제일 먼저 떠올리는데요. play는 어린 아이들이 노는 것을 말하거나, 게임, 운동 등을 할 때 사용되는 단어입니다. 그냥 만나서 수다를 떨고 놀며 시간을 보내는 것은 hang out이라고 합니다.

Lily	I'm so glad we finally get to **hang out** just the two of us!
	마침내 우리 둘만 놀 수 있게 되다니 너무 기뻐.
Robin	Yeah
	맞아.

from >> How I met your mother 1-3

hangover 숙취

술을 많이 마신 다음날 아침에 생기는 토할 것 같은 느낌이나 술이 덜 깬 것 같은 기분 등의 숙취를 영어로는 hangover라고 합니다.

Laurie	You're probably still a little drunk, and you don't realize it.
	니가 지금 아직 좀 취해서 깨닫지 못하고 있는 거야.

Jules   Oh, what? I'm gonna go home and all of a sudden just have some nasty **hangover**?

오, 뭐야? 그럼 내가 집에 가서 갑자기 심한 숙취에 시달린다는 거야?

from >> Cougar Town 1-2

hang up on someone (통화 중에) 일방적으로 전화를 끊다

그냥 전화를 끊는 것은 hang up이라고 하지만, 통화가 끝나지 않은 상태에서 일방적으로 전화를 끊을 때는 hang up on을 써서 표현합니다.

Hyde   She hung up on you. Let's go, you'll call her later, okay?

그녀가 일방적으로 전화를 끊었잖아. 가자, 나중에 전화하면 돼지, 알았지?

Kelso   Yeah, she **hung up on me**! Let's go.

맞아, 그녀가 먼저 끊어버렸어! 가자.

from >> That '70s show 1-4

hard feelings 악감정, 뒤끝

hard feelings는 싸움이나 어떤 기분 나쁠만한 상황이 있은 후에 갖는 안 좋은 감정, 즉 뒤끝을 뜻하는 표현입니다. 그런 감정이 남아있지 않다는 것을 표현하는 경우에는 no를 사용해 no hard feelings라고 말하곤 합니다.

Wendy   Barney, I just want you to know, I have no **hard feelings**. It wasn't the best idea for us to get involved. I hope we can still be friends.

바니, 난 그냥 내가 악감정이 없다는 걸 알아줬으면 해. 우리가 사귄 건 좋은 생각이 아니었어. 그래도 친구로 남았으면 좋겠다.

Barney   Thanks, Wendy. Of course we can.

고마워, 웬디. 물론 친구로 남을 수 있지.

from >> How i met your mother 3-11

have a big mouth 입이 싸다

have a big mouth는 실제로 큰 입을 가졌다는 것이 아니라 입이 싸다(가볍다)라는 뜻의
표현입니다. 즉 비밀을 잘 지키지 못하거나 가십거리를 말하기 좋아하는 것을 의미합니다.

Elena   You're right.
         네 말이 맞아.

Hilda   Plus, I **have a really big mouth**. So if you don't tell him, he
         might just find out, anyway.
         그리고, 난 진짜 입이 싸거든. 그러니까 니가 그에게 말하지 않아도 그는 어차피 알게 될
         거야.

from >> Ugly Betty 3-22

have a blast 멋진 시간을 보내다, 즐겁게 보내다

blast는 돌풍, 폭발이라는 뜻 외에도 신나고 재밌는 경험을 뜻하기도 합니다. 그래서 have a
blast는 즐겁고 멋진 시간을 보내는 것을 의미하죠. have a good time을 보다 강조할 때 쓸
수 있습니다.

Kelso   Hey, sorry about tonight, you guys.
         있잖아, 오늘 밤 미안해, 얘들아.

Hyde   Sorry? Why? We got to watch you fall, man. I **had a blast**!
         미안하다니? 왜? 우리 너 떨어지는 거 봤잖아, 나 완전 재밌었는데.

from >> That '70s show 1-21

have a crush on someone ~에게 반하다, 마음을 뺏기다

have a crush on은 누군가에게 홀딱 반했을 때 쓰는 표현입니다. 이성을 보고 마음을
뺏기거나 누군가를 마음에 품고 있다는 뜻이죠.

Marshall What?
          뭐?

Ted   That cute coffee girl wrote a heart by your name.

저 귀여운 (커피숍) 직원이 네 이름 옆에 하트를 그려놨어.

(Singing) Somebody **has a crush on you**…

(노래 부르며) 누군가가 너한테 반했나보다

from >> How i met your mother 2-7

have a sweet tooth 단 걸 좋아하다

sweet tooth, 즉 단 이를 가지고 있다는 것은 이가 달다는 것이 아니라 단 것을 좋아하는 이를 가졌다는 것입니다. 즉 사탕이나 초콜릿 등 sweets(단 종류)를 좋아한다는 것을 뜻하죠.

Man	Does Red **have a sweet tooth**?
	레드는 단 거 좋아해요?
Kitty	Um, no, no, uh, more of a beer tooth.
	음, 아니요, 어, 맥주는 좋아하죠.

from >> That '70s show 2-6

have faith in ~에게 믿음을 갖다

faith는 믿음이나 신뢰를 뜻하는 단어입니다. 그래서 have faith in이라는 것은 누군가에게 믿음을 가지고 있다는 뜻이 되죠. 그 사람의 능력이나 약속에 대한 믿음을 가지고 있을 때 쓸 수 있는 표현입니다.

Daniel	Thank you for **having faith in** me.
	날 믿어줘서 고마워.
Betty	That's what friends are for.
	그런 게 친구 아니겠어요.

from >> Ugly Betty 3-2

hazing 심한 장난, 괴롭힘

hazing은 보통 대학에서 선배들이 신입생에게 하는 심한 장난이나 괴롭힘을 뜻합니다.

우리도 대학에 처음 들어가면 신입생 오리엔테이션에서 선배들이 여러 가지 짓궂은 일들을 시키듯이 미국 대학 역시 심한 장난을 하거나 종종 구타를 하기도 합니다.

Evan	We saw the work you guys did on Rusty. Let me ask you. What exactly is the point of that form of **hazing**?
	우리 니들이 러스티한테 해 논거 다 봤어. 좀 물어보자. 그 괴롭힘의 포인트가 대체 뭐야?
Cappie	Oh, our own amusement.
	오, 우리의 재미를 위해서.

from >> Greek 1-2

head ~로 향하다, 가다

head는 머리라는 뜻 외에도 동사로 '어디를 향해 가다'라는 뜻으로 많이 쓰입니다. 그래서 어디 가냐고 물을 때 "Where are you heading?" 또는 "Where are you headed?" 라고 말할 수 있습니다.

Laurie	Okay, it's 6:00. I'm **heading** home.
	그만, 6시다. 나 이제 집에 갈래.
Jules	No, wait. You can't quit. I said the last mean thing.
	안돼, 잠깐. 너 그만두면 안 되지. 내가 마지막으로 나쁜 말 했잖아.

from >> Cougar Town 1-5

heads up 경고, 주의, 귀띔

heads up은 사전에 알려주는 경고나 주의 등을 뜻하는 표현입니다. 머리를 들어 앞을 보며 미리 준비하라는 것이라고 생각하면 쉽게 이해가 갈 겁니다.

Robin	Oh, there's Bob, by the way, **heads up**, he's a little bit older than us.
	오, 저기 밥이 온다. 근데 있잖아, 미리 알려주는데, 그는 우리보다 좀 나이가 많아.
Ted	How old is he?
	몇 살인데?

from >> How i met your mother 3-9

hickey 키스자국

과도한 키스로 인해 몸에, 특히 목 주위에 키스자국이 생기기도 하는데요. 이러한 키스자국을
슬랭으로 hickey라고 부릅니다.

Eric   What? **Hickey**? I don't have a hickey.

뭐라고? 키스 자국? 나 키스 자국 없어.

Laurie   You know, Eric, hickeys lead to dirty things.

있잖아, 에릭, 키스 자국은 더러운 걸로 이어질 수도 있단다.

from >> That '70s show 2-4

hit 히트, 인기를 끄는 것(사람)

hit는 히트곡, 히트 음반처럼 크게 유행하는 노래나 춤 등 어떤 것을 뜻하기도 하지만, 인기를
끄는 사람을 말할 때 쓰이기도 합니다. "그가 인기였어."라고 말할 때 "He was a hit."이라고
할 수 있는 거죠.

Marc   Come on, you were a **hit** last night.

왜그래, 너 어제 밤에 완전 히트였잖아.

Amanda   Oh, I know.

오, 나도 알아.

from >> Ugly Betty 2-3

hit on ~에게 찝쩍대다, ~를 꼬시다

누군가를 꼬시거나 찝쩍대는 것을 영어로는 hit on이라고 합니다. 마음에 드는 이성을 툭툭
건드리며 관심을 끄는 것을 상상하면 쉽게 이해가 갈 겁니다.

Kelso   Hey, you're **hitting on** my girlfriend?

야, 너 지금 내 여자 친구한테 찝쩍대는 거야?

Jackie   Michael, he's not.

마이클, 아니야.

from >> That '70s show 1-3

hold on 기다리다

상대에게 잠깐 기다리라고 말할 때 wait 동사를 쓰는 대신 hold on을 써서 말할 수도 있습니다. 주로 전화상에서 기다리라고 할 때 많이 쓰이죠.

> **Monica** (on the phone) Hello? **Hold on**, please. Joey, it's your mom.
> (통화 중) 여보세요? 잠깐만 기다리세요. 조이, 너희 엄마야.
>
> **Chandler** It's your mommy.
> 너희 엄마래.

from >> Friends 7-4

holdup 지체, 정체, 방해

holdup은 무언가 방해를 하는, 즉 어떤 일을 지체시키는 것을 의미합니다. 또한 전혀 다른 뜻으로 총기강도를 뜻하기도 합니다. 총을 들고 들어온 강도가 모든 사람을 꼼짝 말고 기다리게 하니 뜻이 통한다고 볼 수도 있겠네요.

> **Jackie** So, what's the **holdup**?
> 그래서, 뭐 때문에 기다리는 건데?
>
> **Donna** Whatever... It'll happen when it happens.
> 몰라... 때가 되면 하겠지.

from >> That '70s show 2-2

hook up with ~와 엮이다, ~와 사귀다, ~와 섹스를 하다

hook up with는 누군가와 관계를 맺는 것을 의미합니다. 그냥 만나서 즐기는 것을 뜻할 수도 있고, 여러 번의 만남을 갖는 것을 의미할 수도 있으며, 또는 잠자리를 갖는다는 뜻으로 쓰이기도 합니다. 어떤 식으로든 누군가와 엮였다면 이 표현을 쓸 수 있죠.

> **Betty** Yeah, it looks like they're really good friends.
> 그러게요, 그들은 정말 친한 친구들 같아요.

Amanda　Ah well, there's been some drama. Daniel **hooked up with**
Phillipe's ex-girlfriend a couple of years ago. They're fine now.

아, 음, 좀 드라마가 있었지. 다니엘이 몇년전에 필립의 전 여자 친구랑 사귀었거든. 그들은
지금은 괜찮아.

from >> Ugly Betty 1-1

hoops 농구

hoop이 고리나 둥근 링을 뜻하기 때문에, hoops는 그런 링에 공을 집어넣는 운동인 농구를
뜻하는 표현으로 쓰이기도 합니다.

Bobby　You wanna go play some **hoops**?

가서 농구 할래?

Grayson　Hoops? Man, that's my middle name, hoops. I love hoops.

농구? 그럼, 내 미들네임이 농구인걸.(농구를 그 정도로 좋아한다고 강조 하는 것) 나 농구
완전 좋아해.

from >> Cougar Town 1-9

hunch 예감, 직감

hunch는 본능적으로 오는 느낌인 직감이나 예감을 뜻하는 단어입니다. 동사 have를 써서
have a hunch라고 하면 어떠한 직감이 들었다는 것을 뜻하죠.

Bao's daughter　I don't know why my mother hired you. My father's death
was an accident.

왜 엄마가 당신을 고용했는지 모르겠어요. 우리 아빠가 돌아가신 건 사고였어요.

Emerson　Your mother had a **hunch**.

너희 엄마가 직감이 온 거지.

from >> Pushing Daisies 2-5

in ~에 함께하는, 참여하는

in은 전치사로 '~안에'라는 뜻을 가지고 있죠. 그래서 I'm in.이라고 하면 어딘가에 '끼겠다, 참여하겠다'라는 뜻이 됩니다. 누군가가 무엇을 같이하겠냐고 물어본다면 같이 하겠다는 뜻으로 "I'm in."이라고 답해보세요. 반대로 '난 빠지겠어.'라고 할 때는 "I'm out."이라고 말합니다.

> **Cappie**   Care to join us?
> 너도 우리랑 같이 할래?
>
> **Rusty**   I'm **in**.
> 나도 낄래.

from >> Greek 1-3

in a nutshell 간단히 말해서, 요컨대

nutshell은 견과류의 껍질을 뜻하는 단어입니다. 그래서 in a nutshell은 그렇게 작은 곳에 담는 것처럼 많은 내용을 줄여서, 즉 요약해서 얘기한다는 뜻입니다.

> **Ned**   That's it **in a nutshell**.
> 간단히 말하자면 그렇지.
>
> **Chuck**   So you're after my reward?
> 그러니까 넌 내 현상금 때문에 날 찾아 온 거네.

from >> Pushing Daisies 1-1

in a pickle 곤란한 상황인, 곤경에 처한

오이와 같은 채소를 식초에 절여놓은 것을 피클이라고 하는데요. 이러한 피클 안에 있다는 것은 어떻게 할 수가 없는, 즉 곤란한 상황에 있음을 뜻합니다. 그래서 in a pickle은 곤경에 처한 것을 뜻하는 표현이 되죠.

Betty	Mrs. Meade?
	미드 사모님이세요?
Mrs. Meade	Good morning, Betty. I tried to reach Daniel. I'm **in a bit of a pickle**.
	안녕, 베티. 다니엘하고 연락하려고 했는데 (연락이 안됐다). 내가 좀 곤란한 상황에 놓여있어.

from >> Ugly Betty 3-14

in charge of ~담당인, ~를 맡고 있는

어떤 일에 책임을 지고 맡고 있을 때 in charge of라는 표현을 써서 말합니다. 그 일을 담당해서 처리하고 있다는 뜻으로 쓰이는 거죠.

Ross	What did you do?
	넌 뭘 했는데?
Chandler	I was **in charge of** the cameras.
	난 카메라 담당이었어.

from >> Friends 8-2

in private 따로, 다른 사람이 없는 곳에서

private은 '사적인, 은밀한' 등의 뜻을 가지고 있는 단어인데요. 그래서 in private이라는 표현은 다른 사람 없이 둘이만 따로 얘기하자고 할 때 쓰일 수 있는 표현입니다.

Casey	Rusty, can I talk to you for a sec? **In private**?
	러스티, 잠깐 얘기 좀 할 수 있어? 우리끼리만?
Rusty	Sure.
	알았어.

from >> Greek 2-4

intervention 개입, 중재

〈How i met your mother〉을 보면 주인공들 중 한명이 유별난 행동을 계속 할 때마다 나머지 친구들이 모여 그에게 이상한 행동을 고칠 것을 요구하며 편지를 읽어주는 장면이 여러 번 나오는데요. 이렇게 다른 사람의 일에 개입하는 것을 intervention이라고 합니다.

Max	Just sit the person down and talk to them directly. 그냥 그 사람을 앉히고 직접 얘기해봐.
Rusty	Looks like I'm having an **intervention**. '인터벤션(중재)'을 해야겠구나.

from >> Greek 2-15

in the first place 애초에

in the first place는 우리말에 '애초에'라는 뜻과 가장 유사한 표현입니다. 즉 어떤 일을 시작하게 된 동기나 이유를 말할 때 쓰이는 표현이죠.

Casey	Why did you even join in the **first place**? 넌 애초에 왜 가입한 거야?
Rebecca	Why else? The parties. 뭐가 있겠어? 파티지.

from >> Greek 2-1

in the mood for ~하고 싶은, ~먹고 싶은

in the mood for는 말 그대로 어떤 것을 하고 싶은 기분이라는 뜻입니다. 이 표현은 어떤 일이나 행동 뿐 아니라 음식에도 쓰여, '무언가를 먹고 싶은 기분이다'라고 말할 때에도 사용됩니다.

Donna	Actually, I'm **in the mood for** chicken. 실은, 난 치킨이 먹고 싶어.
Eric	Oh, what a coincidence! I, too, am ordering the cheapest thing on the menu. 오, 이런 우연이 있나! 나도, 역시 메뉴에서 제일 싼 걸 시키려고 했는데.

from >> That '70s show 1-16

into ~에게 빠진, ~에게 반한

누군가에게 완전히 빠져있을 때 into를 써서 표현하기도 합니다. 그 사람 안에 완전 빠져버린 것처럼 반했다는 뜻이 되지요.

Gina	I think he's **into** you.
	걔가 너한테 반한 것 같아.
Alex	That guy doesn't know how to be into someone.
	쟤는 누구한테 어떻게 반하는지도 모르는 애야.

from >> Joey 2-12

item 커플

사귀는 두 남녀를 커플이라고 하는데, 이를 item이라는 단어를 써서 표현하기도 합니다. 하나의 아이템(종목, 품목)이 된 것처럼 둘은 이제 하나가 됐다는 것을 뜻하는 거죠.

Marshall	So, uh, apparently Robin and PJ are an **item** again.
	그러니까, 어, 명백히 로빈과 피제이는 다시 커플이 된 거네.
Barney	You gotta be kidding me!
	말도 안돼!

from >> How i met your mother 4-20

jam 곤란, 곤경

pickle과 마찬가지로 jam도 곤란한 상황을 뜻하기도 합니다. 끈적끈적한 잼에 빠져버린다면 움직이기가 힘들어지겠죠? 이렇게 in(to) a jam이라고 하면 잼 안에 빠져있는 것처럼 곤경에 처했다는 것을 의미합니다.

Chuck We're in this **jam** because I brought my dad back.
내가 아빠를 다시 살게 해서 우리가 이 곤경에 빠진 거잖아.

Ned I don't blame you for bringing back your father.
난 네가 네 아빠를 살렸다고 널 비난하지 않아.

from >> Pushing Daisies 2-10

Jinx 찌찌뽕

어릴 적 친구와 같은 말을 동시에 했을 때 '찌찌뽕'이라는 말을 외치면 상대방이 말을 못하게 되는 놀이를 하곤 했는데요. 영어에도 이와 비슷한 것이 있습니다. 바로 Jinx라고 하는 건데요. 동시에 똑같은 말을 했을 때 "Jinx!"라고 외치면 누군가가 그 사람의 이름을 불러줄 때까지 말을 못하게 되는 놀이죠.

Beaver and Heath I said it first.
내가 먼저 말했어.

Beaver and Heath **Jinx**.
찌찌뽕.

from >> Greek 2-12

jock 운동선수

전문 운동선수는 아니지만, 주로 대학에서 운동을 하는 학생을 jock이라고 부릅니다. 원래 경마 기수를 의미하는 jock은 공부나 다른 것에는 관심을 두지 않고 운동에만 빠져있으며 인기에 신경 쓰는 그런 그룹의 학생들을 뜻합니다.

Phoebe I met this really cute guy in the park and he like y'know, jogs, and blades, and swims, and so y'know we made a deal that's he's going to teach me all sorts of *jock* stuff.
나 공원에서 진짜 귀여운 남자를 만났는데, 있잖아, 왜 조깅도하고, 인라인도 타고, 수영도 하는 그런 사람. 그래서 그 남자가 나한테 운동하는 거 가르쳐주기로 했어.

Ross And what are you going to do for him?
그러면 넌 그를 위해서 뭘 할건데?

Essential Expressions A to Z

from >> Friends 3-13

jonesing for ~를 몹시 먹고 싶어 하다, 갈구하다

jonesing for는 무언가를 강하게 먹고 싶어 하는 욕구를 나타낼 때 쓰는 표현입니다.
처음에는 마약을 갈구하는 뜻으로 쓰였지만, 이제는 의미가 넓어져 커피나 초콜릿 등 약간은
중독성이 있는 음식을 간절히 먹고 싶어 하는 것을 표현할 때 사용합니다.

Casey Hell hath no fury like ZBZ **jonesing for** her Cheesaritos.
Cheesaritos를 먹고 싶어 하는 ZBZ (멤버)만큼 무서운 것도 없지.

Ashleigh Right, food! Got it. Thanks, Case.
맞다, 음식(사 놔야지)! 알았어. 고마워, 케이스.

from >> Greek 2-14

josh 가볍게 놀리다, 악의 없이 장난치다

josh는 누군가를 가볍게 놀리는 것을 의미합니다. 악한 감정을 갖고 놀리거나 심하게
괴롭히는 것이 아닌, 가벼운 농담을 던지는 것을 뜻하죠. 대문자를 써서 Josh라고 하면 사람
이름이 되므로, 꼭 소문자로 써야합니다.

Rusty You're not **joshing** me?
나 놀리는 거 아니죠?

Cappie No, I'm not joshing you.
아냐, 너 놀리는 거 아냐.

from >> Greek 2-4

jot down 적다, 쓰다, 받아 적다

jot down은 write down과 마찬가지로 무언가를 쓰는 것을 뜻하는 표현입니다. 하지만
write down보다는 좀 더 급하게 또는 대충 적는 것을 의미하죠.

Molly Wow, you made a lot of notes.
와, 너 많이도 적었구나.

Daniel	No, no, I just kinda **jotted down** some ideas.
	아냐, 난 그냥 몇가지 아이디어만 적은 거야.

from >> Ugly Betty 3-19

keep an eye on ~를 돌보다, 감시하다

keep an eye on은 누군가에게 눈을 계속 유지하고 있는, 즉 지켜보는 것을 뜻합니다. 실제로 감시하는 것을 의미하기도 하며, 누군가를 챙겨주고 돌보는 것을 뜻하기도 하죠.

Joe	Promise you'll **keep an eye on** them for me?
	저를 위해서 그들을 챙겨주신다고 약속해주세요.
Emerson	We plan to.
	그러려고요.

from >> Pushing Daisies 2-4

keep in mind 마음에 담아두다, 기억하다

마음속에 담아둔다는 것은 가슴에 새겨두고 기억한다는 것을 의미합니다. 그래서 keep in mind는 기억하다라는 뜻의 표현이 되죠.

Casey	I also know that the only reason you have a vote is due to me standing up to Tegan on your behalf.
	난 네가 날 뽑는 게 단지 내가 너를 Tegan한테 옹호해줬기 때문이란 것도 알아.
Rebecca	Which I'll definitely keep in mind on election day.
	선거날에 꼭 기억하고 있을 거야.

from >> Greek 2-8

keg 맥주 통, 통에 든 생맥주

keg는 통에 든 생맥주를 말합니다. 그 통 자체를 일컫기도 하고요. 주로 대학생들이 파티를 할 때 이 큰 통을 가져다 놓고 tap(꼭지)을 이용해서 맥주를 따라 마시곤 하죠.

Eric	Guys, we gotta get the **keg** out of here. 얘들아, 우리 여기서 맥주 가지고 나가야겠다.
Donna	Well, where are we having the party? 근데, 우리 어디서 파티하지?

from >> That '70s show 1-6

kegger 맥주 파티

kegger는 keg party를 줄여서 부르는 말입니다. 즉 맥주 파티를 말하죠. keg를 갖다 놓고 함께 맥주를 마시면서 신나는 파티를 하는 십대들의 모습을 미드에서 자주 보실 수 있습니다.

Bob	If I didn't know better, I'd say they were having a **kegger**. 내가 잘 몰랐다면, 걔들이 맥주 파티 한다고 생각했을 거야.
Red	(Staring at Bob) (밥을 쳐다본다.)

from >> That '70s show 1-6

killer 죽여주는, 끝내주는, 아주 멋진

우리도 아주 멋진 것을 볼 때 죽여준다고 말하는데요. 영어에서도 마찬가지로 killer라는 표현을 씁니다. 말 그대로 죽여주게 멋지다는 거죠.

Marc	**Killer** poncho. 죽여주는 판초네.
Betty	Thanks. 고마워요.

from >> Ugly Betty 1-1

kiss someone's ass ~의 비위를 맞추다, ~에게 아첨하다

누군가의 엉덩이에 키스한다는 것은 그만큼 더러운 일도 하며 비위를 맞춘다는 것을
의미합니다. 즉 그 사람이 시키는 잡일을 모두 하거나 마음에도 없는 칭찬을 해줘가며
아첨하는 것을 뜻하죠.

Frannie	And honestly, I'm sick of **kissing her ass**. 그리고, 솔직히, 난 걔한테 아첨하는 것도 질렸어.
Evan	Just try another approach. 다른 식으로 접근해봐.

from >> Greek 2-8

knock off 그만두다

누군가가 자꾸 괴롭히거나 신경에 거슬리는 행동을 할 때 또는 싸움을 하고 있을 때
그만두라는 뜻으로 "Knock it off."라고 말할 수 있습니다. "Stop it."과 같은 표현으로 하던
것을 멈추라는 뜻이죠.

Emerson	It's just a question. 그냥 질문이라고.
Olive	**Knock it off**, both of you! 그만 둬, 둘 다.

from >> Pushing Daisies 1-5

later 나중에 봐.

친구들과 헤어질 때 "나중에 보자."라는 말을 자주 하는데요. 이에 해당하는 영어 표현인 "See
you later."를 줄여 "Later."라고 말하기도 합니다. 간단한 것을 좋아하는 특징이 반영되어
짧게 말하는 거죠. 주로 젊은이들 사이에서 많이 쓰입니다.

Cappie   Have a safe flight back.
잘 돌아가.

Patrick   **Later**, Cappie!
나중에 보자, 캐피!

from >> Greek 2-14

let someone down 실망시키다

누군가를 let down한다는 것은 실망시키는 것을 뜻합니다. 즉 기대를 저버리는 것을 말하죠.
같은 뜻으로 disappoint someone이라고 말할 수도 있습니다.

Bradford   The only person who sabotaged you was yourself.
널 방해한 사람은 오직 네 자신뿐이다.

Daniel   Sorry I **let you down**.
죄송해요. 실망시켜드려서.

from >> Ugly Betty 1-1

lighten up 기분을 풀다, 기운 내다

우울해 있거나 너무 진지하게 있는 사람에게 기분을 조금 풀라는 뜻으로 lighten up이라고
말할 수 있습니다. 즉 너무 심각하게 굴지 말고 가볍게 생각하라는 뜻으로 쓰이는 표현이죠.

Hyde   Everything is a scam.
모든 게 다 사기야.

Eric   Oh, **lighten up**. Remember how fun Halloween used to be?
오, 기분 좀 풀어. 할로윈이 얼마나 재밌었는지 기억나?

from >> That '70s show 2-5

long-distance 장거리 연애

long-distance는 말 그대로 멀리 떨어져있는 상태를 말하는데요. 이런 상태에서 연인 관계를
유지하는, 즉 장거리 연애를 뜻하는 표현이기도 합니다. 주로 사귀던 사람이 직장이나 학교

때문에 먼 곳으로 이사를 가게 될 경우 이렇게 장거리 연애를 하게 되죠.

Betty Henry and I have found a way to make it work **long-distance**.
헨리랑 저는 장거리 연애를 할 방법을 알아냈어요.

Dad Long-distance?
장거리 연애라고?

from >> Ugly Betty 2-16

long shot 가망 없는 일, 승산 없는 일

골프에서 공이 홀에서 멀리 있을 때는 가까이 있을 때보다 공을 넣기가 더 힘들 텐데요. 그래서 long shot이라는 표현은 승산이 거의 없는, 즉 가망이 없어 보이는 일을 말할 때 쓰입니다.

Betty It's a **long shot**, but I'm gonna try.
승산이 없긴 한데, 그래도 한번 해볼래.

Hilda You know what would be nice?
너 뭐가 좋을지 알아?

from >> Ugly Betty 3-11

look down on ~를 깔보다, 무시하다

누군가를 내려다본다는 것은 무시하는 것을 뜻합니다. 상대를 자신보다 아래라고 생각하고 깔보는 것을 말하죠.

Alex Look, I grew up with money, and I don't **look down on** you.
If anything, I envy you.
이봐요, 난 부유하게 자랐어요, 하지만 당신을 무시하지 않잖아요.
사실, 당신을 부러워한다고요.

Gina Come on.
왜이래요.

from >> Joey 1-4

look like a million bucks 예뻐 보이다, 멋져 보이다

백만 달러는 큰 액수의 돈이죠. 그래서 사람에게 백만 달러 같다고 말하면 그 돈의 가치만큼 멋져 보인다는 뜻입니다. bucks 대신에 dollars를 써서 look like a million dollars라고 해도 되고요.

Gigi   Winston, hello. It's good to see you.

윈스톤, 잘 있었죠. 만나서 반갑네요.

Winston You **look like a million bucks**.

당신 정말 아름다워 보여요.

from >> Samantha who 2-19

L-word 사랑한다는 말

보통 남자들은 사랑한다는 말을 하면 여자에게 잡히게 될까봐 잘 안하려고 하죠. 그래서 이 Love라는 단어를 말하기 꺼려하는데요. Love를 돌려서 말한 것이 바로 L-word입니다.

Rusty   I think I'm ready to use the **L-word** with Jen.

나 젠한테 사랑한다고 말할 준비가 된 것 같아요.

Cappie That's a pretty bold move.

그거 대단한 진전인데.

from >> Greek 1-8

M

mad at ~에게 화가 난

누군가에게 화가 났다는 것을 이야기할 때 angry보다 더 많이 쓰이는 것이 mad입니다. mad는 '미친'이라는 뜻 외에도 '화난'이라는 뜻도 있기 때문에 mad at은 누군가에게 화가 난 것을 뜻하죠.

Laurie	Hi. 안녕.
Jules	You know, don't say "Hi" to me. I'm **mad at** you. 알면서 왜그래, 나한테 인사 하지 마. 나 너한테 화났다고.

from >> Cougar Town 1-5

maid of honor (대표) 들러리

보통 신부 들러리는 bridesmaid라고 하는데요. maid of honor는 그 중에서도 대표가 되는 사람으로, 보통 신부와 가장 친한 친구가 하게 됩니다. 옆에서 결혼식을 도와주고 피로연 때도 대표로 축하멘트를 하죠. 친한 친구가 여러 명일 때는 누가 되냐를 놓고 친구들끼리 은근 경쟁을 하기도 합니다.

Phoebe	Y'know Rach, I think that, I think you should be Monica's **maid of honor**. 있잖아, 레이첼, 내 생각엔, 내 생각엔 니가 모니카의 들러리가 되야할 것 같아.
Rachel	You do? Why? 정말? 왜?

from >> Friends 7-6

make a mistake 실수하다

실수를 하다라는 표현은 동사 do가 아닌 make를 써서 make a mistake라고 합니다. 또한 실수하는 것 뿐 아니라 잘못 이해하거나 잘못 판단하는 것을 뜻하기도 합니다.

Calvin	I'm sorry. 미안해.
Michael	I think you're **making a mistake**. 너 지금 실수하고 있는 거야.

from >> Greek 2-8

make a scene 소란을 피우다

make a scene은 장면을 만드는, 즉 남들에게 볼 만한 어떤 광경을 만드는 것을 말하죠.
그래서 '소란을 피우다'라는 뜻으로 쓰입니다.

> **Joey** Yes! Excellent! Perfect score!
> 응! 좋아! 완벽해
>
> **Rachel** Wait a minute! She just **made a scene** in the middle of the
> ceremony!
> 잠깐만! 쟨 지금 결혼식 중에 소란을 피운 거잖아.

from >> Friends 7-6

make fun of ~를 놀리다, 조롱하다

누군가를 통해서 재미를 만들어 내는 것은 그 사람을 놀린다는 뜻입니다. 그래서 make fun
of는 '누군가를 놀리다, 비웃다'라는 뜻으로 쓰이지요. 재미있게 놀리는 것이 아닌 조롱하는
의미로 놀리는 것이죠.

> **Betty** Are you **making fun of** me?
> 너 지금 나 놀리는 거야?
>
> **Gio** No, no, no. I'm sorry. I just, you know, I hope you're not one of
> these people who just waits for things to happen.
> 아니, 아니야, 그렇지 않아. 미안해. 난 그냥, 있잖아, 니가 그냥 일이 벌어질 때까지 기다리는
> 그런 사람이 아니었으면 하고 바라는 거야.

from >> Ugly Betty 2-3

make it 해내다, 성공하다, 잘 도착하다

make it은 어떤 일을 성공했을 때 쓰기도 하며, 어딘가에 잘 도착했을 때 쓰기도 합니다.
그래서 자신의 집이나 파티에 와 준 사람에게 "너 잘 도착했구나, 너 와줬구나"라는 의미로
"You made it."이라는 말을 하곤 합니다.

> **Andrea** Whoo-hoo! Yay! You **made it**!

우후~! 야호! 너 왔구나!

Sam   Okay, just now, some guy just kissed me.

있잖아, 방금, 어떤 남자가 나한테 키스했어.

from >> Samantha Who 1-1

make out 키스하다

make out은 일반 kiss와는 달리 좀 더 진한 키스를 하는 것을 뜻하는 표현입니다. 여기서 더
나아가 잠자리를 갖는 것을 의미하기도 합니다.

Ashleigh   You were **making out** with your pillow.

너 니 베개하고 키스하고 있었어.

Casey   No, I wasn't.

아냐, 안그랬어.

from >> Greek 2-4

mellow out 진정하다, 긴장을 풀다

mellow out은 화나 긴장을 풀고 여유를 갖는 것을 뜻하는 표현입니다. 감정이 mellow되는,
즉 부드러워지는 것을 말하죠.

Hyde   Hurry up and drink a keg?

서둘러서 맥주를 마시라고?

Kelso   Jackie, will you just **mellow out**?

재키, 좀 진정할래?

from >> That '70s show 1-6

mess with ~를 놀리다, 골려주다

mess는 엉망인 상태를 뜻하는 단어이지만, mess with와 함께 사람이 오면 누군가를
골리거나 짜증나게 하는 것을 뜻합니다. 즉 그 사람을 mess로 만드는 거죠. 또한 사물과
함께 쓰여 그 물건을 마구 다루어서 망가트리는 것을 뜻하기도 합니다.

Jules	Why are you **messing with** me?
	너 왜 날 놀리는 거야?
Travis	Because it's fun.
	재밌으니까.

from >> Cougar Town 1-2

mingle (사람들과) 함께 어울리다

mingle은 '섞이다, 어우러지다'라는 뜻을 가진 단어인데요. 좀 더 의미가 넓게 쓰여 사람들과 함께 어울리다라는 뜻을 나타내기도 합니다.

Joey	Hey, come on, Michael. You can't kick me out of a room full of women.
	야, 왜 그래, 마이클. 너 여자들이 가득한 방에서 날 쫓아낼 순 없어.
Michael	Look, this isn't one of those book clubs where people just come to **mingle**. Alright? It's a place to discuss literature, not pick up girls.
	있잖아, 이건 사람들이 그냥 함께 어울리려고 오는 그런 북클럽이 아니야.
	응? 문학을 토론하는 장소라고, 여자를 꼬시는 곳이 아니라.

from >> Joey 1-4

money back 환불

환불은 보통 refund라고 하지만, 환불받다는 것이 돈을 돌려받는 것이므로 money back이라고 표현하기도 합니다. 그래서 물건이 마음에 들지 않을 경우 돈을 돌려주는 환불제도를 money-back guarantee라고 합니다.

Man	I think I'd like my **money back**.
	저 그냥 돈 환불해주세요.
Emerson	I don't give no damn refunds to people who waste my time.
	난 내 시간을 낭비하게 한 사람들에게 환불 따위 안해줘.

from >> Pushing Daisies 2-4

money stash 비상금

stash는 안전한 곳에 넣어두는 행위나 넣어둔 것을 뜻하는 단어입니다. 그래서 money stash는 비밀스런 장소에 몰래 숨겨두는 비상금을 말하죠.

Donna	Where's Eric? 에릭은 어딨어?
Hyde	I don't know. He's searching the House. He can't find his **money stash**. 몰라. 걔 집을 뒤지고 있어. 비상금을 잃어버렸거든.

from >> That '70s show 2-12

mooch off someone ~에게 빌붙다,

친구나 동료에게 계속 얻어먹거나 그 집에 돈도 내지 않고 사는 등의 빌붙는 행위를 mooch off라고 합니다. 비슷한 표현으로 sponge off가 있습니다.

Andrea	You have no intention of looking for an apartment. You're just gonna keep **mooching off** Sam. 너 아파트 찾을 생각 없는 거지. 그냥 샘한테 붙어서 얻어먹고 살 거잖아.
Todd	I was looking, okay? 찾고 있었다고, 알았어?

from >> Samantha who 2-1

moral support 정신적인 지지

큰 용기를 필요로 하는 행동을 하거나 어딘가 두려운 곳을 갈 때 의지할 만한 상대를 데려가기도 하는데요. 이렇게 누군가 정신적으로 의지할 만한 사람을 데려가는 것을 moral support라고 합니다.

Casey	Oh, you guys were speed dating. 오, 너희들 스피드데이팅 갔었구나.

Cappie I don't really need to go speed dating. I just went for **moral support**.

난 그런데 갈 필요 없어. 그냥 같이 가준거야.

from >> Greek 2-8

morning sickness 입덧

morning sickness는 임신했을 때 하는 입덧을 뜻하는 표현입니다. 주로 아침에 입덧을 하기 때문에 이렇게 이름 지어졌습니다.

Rachel Hi.

안녕.

Monica Hey, how are you doing? Got any **morning sickness**?

안녕, 어때? 입덧해?

from >> Friends 8-2

move on 잊다, 마음을 정리하다

이성과 헤어진 후 마음을 정리하는 것, 즉 그 사람을 완전히 잊고 새로운 삶을 준비하는 것을 move on이라고 합니다. 또는 이별 후 새로운 사람을 만났을 때를 move on했다고 하기도 하죠.

Hilda He has clearly **moved on**. Why don't you?

그는 완전히 정리했던데, 넌 왜 못해?

Betty I don't know. It's just everything's changing so fast.

나도 모르겠어. 그냥 모든 게 너무 빨리 변하고 있어.

from >> Ugly Betty 4-5

Mr. Right 완벽남, 완벽한 남편감

Mr. Right은 모든 여자들이 결혼하고 싶어하는 좋은 남편감을 뜻하는 표현입니다. 말 그대로 모든 것이 다 완벽하다는 뜻이지요. 또는 자신에게 딱 맞는 임자를 말하기도 합니다.

Robin	Kiki spent years trying to find me **Mr. Right**.
	키키는 몇 년 동안이나 나한테 완벽한 사람을 찾아주기 위해서 노력했어.
Rebecca	Oh, what happened?
	오, 그래서 어떻게 됐는데?

from >> Greek 2-16

N

nail 성공하다, 해내다

무언가를 이루거나 성공했을 때 nail이라는 동사를 사용해 말할 수 있습니다. 못을 쾅 박듯이 그 일을 해냈다는 거죠.

Lily	**Nailed** it!
	해냈어!
Marshall	Best night ever!
	지금까지 중에 최고의 밤이야!

from >> How i met your mother 5-4

Never mind. 신경 쓰지 마. / 아무것도 아냐.

Never mind.는 무언가 말을 꺼냈다가 다시 접을 때 신경 쓰지 말라는 뜻으로 회화에서 많이 쓰이는 표현입니다. 우리말에 '아무것도 아냐.'와 가장 흡사하다고 할 수 있죠.

Cappie	No, why?
	아니, 왜?
Max	I don't know. I though that your... I'd think that...Uh, **never mind**.
	몰라. 내 생각에 네.... 난 그냥... 어, 아무것도 아냐.

from >> Greek 2-8

new to ~에 서투른, 초짜인

new to는 말 그대로 무언가에 새롭다는 뜻입니다. 즉 이제 막 시작한 단계라 아직
서투르다고 할 때 쓸 수 있는 표현이죠. to 뒤에 서투른 대상을 넣어서 문장을 만들어 주면
됩니다.

Fez	I may not say this right because I am **new to** english, but she has tremendous breasts, yes?
	내가 영어가 서툴러서 잘못 말하는 걸 수도 있는데, 쟤는 진짜 굉장한 가슴을 가지고 있다, 그지?
Jackie	Michael, who is this guy?
	마이클, 얘 누구야?

from >> that '70s show 1-1

No biggie. 별일 아니야. / 걱정할 필요 없어.

어떤 일에 대해서 상대방이 걱정을 한다거나 할 때 별일 아니라는 뜻으로 No biggie.라는
말을 자주 사용합니다. 같은 뜻으로 No big deal.이라는 표현도 쓸 수 있습니다.

Hilda	Oh, stop. It's just a job. **No biggie,** okay?
	오, 그만 좀 해. 그냥 일자리일 뿐이야. 별거 아니라고, 알았어?
Betty	No biggie? Hilda, you're following your dream.
	별거 아니라니? 힐다, 언니는 지금 언니의 꿈을 쫓아가고 있잖아.

from >> Ugly Betty 2-6

No offense. 기분 나빠하지는 마.

상대방에게 할 말이 그 사람의 기분을 상하게 할 수도 있다는 생각이 될 때 그 말을 하기
전에 먼저 No offense.라는 말을 합니다. 상대의 감정을 상하게 하려는 의도에서 하는 말은
아니라는 걸 미리 얘기해 주는 거죠.

Ashleigh	Casey, help me out.
	케이시, 나 좀 도와줘.
Casey	Ashleigh, **no offense**, but you deserve better than Travis.
	애슐리, 기분 나빠하지는 마, 근데 넌 트레비스보다 더 좋은 애를 만나야해.

from >> Greek 1-7

nose job 코 성형수술

성형수술은 plastic surgery나 cosmetic surgery라고 하지만, 보통 코를 성형수술 하는 것은 간단하게 nose job이라고 말합니다. 이와 마찬가지로 가슴 수술은 boob job이라고 하죠.

Tyler	I love your **nose job**.
	당신 수술 한 코 너무 마음에 드네요.
Marshall	I never had a nose job.
	나 코 수술 안했는데.

from >> How i met your mother 4-15

no strings 조건 없이, 그냥

string은 복수로 쓰이면 조건이라는 뜻으로 사용이 됩니다. 그래서 no strings라는 것은 조건이 없다는 뜻이죠. 어떤 행동에 있어서 아무런 조건이 없다는 것을 강조하기 위해 사용되며, no strings attached라고 말하기도 합니다.

Fez	They give you candy? Just like that? **No strings**?
	그들이 너에게 사탕을 준단 말이야? 그냥 그렇게? 조건도 없이?
Donna	Yes, Fez. Get over it.
	응, 페즈. 그만 좀 잊어버려라.

from >> That '70s show 2-5

O

off the hook 끝내주는, 곤경에서 벗어나다

off the hook은 젊은이들 사이에서 아주 많이 쓰이는 표현으로 서로 다른 두 가지 뜻이 있습니다. 하나는 awesome과 마찬가지로 '끝내주는'이란 뜻을 가지고 있고, 다른 하나는 곤경이나 궁지에서 벗어나게 되는 것을 뜻합니다.

Barney You guys, that other table is **off the hook**. What are we talking about?
얘들아, 저 테이블은 정말 끝내줘. 무슨 얘기하고 있는 거야?

Lily Robin's dad.
로빈 아버지.

from >> How i met your mother 4-6

Barney Why'd you let me **off the hook**?
너 왜 날 곤경에서 벗어나게 해줬어?

Marshall You did the right thing, Barney.
네가 옳은 일을 했잖아, 바니.

from >> How i met your mother 4-8

---

off to ~로 가는, 향하는

off는 공간, 시간상으로 무언가가 멀어져 간다는 의미를 갖습니다. 그래서 be off to는 '~로 떠나다, ~로 가다'란 의미의 표현이 되지요. 상대방에게 "너 수업들으러 가는 거야?"란 질문을 할 때 완전한 문장으로는 Are you off to class? 이지만, 회화에선 간단히 Off to class? 라고 물어볼 수 있습니다.

Casey **Off to** class?
수업 들으러 가?

Rebecca	No, skydiving, actually.
	아니, 스카이다이빙 하러 가.

from >> Greek 2-8

Okie dokie. 알았어.

Okie dokie. (오키 도키)는 Okay.를 운율에 맞추어 말하는 것으로, 그냥 Okay.라고 하는 것보다 좀 더 귀여운 느낌이라 젊은이들 사이에서 자주 사용됩니다. 또한 Oki Doki Dok. (오키 도키 독)이라고 하기도 합니다.

Ellie	Chuck, we're gonna need another chair.
	척, 우리 의자 하나 더 필요해.
Chuck	**Okie dokie.**
	알았어.

from >> Chuck 1-2

old-fashioned 구식인, 보수적인

old-fashioned는 사람이나 사물이 구식인 것을 뜻하는 표현입니다. 옛날 방식을 고수하는 보수적인 사람을 나타낼 때도 쓰일 수 있죠. 비슷한 표현으로 old-school이라고 할 수도 있습니다.

Dilly	Call me **old-fashioned**, but I like to win.
	날 구식이라고 해도 좋지만, 난 이기는 게 좋아요.
Ned	There are plenty of customers for both of us, Dilly. Why can't we both win?
	우리 둘 모두를 위한 충분한 고객들이 있어요, 딜리. 왜 우리 둘 다 이기면 안되죠?

from >> Pushing Daisies 1-8

O.M.G. 오, 이런

O.M.G.는 Oh, my God를 줄여 쓴 말로, 젊은이들 사이에서 흔히 쓰이는 표현입니다. 놀랐을 때 뿐 아니라

기쁜 일이나 황당한 일이 생기는 등의 모든 상황에서 사용될 수 있죠.

Amanda	**O.M.G.**, we have so much to catch up on.
	오, 이런. 우리 할 말이 정말 많아.
Marc	I know.
	그러니까 말야.

from >> Ugly Betty 2-17

on earth 도대체

무언가 이해가 안 되는 일에 대해 얘기할 때 '도대체'라는 말을 사용하는데요. 이를 영어에서는 on earth라고 표현합니다. on earth 앞에 다양한 의문사를 넣어 What on earth, Why on earth와 같이 말할 수 있습니다.

Casey	Why **on earth** would you do that?
	도대체 왜 니가 그걸 하는 건데?
Ashleigh	'Cause the KT's cancelled their formal and when he told me he just looked so sad.
	KT가 파티를 취소했어. 걔가 그걸 말하는 데 너무 슬퍼보였다고.

from >> Greek 2-7

on me 내가 쏘는, 내가 지불하는

미국 사람들은 주로 식사를 할 때 각자 자신이 먹은 것을 계산하는(go dutch)데요. 가끔 축하할 일이 있다거나 기분이 좋을 때 누군가 한 사람이 지불하기도 합니다. 이렇게 자신이 쏘겠다고 말할 때 on me를 사용해서 말합니다.

Ted	Hey, put that away. Tonight's **on me**.
	왜 그래, 그거 저리 치워. 오늘밤은 내가 쏠게.
Stella	Oh, no, no. Don't.
	오, 아냐, 아냐. 그러지 마.

from >> How i met your mother 3-13

on one's way to ~로 가는 길인

어디에 가는 길이다라고 말할 때는 on one's way to를 사용합니다. to 뒤에 가는 장소를 넣으면 되죠. 하지만 집에 간다고 말할 때는 to 없이 on my way home이라고 합니다.

Big Mike	Now, Chuck!
	당장 와, 척!
Chuck	I was just **on my way to** see you.
	당신을 보러 가려던 참이었어요.

from >> Chuck 1-3

on sale 세일 중인, 할인행사 중인

우리는 할인행사 중이라고 말할 때 그냥 sale이라고 하지만, 영어로는 on sale이라고 해야 맞는 표현이 됩니다. for sale은 '파는, 판매 중인'이란 뜻으로 쓰이고요.

Eric	Did I just see about seven bags of potato chips in there?
	내가 방금 저기서 감자칩 7봉지를 본거야?
Kitty	They were **on sale**.
	세일 중이었다고.

from >> that '70s show 1-2

on the fence 중립적인, 결정하지 않은

on the fence는 아직 결정하지 않은, 즉 중립적인 상태를 뜻하는 표현입니다. 양쪽을 사이에 두고 가운데 있는 울타리에서 어느 쪽으로 갈지 결정을 못한 채 서 있는 모습을 생각하면 쉽게 이해가 갈 겁니다.

Henry	I think it's great, Hilda.
	내 생각엔 좋은 것 같은데, 힐다.
Justin	Eh, I'm **on the fence**.
	어, 난 아직 모르겠어.

from >> Ugly Betty 2-10

on the house 공짜인, 서비스로 제공되는

음식점 등에서 우리가 흔히 말하는 '서비스'에 해당하는 것이 바로 on the house입니다.
술집이나 레스토랑 등에서 공짜로 제공되는 것을 말할 때 쓰이는 표현이죠. "이거
서비스인가요?"라고 물어볼 때는 "Is this on the house?"라고 하면 돼죠.

Carl	**On the house**. 서비스예요.
Everyone	Whoa! 와!

from >> How I met your mother 1-10

on the plus side 긍정적인 면을 보면,

안 좋은 일이 일어났지만 그로 위해 뭔가 이득이 생겼을 때, 즉 긍정적인 면을 봤을 때 on the
plus side라는 표현을 사용합니다.

Robin	**On the plus side**, I bought the cutest purse today. 긍정적인 면을 보면, 난 오늘 진짜 귀여운 지갑을 샀어.
Ted	So, wait, why did you throw up? 그러니까, 잠깐, 너 왜 토한 건데?

from >> How i met your mother 4-22

opening 빈자리(일자리)

누군가 그만두거나 휴직계를 낸 것으로 인해 공석이 생겼을 때 이를 opening이라고 합니다.
말 그대로 열려있는 자리를 뜻하는 거죠. 그래서 일자리를 구하러 다닐 때 "Do you have any
openings?"라고 묻곤 합니다.

Woolsy	Unfortunately, although fortunate for you, we've recently had an **opening** in the bee-Girl division. 불행하게도, 당신에겐 다행이겠지만, 최근에 꿀벌을 담당하는 부서에 자리가 났어요.

Chuck	Oh, yeah, I heard about that. Kentucky Fitz.
	오, 맞아요, 저도 들었어요. 켄터키 피츠 씨 말이죠.

from >> Pushing Daisies 2-1

out of control 통제 불능인

내가 컨트롤 할 수 없는 통제 불능인 상태가 됐을 때 out of control이라는 표현을 써서 말합니다. 말 그대로 통제에서 벗어났다는 것을 뜻하죠.

Joey	Ooh! Are we opening presents?
	우! 우리 선물 뜯어보는 거야?
Monica	No. I shouldn't have even opened these. Joey, I am **out of control**!
	아니. 나 풀어보면 안됐었단 말이야. 조이, 나 통제 불능이야!

from >> Friends 8-2

out of one's mind 제정신이 아닌

제 정신이 아닌 사람을 보고 우리는 정신이 나갔다고 하는데요. 영어에서도 이와 마찬가지로 out of one's mind라고 합니다.

Casey	142 Euclid? Guess who called that in?
	Euclid 142번가 가는 거 아니야? 누가 전화했을 것 같아?
Chuck	Oh my God, it was you! You killed the doctor, and now you're gonna kill me! Are you **out of your mind?**
	오, 이런, 너였군! 니가 의사도 죽이고, 지금 날 죽이려고 하는 거야! 너 제 정신이야?

from >> Chuck 1-2

overhear (우연히) 엿듣다

남의 대화를 엿듣는 것을 overhear라고 합니다. 의도해서 몰래 들었다기 보다는 그냥 우연히 듣게 되었다는 것을 뜻하죠. 의도해서 몰래 들었을 경우에는 eavesdrop이라고 말합니다.

Woman	Excuse me, I-I couldn't help **overhearing**, you're marrying Chandler Bing?
	실례합니다, 제가 엿듣게 됐는데요, 당신이 챈들러 빙 씨하고 결혼하시나요?
Monica	Yeah, that's right.
	네, 맞는데요.

from >> Friends 7-6

over my dead body 절대 안 돼.

우리말에 절대 안 된다는 뜻으로 눈에 흙이 들어가기 전엔 안 된다고 하는 표현이 있죠. 이와 마찬가지로 영어에서는 over my dead body라는 표현을 씁니다. 내가 죽기 전에는 절대 용납할 수 없다는 것이죠.

Clair	**Over my dead body**.
	내가 죽기 전엔 절대 안 돼.
Alexis	Mom, I'm sorry. It's done.
	엄마, 미안해요. 끝난일이예요.

from >> Ugly Betty 2-17

owe ~에게 빚지다, 갚을 것이 있다

owe는 누군가에게 빚지고 있는 것을 뜻하는 단어인데요. 돈 뿐만 아니라 신세를 진다거나 할 때도 사용됩니다. 그래서 상대방에게 신세졌다고 말할 때 "I owe you."라고 말하기도 하죠.

Red	And if we can't put it back together, you **owe** me 118 bucks.
	우리가 이거 다시 조립 못하면, 너 나한테 118달러 빚지는 거다.
Kelso	I don't have 118 bucks.
	저 118달러 없는데요.

from >> That '70s show 1-22

P

pain in the ass 골칫덩어리, 짜증나는 것(사람)

pain in the ass는 엉덩이의 고통과 같이 짜증나고 성가신 것을 뜻하는 표현입니다. 사람과 사물 모두에게 쓰이며 문제가 되는 골칫덩어리를 일컫는 말이죠.

Ted	Dude, running a bar is a **pain in the ass**. We should just stick with what we know. 야, 바를 운영하는 건 진짜 골치 아프다. 우린 그냥 우리가 잘 아는 거나 해야겠다.
Barney	We should start a band. 우리 밴드를 시작하는 거야.

from >> How i met your mother 4-13

paranoid 과민 반응하는, 피해망상적인

뭔가에 병적으로 심하게 집착하거나 피해망상적인 태도를 취하는 등 과민 반응을 하는 것을 paranoid라고 합니다. 이유 없이 두려워하거나 무언가에 대해 지나치게 의심하는 것을 말하죠.

Daniel	It's starting again. Whilhemina is taking over. 또 시작되는 거야. 윌레미나가 다시 세력을 키우는 거라고.
Alexis	It was just one idea. Stop being **paranoid**. 그냥 아이디어 하나였잖아. 과민반응 좀 하지 마.

from >> Ugly Betty 2-17

pass out 기절하다, 의식을 잃다

pass out은 기절하는 것을 말하는데요. 아프거나 놀라서 기절하는 것 뿐 아니라 술에 취해 쓰러지는 것도 pass out이라고 말합니다. 비슷한 뜻으로 faint가 있습니다.

> **Grayson** Fine!
>
> 알았다고!
>
> **Jules** Thank God. I thought I was gonna **pass out**.
>
> 다행이다. 나 기절하는 줄 알았어.

from >> Cougar Town 1-5

PDA 공공장소에서의 애정행각

PDA는 Public Display of Affection의 줄임말로 공공장소에서 하는 애정행각을 말합니다. public한 장소에서 서로 키스나 애무를 하는 등 이성과의 사랑을 나타내는 행동을 하는 것을 뜻하죠.

> **Chuck** I'm not really good with **PDA**.
>
> 난 공공장소에서 애정행각하는 건 잘 못해요.
>
> **Sarah** Hm. Well, let's go somewhere a little private.
>
> 음, 있잖아, 좀 둘만 있을 수 있는 곳으로 가자.

from >> Chuck 1-3

people person 사교적인 사람

people person은 사람들과 잘 어울리는 사교적인 사람을 뜻하는 표현입니다. 주로 성격이 outgoing(외향적인)하기 때문에 새로운 사람들을 만나서 이야기하는 것을 즐기는 사람을 말하죠.

> **Ricky** Tell me, what do you consider your best quality?
>
> 말해보게, 자네의 가장 큰 장점은 무엇인가?
>
> **Eric** Well, I'm a real **people person**.
>
> 음, 전 정말 사람들과 잘 어울립니다.

from >> That '70s show 1-5

pep talk (짧은) 격려, 격려의 말

속상해하거나 우울해하는 사람에게 짧게 격려하는 말을 해주는 것을 pep talk라고 합니다.
pep이 '격려하다, 기운 나게 하다'라는 뜻이 있기 때문이죠.

Daniel	I mean, maybe your story wasn't that great.
	내 말은, 네 글이 그렇게 좋진 않았을 수도 있잖아.
Betty	Do you understand the meaning of '**pep talk**'?
	'격려'가 무슨 말인지 알고는 있어요?

from >> Ugly Betty 2-4

pick on ~를 괴롭히다

pick on은 누군가를 괴롭히는 것을 뜻하는 표현입니다. 놀리거나 때리는 등 상대를 못살게
구는 것을 뜻하죠.

Hilda	Why didn't you tell me that somebody at school was **picking on** you?
	왜 학교에서 누가 널 괴롭힌다고 말하지 않았어?
Justine	He told you?
	그가 엄마한테 말했어요?

from >> Ugly Betty 4-2

pick up 데리러 가다

pick up은 다양한 뜻으로 쓰이는데요. 바닥에 떨어진 것을 줍는 것도 pick up이고, 맡긴
물건을 찾으러 가는 것도 pick up이라고 합니다. 또 사람에게 쓰이면 그 사람을 데리러 가는
것을 뜻합니다.

Travis	Uh, look, Ryan's coming to **pick me up**.
	어, 있잖아요, 라이언이 절 데리러 올 거예요.
Jules	Okay. Home by midnight.
	그래. 12시까지는 들어와라.

from >> Cougar Town 1-1

pin something on someone ~에게 ~를 뒤집어씌우다

무언가를 누군가에게 pin on 한다는 것은 어떤 잘못된 일을 그 사람의 탓으로 돌리는 것을 뜻합니다. 잘못에 대한 책임을 남한테 뒤집어씌우는 것을 말하죠.

Chuck　You mean the dead monkey?
죽은 원숭이 말이죠?

Woman　Yes, the dead monkey. What, are you gonna try and **pin that one on me**, too?
그래요, 죽은 원숭이요. 왜요, 그것도 나한테 뒤집어씌우려고요?

from >> Pushing Daisies 2-6

pissy 짜증난

pissy는 '화난, 열 받은'이란 뜻의 pissed에서 만들어진 슬랭입니다. 잔뜩 짜증이 났다거나 화가 난 상태를 말하죠. "짜증 좀 그만 내."라는 말을 한다면 "Stop being so pissy."라고 하면 됩니다.

Jules　Why so **pissy**?
왜 그렇게 짜증나 있는데?

Ellie　I'm fat.
나 뚱뚱해.

from >> Cougar Town 1-1

place 집

보통 우리는 '집'을 말할 때 house나 home이라는 단어를 쓰지만 보통 원어민들은 place라고 말합니다. 우리 집이라고 말할 때도 my place라고 하죠. house는 보통 집(건물) 자체를 말하고, home은 가정이라는 뉘앙스로 쓰이죠.

Chandler　Why are you napping over here instead of over at your **place**?

너 왜 니네집에서 낮잠 안자고 여기서 자는 거야?

| Joey | Well, the duck… |
| | 그게, 오리가…. |

from >> Friends 7-2

played out 한물 간, 효력이 없는

played out은 더 이상 인기가 없거나 한물 간 것을 말할 때 쓰이는 표현입니다. 또한 다른 뜻으로 exhausted와 같이 지치거나 피곤한의 뜻으로 사용되기도 합니다.

Barney	You have to wait three days to call a woman. That's the rule.
	여자한테 전화하려면 3일을 기다려야지. 그게 규칙이야.
Ted	Barney, that rule is completely **played out**.
	바니, 그 규칙은 완전 한물 간 거야.

from >> How i met your mother 4-21

player 선수, 바람둥이

많은 여자들을 만나고 다니며 여자에 대해서 잘 아는 바람둥이를 우리도 '선수'라고 하는데요. 이와 마찬가지로 영어에서도 이런 남자를 player라고 말합니다.

Jen	I remember him coming across as kind of a **player**.
	난 그가 좀 바람둥이였던 걸로 기억하는데요.
Ted	Me?
	내가?

from >> How i met your mother 5-2

play hard-to-get 밀고 당기기를 하다

연애를 할 때 밀고 당기기를 하는 사람들이 있는데요. 이러한 밀고 당기기를 하는 것을 영어로는 play hard-to-get이라고 합니다. 말 그대로 자신을 잡기 어렵게 한다는 것이죠.

Essential Expressions A to Z

Ross	What do I do now?
	나 이제 어떻게 해야 해?
Joey	You **play hard-to-get**.
	넌 밀고 당기기를 해야지.

from >> Friends 4-17

pledge (클럽의) 신입 회원을 뽑는 과정, 신입(예비) 회원

대학 사교 클럽의 신입 회원을 뽑는 과정 또는 그 신입 회원을 pledge라고 합니다. 이 때 회원들은 이미 rush week를 거쳐 선별된 맴버들이며 이 기간동안 모든 테스트를 통과하는 사람만이 진짜 클럽의 회원이 됩니다.

Cappie	We don't have to train our **pledges**. They already rock.
	우린 신입 회원들을 교육 시킬 필요가 없어. 걔들은 이미 최고거든.
Evan	Are you implying that your pledges are better than our pledges?
	지금 니네 신입 회원들이 우리 애들보다 낫다고 말하는 거야?

from >> Greek 1-2

plus one 데이트로 데려가는 사람

plus one은 결혼식이나 파티에 데려가는 데이트 상대를 말합니다. 보통 초대를 받으면 초대장에 혼자 갈 건지 누구를 데려갈 건지 체크해서 주최자에게 알려줘야 하는데요. plus one은 이렇게 데려가는 사람을 일컫는 말로 쓰입니다.

Whilhemina	Oh, Marc, I forgot to ask. Who are you bringing to the wedding?
	오, 마크, 물어보는 걸 깜빡했다. 결혼식에 누구 데려올 거야?
Marc	I get a **plus one**?
	저 누구 데려와도 되는 거예요?

from >> Ugly Betty 2-6

PMS 생리 전 증후군

PMS는 premenstrual syndrome을 줄여 부르는 말로 생리 전 증후군을 뜻합니다. 생리 전에 괜히 짜증을 낸다거나 화를 내는 등의 행동을 하는 것을 말하죠. 자신이 그러한 상태라는 걸 말하고 싶다면 뒤에 ing를 붙여 "I'm PMS-ing."이라고 하면 됩니다.

Laurie   I'm **PMS**-ing hard.
나 생리전이라 완전 짜증나.

Jules   Cut to the chase.
본론만 말해.

from >> Cougar Town 1-3

psyched 흥분한, 신난

psyched는 요즘 젊은이들 사이에서 많이 쓰이는 표현으로 어떤 일에 들떠서 흥분하거나 신나 있는 상태를 말합니다.

Kelso   I'm so **psyched**!
나 너무 신난다!

Laurie   Oh, did you finally figure out how a thermos works?
오, 마침내 보온병이 어떻게 작동하는지 알아내기라도 했어?

from >> That '70s show 2-11

PTA 학부모회

PTA는 Parent-Teacher Association을 줄인 말로, 학생들의 부모와 선생님들이 모여 만든 모임을 뜻합니다. 우리의 학부모 모임과는 달리 미국에서 PTA는 자주 모여 많은 것들에 대해서 논의하며 학교에 대한 파워도 강한 편입니다.

Hilda   I gotta get ready for the **PTA** thing this morning.
나 오늘 아침에 있는 학부모회에 갈 준비해야 해.

Betty   Since when are you on the PTA?
언제부터 언니가 학부모회에 참여했어?

Essential Expressions A to Z

from >> Ugly Betty 2-17

pull an all-nighter 밤새다

우리가 밤새 일을 하거나 공부를 했을 때 올나잇했다고 말하는데요. 이에 해당하는 바른 영어 표현이 pull an all-nighter입니다.

> **Rusty** I'm working on my pledge project.
> 나 클럽 프로젝트 하는 중이야.
>
> **Dale** You **pulled an all-ngihter** for fraternity homework?
> 너 클럽 숙제 때문에 밤을 샜다고?

from >> Greek 1-13

pull off ~를 해내다, 소화해내다

pull off는 어려운 일을 훌륭히 해내는 것을 뜻하는 표현입니다. 어렵게 성공해내다라는 뜻의 표현이죠. 또한 어떠한 옷을 소화해내는 것을 뜻하기도 합니다.

> **Jules** I'm just kidding. I wanted to see if I could **pull that off**.
> 그냥 장난 친 거야. 내가 할 수 있는지 알고 싶었거든.
>
> **Josh** You totally can.
> 완전 잘하던데요.

from >> Cougar Town 1-3

pull over 차를 한쪽에 세우다

운전 하던 중 어떤 일로 인해 차를 잠깐 세우는 것을 pull over라고 합니다. 길 한 쪽에 잠깐 멈춰서는 것을 말하죠. 경찰이 티켓을 끊기 위해 차를 세우라고 말할 때도 이 pull over라는 표현을 사용합니다.

> **Casey** **Pull over.**
> 차 세워.

> **Chuck** Well, I can't pull over.
> 못 세워.

from >> Chuck 1-2

RA 기숙사 조교 (기숙사를 관리하는 학생)

RA는 Resident Assistant의 줄임말로, 학교의 기숙사내에서 생활하면서 기숙사를 관리하고 다른 학생들을 돕는 대신 방을 무료로 사용하는 학생을 일컫는 말입니다.

> **Casey** I'm taking Max.
> 난 맥스를 데려갈 거야.
>
> **Cappie** Rusty's **RA**, Mr. Super Science Smarty Pants.
> 러스티네 RA말이구나, 그 과학 천재말이야.

from >> Greek 2-7

ralph 토하다

ralph는 슬랭으로 vomit, throw up과 같이 '토하다'라는 뜻입니다. 비슷한 뜻으로 puke, barf, pray at the porcelain throne 등도 있죠.

> **Lily** Well, I just **ralphed**.
> 음, 나 방금 토했어.
>
> **Robin** How much did you guys drink last night?
> 니네 어제 밤에 얼마나 마신거야?

from >> How i met your mother 1-9

rat on 버리다, 배반하다, ~를 고자질하다

rat on은 누군가를 배반하거나 버리는 행위, 또한 밀고하는 것을 뜻하는 표현입니다. 배가 침몰하면 쥐가 가장 먼저 뛰어내린다고 하는데요. 그래서 다른 사람들은 뒤로 한 채 자신만 살겠다고 배반하는 것을 이 rat을 써서 말하죠.

Donna	Shut up, Hyde. I'm mad at him.
	시끄러, 하이드. 난 그에게 화났다고.
Hyde	Look, you don't **rat on** your friends. That's just the way it is.
	야, 넌 친구를 고자질하지 않아. 그냥 그래야 하는거야.

from >> That '70s show 2-6

rebound guy 이별 후 잠시 사귀는 남자

사랑하는 사람과 헤어지고 나서 그 사람을 잊기 위해, 또는 외로움을 달래기 위해 잠깐 만나는 사람을 rebound guy라고 합니다.

Gio	You want me to be your **rebound guy**.
	넌 내가 네 리바운드 가이가 되길 바라는 거야?
Betty	I came down here for sandwiches, and all of the sudden, you're my rebound guy?
	난 샌드위치 사러 내려온 거야, 근데 갑자기 니가 내 리바운드 가이라니?

from >> Ugly Betty 2-17

rehab 재활원

rehab은 rehabilitation을 줄여 부르는 말로, 재활원을 뜻하는 단어입니다. 마약 중독이나 알콜 중독 등의 문제를 치료하기 위해 잠시 들어가 있는 시설을 말하죠. 유명 할리우드 스타들 중에도 이 rehab을 자주 왔다 갔다 하는 사람들이 있죠.

Josh	So...back from **rehab**?
	그러니까, 재활원에서 돌아왔나?
Samantha	Oh, yep.

오, 네.

from >> Samantha who 1-2

ride 태워다 주는 것

ride는 '타다, 탈 것'이라는 뜻의 단어이지만, 회화에서는 '누군가를 태워다 주는 것'이라는 뜻으로 더 많이 쓰입니다. 그래서 누군가에게 태워달라고 말할 때는 give someone a ride라는 숙어를 써서 "Give me a ride."라고 하죠.

Donna	By the way, thanks for the **ride**. (Kiss)
	그리고 있잖아, 태워다 줘서 고마워. (키스)
Eric	What was that for?
	그거 뭐였어?

from >> That '70s show 1-1

Right back at ya. 너도 그래.

Right back at ya[you].는 상대가 앞서 한 말에 대해 같은 말을 한다는 뜻의 표현입니다. 예를 들어 상대방이 "좋은 하루 보내."라는 말을 했을 때 "너도."라고 답할 수 있죠. 이때 "너도."에 해당하는 말이 바로 "Right back at ya."입니다. 더 간단하게 줄여 "Right back atcha." 또는 "Back atcha."라고 할 수 있습니다.

Max	You.... pretty.
	너..... 예쁘다.
Casey	**Right back at ya.**
	너도 (멋져).

from >> Greek 2-7

ring a bell 기억이 나다, 떠오르다

만화를 보면 무언가 떠올랐을 때 떵하고 벨이 울리는 모습이 나오기도 하죠. 이렇게 무언가 기억이 나거나 떠오르는 것을 ring a bell이라고 합니다. 수사 미드를 보면 경찰이 범인의

Essential Expressions A to Z

사진을 보여주며 누군가에게 사진을 보고 기억나는 게 없냐고 묻기 위해 ring a bell이라는 표현을 사용하는 장면을 자주 볼 수 있죠.

Ned	**Does the name Randy Man ring a bell?**
	랜디 맨이라는 이름을 듣고 기억나는 거 없어요?
Boss	**Should it?**
	그래야 하나요?

from >> Pushing Daisies 2-4

rip-off 모방한 것

rip-off는 어떤 것을 모방했지만 원래 것만 하지 못한 것을 말할 때 쓰이는 단어입니다. 즉 모작, 아류 등을 뜻하죠. 또한 이와는 다른 뜻으로, 어떤 물건을 정가보다 비싸게 샀을 때 '바가지'라는 뜻으로도 쓰입니다.

Marshall	**By the way, how good is Lethal Weapon?**
	그건 그렇고, 리셀 웨폰 정말 멋있지?
Robin	**Oh, I don't know. It's kind of a rip-off.**
	오, 난 모르겠어. 그건 좀 베낀 작품 같아서.

from >> How i met your mother 4-19

rock 최고다, 끝내준다

rock은 바위, 락 음악 등 여러 가지 뜻을 가진 단어이지만, 요즘 젊은이들 사이에서는 '최고'라는 의미로 자주 쓰이는 단어입니다. 누군가가 혹은 어떤 것이 굉장히 멋지거나 끝내줄 때 rock이라는 표현을 사용하죠.

Jules	**Did you see that?**
	너 봤어?
Laurie	**You rock!**
	너 끝내준다!

from >> Cougar Town 1-5

roomie 룸메이트

roomie 역시 줄여서 말하기 좋아하는 미국인들의 특성이 반영된 단어입니다. '방을 같이 쓰는 친구'라는 뜻의 단어인 roommate를 줄여서 쓰는 단어입니다.

Joey	Morning, **roomie**. So, tell me about last night.
	좋은 아침이야, 룸메이트. 자, 어젯밤에 대해서 말해봐.
Michael	What about it?
	어젯밤이 뭐?

from >> Joey 1-2

round (술) 한 잔

우리는 보통 술을 병째 시켜놓고 마시지만, 외국에서는 바에 가면 보통 한 잔 씩 시켜서 마시는데요. 이렇게 한 잔을 round라고 합니다. 계산도 보통 한 잔씩 하기 때문에 round를 마실 때 마다 돈을 내죠.

Jules	They want another **round**. I feel like I'm 100.
	쟤들은 한 잔 더 하겠대요. 난 100살 먹은 거 같은 기분이야.
Grayson	You look like you're 800.
	너 800살은 돼 보인다.

from >> Cougar Town 1-2

RSVP 회답을 바람, 회답하다

RSVP는 불어인 répondez s'il vous plaît을 줄여 쓴 것으로, Please reply. 즉 회답을 바란다는 뜻의 표현입니다. 파티나 결혼식 등에 초대할 때 초대장 밑에 써 넣어 상대방에게 참석여부를 알려달라고 하는 표현이죠.

Evan	Don't forget to **RSVP** to the Dean's Spring reception. It's a real honor we've been invited.
	학장님의 봄 연회에 회답하는 거 잊지 마. 우리가 초대됐다는 건 정말 영광이거든.
Frannie	Yes, dear.

Essential Expressions A to Z

> 알았어, 자기야.

from >> Greek 2-6

run out of (물건이) 바닥나다, (물건을) 다 써버리다

run out of는 어떤 물건을 다 써버려서 바닥난 상황을 표현할 때 쓸 수 있는 표현입니다.
'~이 다 떨어져가'라고 말할 때는 진행형을 사용해서 'We're running out of~'라고 말할 수
있습니다.

Kitty   What if they **run out of** chips?
만약에 걔들이 감자칩이 다 떨어지면 어쩌지?

Red   They'll starve!
걔들은 굶어죽을 꺼야!

from >> That '70s show 1-2

rush 신입생 선발 기간

대학교내의 각 클럽에서 신입생을 선발하는 기간을 rush 또는 rush week라고 합니다. 이 때
새로 들어온 신입생들을 대상으로 환영파티를 하며 그 기간 동안 클럽멤버를 선별하게 되죠.

Casey   You sure are eating a lot of chips, Ash. **Rush** starts tomorrow.
너 감자칩 너무 많이 먹는다, 애쉬. 신입생 선발 기간이 내일 시작하잖아.

Ash   I gotta go to the bathroom.
나 화장실 가야겠다. (토하려고 가는 거예요~ㅠ.ㅠ)

from >> Greek 1-1

score 이성(특히 여성)과의 잠자리를 갖다

남자들끼리 여성과 잠자리를 한 것을 자랑삼아 이야기할 때 score라는 표현을 씁니다.
잠자리를 가진 것을 점수를 딴 것에 비유하는 거죠. 실제로 미국의 일부 대학생들 사이에서는
몇 명의 여성과 잠을 잤는지에 대해 점수를 매기기도 합니다.

Ted	I think I can **score** one of them, I don't know which one, and if I choose wrong, I lose them both.
	둘 중에 한명이랑 잘 수 있을 것 같은데, 누구랑 자야할지 모르겠어. 내가 잘못 선택하면 둘 다 잃는다고.
Lily	Okay, well, don't worry. I'll come down and help you figure it out.
	알았어, 음, 걱정 마. 내가 내려가서 어떻게 해야 할지 도와줄게.

from >> How i met your mother 3-3

scrap 취소하다, 없애다

scrap은 보통 수동태로 쓰여, 계획 등이 해체되거나 폐기되는 것을 뜻합니다. 또한 전혀 다른
뜻으로 '주먹질하다, 싸움하다'라는 뜻으로 쓰이기도 합니다.

Ted	This woman at GNB told me that the new bank building was **scrapped** last month. It's crazy, right? Wait, what was that look?
	GNB에서 만난 여자가 새 은행 건물이 지난달에 취소됐다고 하는 거야. 말도 안 돼지, 그지? 잠깐, 그거 무슨 표정이야?
Marshall	We should tell him about it.
	우리 그에게 말해야해.

from >> How i met your mother 4-18

screw up 망치다, 엉망으로 만들다

뭔가 크게 실수하거나 일을 망쳤을 때 screw up이란 표현을 써서 말합니다. 또한 "나 완전 망했어."라고 말할 때 screw up을 수동태로 써서 "I'm screwed (up)."이라고 합니다.

> **Eric**   If you **screw that up**, he's gonna blame me.
> 너 이거 망치면, 그가 날 비난할 거야.
>
> **Kelso**   I know.
> 나도 알아.

from >> That '70s show 1-22

set someone up with ~를 ~와 소개팅 시켜 주다

set someone up with는 누구를 누구와 소개팅 시켜 주다라는 뜻의 표현입니다. 두 사람의 만남을 주선하는 것을 뜻하죠. 비슷한 표현으로는 fix up이 있으며, 일반적으로 소개팅은 blind date라고 합니다.

> **Michael**   What are you up to?
> 뭐하고 있어요?
>
> **Gina**   Oh, we are just trying to find someone to **set Alex up with**.
> 오, 우리는 알렉스와 소개팅 시켜 줄 사람을 찾으려고 하는 중이야.

from >> Joey 2-3

shotgun 운전자 옆자리, 운전자 옆자리는 내꺼!

shotgun은 운전자 옆자리를 뜻하는데요. 옛날 서부시절에 마차를 타고 다닐 때 위험한 상황에 대비하기 위해 옆 좌석에 앉은 사람이 엽총(shotgun)을 가지고 앉았다는데서 유래했다고 하네요. 그냥 운전자 옆자리를 뜻하기도 하지만, 그 자리에 앉겠다고 찜할 때도 쓰인답니다. 앞좌석에 앉고 싶다면 "Shotgun!"이라고 외쳐주세요.

> **Kelso**   Actually, I'm riding **shotgun**.
> 사실, 내가 앞좌석에 탈거야.
>
> **Donna**   No, you're not.

아니, 넌 안 그럴 거야.

from >> That '70s show 1-1

six-pack 6개들이 맥주, 왕자(王字) 근육

보통 6개들이 맥주를 six-pack이라고 하는데요. 이 6개들이 맥주와 배에 있는 왕자 근육이 비슷하다고 하여 이 근육을 six-pack이라고 부릅니다.

Barney What are you doing?
너 뭐하는 거야?

Marshall I'm going to the airport. How could I be so stupid? Of course she's bringing me a **six-pack**.
나 공항에 갈 거야. 내가 왜 그렇게 바보같이 굴었지? 당연히 그녀는 맥주를 사가지고 올 거라고.

from >> How i met your mother 4-13

Chloe You should take a look at his **six-pack**. Look at this. Look at it.
그의 배에 있는 왕자를 봐야 해요. 이것 좀 봐요. 이거 봐요.

Henry Chloe, they don't want to see my abs.
클로에, 그들은 내 복근을 보고 싶지 않아 해.

from >> Ugly Betty 3-23

skip class 수업을 빼먹다, 땡땡이치다

skip class는 말 그대로 수업을 건너뛰는, 즉 땡땡이치는 것을 뜻하는 표현입니다. 이와 같이 땡땡이치다와 비슷한 표현으로는 cut class와 play hooky 등이 있습니다.

Donna This is great! Eric Forman **skips class**!
정말 멋진데! 에릭 포먼이 수업을 땡땡이치다니!

Eric Well, danger is my middle name.
음, 내 미들네임이 'danger(위험)'잖아.

Essential Expressions  A to Z

from >> That '70s show 1-6

slip one's mind 깜빡하다, 잊어버리다

slip one's mind는 마음에서 빠져나갔다는 것이므로 잊어버린 것을 뜻합니다. 즉 기억해야 할 무언가를 깜빡했다는 것을 말하죠.

Evan's dad	You didn't mention you knew her. 너 그녀를 안다고 말 안했잖니.
Evan	Uh, must have **slipped my mind**. 어, 깜빡했나봐요.

from >> Greek 1-5

smart mouth 말대꾸하는 사람, 버릇없이 구는 사람

smart mouth는 어른이나 부모님에게 버릇없이 말하거나 말대꾸를 하는 사람을 뜻하는 말입니다. 그래서 '말대꾸하지 마라, 버릇없이 굴지 마라'라고 말할 때 "Don't be a smart mouth."라고 합니다.

Eric's dad	You're being a **smart mouth**? 너 지금 말대꾸하는 거니?
Eric	Yes, and I'm sorry. 네, 죄송해요.

from >> That '70s show 1-2

space out 멍하니 있다, 딴 생각을 하다

요즘 십대들이 흔히 쓰는 말 중에 '멍때리다'라는 표현이 있는데요. 이처럼 멍하니 있거나 딴 생각을 하는 것을 영어로는 space out이라고 합니다. 비어있는 다른 공간에 가 있는 것처럼 멍하다는 것을 뜻하는 거죠.

Ted	And sometimes you **space out** and don't even pay attention to what we're talking about.

그리고 가끔 넌 딴 생각을 하느라고 우리가 무슨 얘기 하고 있는지 관심도 안 갖잖아.

Marshall   I'm sorry, what?

미안, 뭐라고?

from >> How i met your mother 3-8

spill 털어놓다, 비밀을 얘기하다

spill은 뭔가를 엎지르거나 흘리다는 뜻으로 많이 쓰이는 단어죠. 같은 맥락에서 비밀을 누군가에게 흘린다고 생각하면 됩니다. 그래서 '다 털어놔, 나한테 얘기해.'라고 말할 땐, "Spill it."이라고 하죠.

Bobby   Now it's your turn. **Spill** it.

이제 당신 차례예요. 털어놔요.

Grayson   No, thanks.

아니, 괜찮아요.

from >> Cougar Town 1-10

spill the beans 비밀을 말해버리다

옛날 그리스의 한 비밀 단체에서 새로운 회원의 입회여부를 흰 콩과 까만 콩을 단지 안에 넣어 결정했다고 하는데요. 이 단지가 엎어지면 콩이 밖으로 나와 비밀이 탄로나게 되었죠. 그래서 spill the beans는 '비밀이 누설되다, 비밀이 탄로나다'라는 뜻이 되었다고 합니다.

Christina   I'm glad you're not mad at me for **spilling the beans**.

내가 비밀을 말해버린 거에 대해서 니가 화를 안내서 너무 기뻐.

Betty   He had to find out somehow, right?

그는 어차피 알게 되어있었잖아요, 그렇죠?

from >> Ugly Betty 2-3

split (돈을) 나누어서 내다

보통 미국인들은 함께 식사를 했을 경우에도 각자 먹은 것만 부담하거나 전체 음식 값을

나누어서 내는 경우가 많은데요. 이렇게 나누어서 내는 것을 split이라고 합니다. 음식 값을 나눈다고 할 때는 보통 split the bill이라고 표현하죠. 이외에 일반적인 비용을 나누어서 낼 때도 split을 사용해서 말합니다.

Red	It's not a round of beers. We'll **split** the cost. 그건 맥주 한 잔 값이 아니잖아. 비용을 나눠서 내자.
Marty	Sweet Red. 레드는 역시 착해.

from >> That '70s show 1-23

spy on 염탐하다

spy는 '스파이'라는 명사 뿐 아니라 '스파이 활동을 하다'라는 동사로도 쓰이는데요. spy on은 스파이 활동을 하는 것 까진 아니지만, 누군가를 몰래 염탐하거나 관찰할 때 사용할 수 있는 표현입니다.

Chuck	I said that. Have you been **spying on** me? 그거 내가 말한 건데. 당신 날 염탐하고 있었어요?
Man	You'd be surprised what you can hear when you press your ear to the right pipe. 파이프에 귀를 댔을 때, 뭘 들을 수 있는지 알게 되면 당신은 아마 놀랄걸요.

from >> Pushing Daisies 1-7

stand someone up ~를 바람맞히다

stand someone up은 누군가를 계속 서 있게 하는 것이니 바람맞히는 것을 의미합니다. 또한 내가 바람맞았을 때는 수동태를 써서 be stoop up으로 표현하면 됩니다.

Lily	He **stood me up**. Just like he did to you. 그가 날 바람맞혔어. 너한테 그런 것처럼.
Vivian	I wasn't stood up. 나 바람 맞은 거 아냐.

from >> Pushing Daisies 2-10

stick around 머물러 있다, 가지 않고 기다리다

stick around는 기다리거나 남아있는 것을 뜻하는 표현입니다. 파티나 자신의 집에 놀러왔던 친구가 떠나려고 할 때 좀 더 있다 가라고 말하려고 한다면 stick around를 사용해서 말할 수 있죠.

Daniel　Why don't you **stick around** for a little bit? Make sure everything's ok.
좀 더 머물러 있는 게 어때? 모든 게 제대로 되도록 확실히 하게 말이야.

Betty　Yeah. Ok, no problem.
네, 알겠어요. 그렇게 할게요.

from >> Ugly Betty 1-1

stink 쓸모없다, 형편없다

stink는 원래 악취를 풍기는 것을 뜻하지만, 슬랭으로 누군가를 형편없다고 말할 때도 쓰입니다. 상대의 어떤 능력이 쓸모없을 정도로 형편 없을 때 쓸 수 있는 표현이죠.

Red　Holy cow, look at him go. Man, you really **stink**.
이런, 사슴 도망가는 것 좀 봐. 너 진짜 형편없구나.

Eric　I told you to take the shot.
그러니까 아빠가 쏘라고 했잖아요.

from >> That '70s show 2-13

storm out 화를 내고 나가버리다

너무 화가 나서 확 나가버리는 것을 storm out이라고 합니다. 폭풍처럼 확 불고 가버리는 것을 말하죠. 보통 크게 싸운 뒤 소리를 지르며 나가버리는 것을 뜻하는 표현입니다.

Lily　Marshall **stormed out**.
마샬이 화를 내고 나가버렸어.

Marshall	I went, uh, to the bar.
	난, 음, 바에 갔었어.

from >> How i met your mother 3-7

straight 이성애자인, 게이가 아닌

게이나 레즈비언과 같이 동성애자일 경우 gay라고 하는데요. 이와 반대로 게이가 아닌 이성애자일 경우 straight라는 단어를 써서 표현합니다.

Chandler	You're crazy! Okay? This is Emily. Emily is **straight**.
	너 미쳤어! 응? 갠 에밀리잖아. 에밀리는 레즈비언이 아니야.
Ross	How do you know? I mean we thought Carol was straight before I married her!
	니가 어떻게 알아? 내가 캐롤이랑 결혼하기 전까지 우리는 캐롤도 레즈비언이 아니라고 생각했잖아.

from >> Friends 4-18

streak 스트리킹하다, 공공장소에서 벌거벗고 달리다

streak은 우리가 흔히 말하는 '스트리킹(streaking)'을 하다'라는 뜻인데요. 벌거벗은 채로 공공장소를 뛰어다니는 것을 말합니다. 미국 대학생들은 시험 전에 캠퍼스를 스트리킹하며 돌기도 하는데요. 하버드 대학 학생들이 기말고사 전에 이 스트리킹을 하는 것으로 유명하죠.

Kelso	Are you gonna **streak** or not?
	너 스트리킹할거야, 말거야?
Donna	Don't pressure him.
	그를 너무 몰아세우지 마.

from >> That '70s show 1-3

suck 구린, 형편없는

십대들이 쓰는 말 중에 '구리다'라는 것이 있는데요. 이에 해당하는 영어 표현이 바로

suck입니다. 사람이나 사물 모두에게 쓸 수 있으며, 무언가 정말 마음에 들지 않거나 형편없을 때 사용할 수 있는 표현입니다.

Donna	I'm miserable, this party **sucks**.
	난 비참해, 이 파티 정말 구려.
Hyde	You know what'll make you feel better?
	뭐가 네 기분을 좋아지게 해줄지 알아?

from >> That '70s show 1-5

superb 멋진, 최고의

무언가 최상의 품질이거나 아주 뛰어난 것을 말할 때 superb라는 말을 사용합니다. 요즘 젊은이들은 멋진 것을 이야기할 때 대부분 단어 하나로 표현하는 경향이 있죠.

Ned	Are you new best friends or something?
	너희 둘이 새 베스트 프렌드 같은 거야?
Chuck	No, wait. I guess we are. I have a new best friend. Isn't that **superb**?
	아니, 잠깐. 그런것 같네. 나한테 새로운 베스트 프렌드가 생겼어. 멋지지 않아?

from >> Pushing Daisies 2-4

swamped 몹시 바쁜

swamp는 늪지를 뜻하는 단어인데요. 그래서 swamped는 늪지에 빠져서 나오지 못하는 것처럼 너무 바빠 꼼짝할 수 없다는 것을 뜻하는 표현입니다. 무엇 때문에 바쁘다고 말할 때는 전치사 with를 함께 써서 "I'm swamped with work."와 같이 말합니다.

Rachel	Phoebe, I have to ask you...
	피비, 나 물어볼 게 있는데...
Phoebe	Shhhhhh! I'm **swamped** right now.
	쉬~~! 나 지금 완전 바빠.

from >> Friends 6-3

swing by 잠깐 들르다

swing by는 가서 오랜 시간 머무르는 것이 아니라 어딘가에 잠깐 들르는 것을 뜻합니다.
비슷한 표현으로 drop by, stop by, 그리고 come by도 많이 쓰입니다.

Dona	So are you still coming to the party on Saturday? 그래도 너 토요일에 파티에 올 거지?
Eric	Ah, well, I work late on Saturday night, but I.. maybe if I get out early I could, like, **swing by**. 아, 그게, 토요일 밤에 늦게까지 일해, 하지만 난.. 내가 일찍 빠져나올 수 있으면.. 잠깐 들를게.

from >> That '70s show 1-5

tag along 따라가다, 쫓아가다

tag는 꼬리표를 뜻하는 단어인데요. 그래서 tag along은 꼬리표를 붙인 것처럼 누군가를 졸졸
따라다니는 것을 의미합니다. 주로 초대받지 않았지만 따라가는 것을 의미합니다.

Lily	If it'll make you feel better, I'll **tag along** to GNB tomorrow. I'll say I'm having lunch with Marshall, but actually, I'll be spying on her and Barney. 이걸로 니가 기분이 나아진다면, 내가 내일 GNB로 따라갈게. 마샬이랑 점심 먹기로 했다고 말하면 돼. 하지만 난 그녀와 바니를 감시하는거지.
Ted	Okay. I'm good with that. 그래, 그거 괜찮다.

from >> How i met your mother 4-11

take back 취소하다

take back은 말 그대로 도로 가져온다는 뜻입니다. 즉 앞서 했던 말을 취소한다고 할 때 쓰이죠. 예를 들어 상대방이 자신에게 심한 말을 했을 때 "너 그 말 취소해!"라는 말을 한다면 "You take it back!"이라고 할 수 있죠.

Jules	Well, then I don't think you're attractive.
	그럼, 나도 너 멋있다고 생각 안 해.
Grayson	Mm, no **take backs**.
	음, 취소하기 없어.

from >> Cougar Town 1-4

take care of ~을 돌보다

take care of는 누군가를 돌보는 것을 뜻하는 표현입니다. 또한 "Take care of yourself."를 간단히 줄인 "Take care."를 사용해, 헤어질 때 "몸 조심해./건강해."와 같은 뜻으로 말하기도 하죠.

Jules	Oh, my God. You sleep, like 21 hours a day.
	오, 이런. 너 완전 하루에 21시간은 자는구나.
Ellie	Yeah, because I know how to **take care of** myself, and you don't.
	그래, 왜냐면 난 내 자신을 어떻게 돌봐야하는지 알거든. 넌 안그러지만 말야.

from >> Cougar Town 1-3

take off 떠나다, 자리를 뜨다

take off는 '옷을 벗다, 비행기가 이륙하다' 등 다양한 뜻을 가지고 있지만 '떠나다'라는 뜻으로도 많이 쓰입니다. 주로 젊은이들 사이에서 쓰이며, 이제 그만 가겠다라는 뜻으로 말할 때 많이 쓰이죠.

Joey	So, uh, listen, I think I'm gonna **take off** now.
	그러니까, 어, 있잖아, 나 지금 가봐야 할 것 같아.
Rachel	Hey! You…can't…leave. Joey!

> 야! 너 가면 안돼. 조이!

from >> Friends 6-24

take things slow 진도를 천천히 나가다

연애 초기 단계에 스킨십을 자제하는 등 진도를 천천히 나간다고 말할 때 take things slow라는 표현을 씁니다. 거침없이 연애를 하는 미국인들도 이렇게 진도를 천천히 나갈 때가 있죠.

Ted She wants to **take things slow**.
그녀가 진도를 천천히 나가고 싶어 해.

Marshall Wait, so you haven't had sex since like Thanks Giving?
잠깐, 그럼 너 추수감사절 이후로 섹스를 안했다는 거야?

from >> How i met your mother 3-18

temp 임시직원, 임시직으로 일하다

'임시의'라는 뜻의 temporary에서 온 temp는 임시직원을 뜻하기도 하며, 동사로 '임시로 일하다'라는 뜻으로 쓰이기도 합니다.

Sam Hi.
안녕하세요.

Tyler Tyler Banks, your **temp**, but I can see this becoming permanent.
타일러 뱅크스예요, 당신의 임시직원이죠, 하지만 계속 일하게 될 것 같아요.

from >> Samantha who 2-17

tense 긴장한, 신경이 곤두 선

tense는 팽팽한 걸 말하죠. 사람의 마음이 팽팽하다는 건 그만큼 긴장했다는 걸 뜻하는데요. 그래서 사람에게 쓰일 때는 '신경이 곤두 선, 신경이 날카로운' 등의 뜻을 나타냅니다. 누군가 예민하게 군다면 "He/She's tense today."라고 말할 수 있겠죠.

Ellie	That's been going on all day.
	하루 종일 저러고 있어.
Jules	Wow, he seems **tense**.
	와, 쟤 오늘 좀 까칠한 것 같다.

from >> Cougar Town 1-3

thanks to ~덕분에

그냥 thanks라고만 하면 누군가에게 감사한다는 뜻이지만, '~덕분에'라고 말하고 싶다면 뒤에 to를 붙여 말할 수 있습니다. to이하에 감사의 대상을 넣으면 되는 거죠. 하지만 아래 대화에서는 비꽈서 말한 것입니다.

Joey	Oh, I had no idea.
	오, 난 몰랐어.
Michael	Yeah , well, **thanks to** you she has no job and no income.
	그래요, 음, 당신 덕분에 그녀는 직장도 잃고 수입도 없게 됐어요.

from >> Joey 2-4

throw a party 파티를 열다

'파티를 열다'라고 할 때 throw 동사를 사용해서 표현합니다. 즉 throw a party는 '파티를 열다, 파티를 개최하다'라는 뜻으로 해석됩니다.

Erick	Please don't **throw me a party**!
	제발 날 위해 파티를 열지 마!
Kitty	I'm not throwing a party.
	난 파티 안 여는데.

from >> That '70s show 1-2

tie-breaker 승자를 결정짓는 것

동점이거나 비겼을 때 tie라는 단어를 사용해서 표현을 하는데요. 그래서 tie-breaker라는

Essential Expressions *A to Z*

것은 동점을 깨는, 즉 승자를 결정짓는 것을 의미합니다.

Evan Greek Week is the **tie-breaker**.
그릭 위크가 승자를 결정짓겠군.

Cappie Yes, it is.
그렇지.

from >> Greek 2-1

---

tight (돈이) 궁한, 쪼들리는

tight은 '단단한, 꽉 죄인' 등의 뜻을 가진 형용사이지만, 돈과 관련해서 쓰일 때는 돈이 궁하거나 쪼들리는 상태를 말할 때 쓰입니다. 즉 돈이 tight하다는 것은 돈이 부족하다는 뜻이 됩니다.

Erick Look, I know money is **tight** so, I don't want a big birthday.
있잖아요, 돈이 궁하다는 거 나도 알아요. 그러니까, 큰 생일잔치는 필요 없어요.

Red I'll decide when money is tight. Now, what kinda gift do you want?
돈이 언제 궁한지는 내가 결정해. 자, 어떤 선물을 받고 싶어?

from >> That '70s show 1-2

---

turn down 거절하다

소리를 줄이거나 온도를 낮추는 것을 turn down이라고 하기도 하지만, 어떤 의견이나 제안 또는 사람을 거절하는 것도 turn down이라고 합니다.

Casey How strange, **turning you down** at the last minute like that.
마지막 순간에 그렇게 널 거절하다니, 정말 이상하네.

Frannie It's far from the last minute.
마지막 순간 아니거든.

from >> Greek 2-8

tux 턱시도

tux는 간단하게 줄여서 말하는 것을 좋아하는 미국인들이 턱시도(tuxedo)를 줄여 부르는 말입니다. 특히 젊은이들 사이에서는 tuxedo보다 훨씬 더 많이 쓰이죠.

Casey	We rented you a **tux**.
	우리가 너를 위해 턱시도를 빌렸어.
Chuck	Oh, that's very ni...how did you know my size?
	오, 그거 정말... 근데 내 사이즈는 어떻게 알았어?

from >> Chuck 1-3

tweet 트위터를 하다, 트위터에 글을 보내다

우리나라에 싸이월드가 유행했던 것처럼 미국은 한창 페이스북이 인기였는데요. 요즘은 트위터를 하는 사람이 더 많아졌죠. 그래서 '트위터를 하다'라는 새로운 단어가 만들어졌는데요. 바로 tweet입니다. 트위터를 하는 행위, 또는 트위터에 핸드폰 등을 통해 글을 보내는 행위를 모두 tweet라고 합니다.

Ted	Barney?
	바니?
Barney	What? I'm **tweeting** about you. You should be flattered.
	왜? 난 너에 대해서 트위터에 글을 보내고 있다고. 넌 고마워해야지.

from >> How i met your mother 5-3

uggo 폭탄 (못생긴 여자)

우리가 흔히 정말 못생긴 여자를 '폭탄'이라고 하는 것처럼 영어에서도 진짜 못생긴 사람을 가리켜 uggo라는 슬랭을 써서 말합니다. ugly라고 말하기에도 모자란 정도로 정말 못생겼을 때 쓸 수 있는 표현이죠.

Fez	There they are, and they're not even **uggos**.
	저기 애들 온다, 폭탄도 아닌데.
Hyde	No, they're hot.
	폭탄이 아니라 섹시한데.

from >> That '70s show 2-9

under the gun 끝내야 할 일이 있는

under the gun은 어떤 일을 하는데 있어 압박을 받는 상태를 말합니다. 말 그대로 누군가가
어떤 일을 시키며 총을 들이대고 있다고 생각하면 되죠.

Cappie	So you're over me?
	그래서 넌 날 잊은 거야?
Casey	I'm **under the gun**. I've gotta go.
	나 끝내야할 일이 있어. 가볼게.

from >> Greek 2-7

undies 속옷

속옷은 원래 underwear라고 하지만, 줄이는 것을 좋아하는 미국인들은 이것 또한
undies라고 줄여서 부릅니다. 주로 여자들의 속옷을 일컬을 때 쓰이죠.

Hyde	Wait, wait, Donna, don't you wanna know why Fez is in his **undies**?
	잠깐, 기다려봐, 도나, 너 왜 페즈가 속옷만 입고 있는지 알고 싶지 않아?
Donna	No.
	아니.

from >> That '70s show 2-3

wasted 술에 만취한

wasted는 술에 취한 상태를 뜻하는 슬랭입니다. 또한 술 뿐 아니라 마약에 취했을 때도
wasted라고 말할 수 있죠.

Trudy	I slept with you and then climbed down the fire escape. 난 당신이랑 자고 나서 비상 탈출구를 타고 내려갔잖아요.
Ted	That was you? I'm kidding. I was super-**wasted**. 그게 당신이었어요? 농담이에요, 나도 완전 취했었죠.

from >> How i met your mother 3-3

weirdo 괴짜, 독특한 사람

weird는 '이상한, 독특한, 기묘한' 등의 뜻을 나타내는 형용사인데요. weird를 명사화하여
weirdo라는 슬랭이 만들어졌습니다. 바로 weird한 사람, 즉 독특한 사람을 말하죠.
우리말의 괴짜라는 단어와 가장 의미가 비슷하다고 볼 수 있습니다.

Gina	Hmm, what do we have here? A plant for rent? Pffh, California, what a bunch of **weirdos**, huh? 음, 여기 있는 게 뭐야? 화분을 렌트해준다고? 퓨, 캘리포니아란, 정말 괴짜들이 많다니까, 그지?
Joey	Yeah.. 그러게..

from >> Joey 1-5

wheels 자동차, 운송수단

wheel은 원래 바퀴를 뜻하지만 그 뜻이 좀 더 확장되어 자동차라는 뜻으로도 쓰입니다. 또한
자동차 뿐 아니라 모든 운송수단을 일컫기도 하죠.

Hyde	Did you get a car?
	자동차 구했어?
Kelso	Yeah, My cousin Sully loaned me his **wheels**.
	응, 사촌 설리가 그의 차를 빌려줬어.

from >> That '70s show 1-14

when it comes to ~에 있어선, ~에 관해서는

이야기를 하던 중 특정 주제가 나왔을 때 그것에 관해서는 어떠하다라는 자신의 의견을 말하는 표현으로 when it comes to를 사용합니다. 예를 들어 '사랑에 관해서는'이라고 말한다면 'When it comes to love'라고 할 수 있죠.

Sarah	There are rules, Chuck, and we have to follow them. So, let's go.
	규칙이 있잖아, 척, 우리는 규칙에 따라야한다고. 그러니까 가자.
Chuck	I understand that there are rules, but **when it comes to** family and friends, there's a time to break them.
	나도 규칙이 있다는 건 알아요, 하지만 가족이나 친구와 관련이 되면 어기게 될 수도 있어요.

from >> Chuck 2-11

wing it 즉흥으로 하다

어떤 것을 준비 없이 즉흥적으로 하는 것을 wing it이라고 합니다. 그 자리에서 임기응변으로 하는 것을 말하죠.

Hilda	I can't believe you wrote this. It's so beautiful.
	당신이 이걸 썼다니 믿어지지가 않아요. 너무 아름다워요.
Santos	What, did you think I was gonna stand up there in front of everybody and just **wing it**?
	뭐야, 그럼 내가 모든 사람들 앞에서 그냥 즉흥적으로 할 거라고 생각했던 거야?

from >> Ugly Betty 2-1

wingman 바람잡이

보통 미국사람들을 보면 바나 클럽에 여성을 꼬시러 갈 때 혼자 가지 않고 친구와 함께 가고는 하는데요. 여성과 좀 더 쉽게 대화하기 위해 바람잡이 친구를 데려가죠. 이러한 사람을 wingman이라고 부릅니다.

Barney   Starting tomorrow night, how would you like to be my new **wingman**?
내일 밤부터 시작인데, 내 새로운 바람잡이 역할을 하는 게 어때?

Randy   Uh... Just need to check my calendar. Be right back.
어, 제 달력 좀 확인하고요. 금방 올게요.

from >> How I met your mother 3-18

work out 운동하다

work out은 '일이 잘 풀리다' 등의 여러 가지 뜻으로도 쓰이지만, '운동하다'라는 의미로 사용되기도 합니다. 운동이라는 명사로 쓰이기도 하며, exercise보다 훨씬 많이 사용되는 표현입니다.

Amy   NO! What are you going to do? Make me?
싫어! 어쩔 건데? 내가 그렇게 하게 만들 거야?

Rachel   Hey, man! I **work out**!
야, 너! 나 운동한다고!

from >> Friends 9-8

wreck 엉망진창, 만신창이

원래는 배가 난파되는 것을 wreck이라고 하지만, 일상생활에서 wreck이라고 하면 사물이나 사람이 엉망진창이 된 것을 뜻합니다. 예를 들어, 교통사고가 나서 차가 망가졌다고 할 때 wreck을 쓸 수도 있으며, 사람이 만신창이가 됐을 때도 wreck이라고 표현합니다.

Betty   I barely got any sleep last night. I'm a **wreck**.
나 지난밤에 거의 잠 못 잤어. 나 엉망진창이야.

Dad	Daneil's been keeping you late every night this week.
	다니엘이 이번 주에 계속 널 늦게까지 일하게 하잖니.

from >> Ugly Betty 2-15

WUSS 겁쟁이, 계집애

wuss는 보통 남자들을 놀릴 때 쓰는 단어입니다. 겁쟁이처럼 어떤 상황에서 내빼거나 상대방에게 쫄았을 때 계집애 같다고 놀리는 거죠. 우리 속어의 쪼다와 비슷한 말이라고 할 수 있어요.

Marshall	Well, who's the **wuss** now? Answer; You guys.
	음, 이제 누가 계집애냐? 정답; 너희들이지.
Ted	Look, can you just help us get out of this?
	야, 그냥 우리가 이거에서 벗어날 수 있게 도와주면 안 돼?

from >> How i met your mother 4-10

Yearbook 졸업앨범

우리도 졸업을 하게 되면 전체 학생의 사진을 담은 졸업 앨범을 받게 되는데요. 이러한 졸업앨범을 영어로는 yearbook이라고 합니다. 우리가 몇 학번이냐고 묻는 것처럼 미국은 몇 년도에 졸업을 했는지를 따지기 때문이지요.

Eric	Donna and I are taking pitcures for the **Yearbook**.
	도나랑 저는 졸업앨범 사진 찍으러 가요.
Donna	Yeah.
	맞아요.

from >> That '70s show 1-6

zip 입 다물다

보통 상대방에게 조용하라고 말할 때 "Be quiet."라고 하지만, 좀 더 친한 사이거나 화가
나서말할 때는 "Zip it."이라고 하기도 합니다. zip이 지퍼로 잠그다라는 뜻이니 입을 지퍼 닫는
것처럼 다물고 있으라는 뜻이죠. "Shut up."보다는 좀 약한 표현이지만, 어른이나 친하지 않은
상대에게는 쓰지 않는 것이 좋습니다.

Donna	Your mom and dad are....
	너희 엄마랑 아빠가...
Eric	Hey, Donna. Keep it **zipped**. Okay?
	야, 도나, 입 다물어. 알았어?

When I married you, I married your problems, too.
The ones I knew about and the ones I didn't. That was the deal.

내가 너랑 결혼했을 땐, 네 문제와도 함께 결혼한 거야.
내가 알고 있는 것 뿐 아니라 모르는 것까지도. 그게 결혼이야.

Marshall from "How I met your mother"

Robin　I mean, who wants to get old?

Ted　This guy! Robin, life is a meal and old age is the dessert.
I spend so much of my time worrying about the future. You
know, where's my career going? Who am I gonna marry? But
when you're old, you don't worry. 'cause that stuff's already
happened.

로빈:　내 말은, 누가 나이 들고 싶어하겠어?

테드:　여기 있잖아! 로빈, 인생이 한 끼 식사라면 노년은 디저트야.
난 내 인생의 많은 시간을 미래를 걱정하는데 소비해. 알잖아, 내 경력은 어떻게
될까? 난 누구와 결혼하게 될까? 하지만, 나이가 들었을 땐 걱정할 필요가 없어.
왜냐면 그런 것들이 이미 이루어졌거든.

from "How I met your mother"

It's okay to make mistakes. You just have to learn from them.

실수를 해도 괜찮아. 실수로부터 배우면 되는 거야.

Daniel from "Ugly Betty"

Chuck   What do you need to be happy?

Ned   You.

척: 넌 행복해지려면 뭐가 필요한데?

네드: 너.

From "Pushing Daises"

I always thought the hard part would be finding the right guy. But it turns out it's not finding the guy that's hard, it's staying on the same page with him.

난 항상 내게 맞는 남자를 찾는 게 힘든 일이라고 생각했어. 근데 알고 보니 맞는 남자를 찾는 건 힘든 게 아니었어. 그 남자와 의견을 같이하는 게 힘든 일이더라고.

Casey from "Greek"

Dating is dangerous for me. I get too close too fast and then I get hurt, like a little sparrow that keeps flying into the same windowpane over and over and over and over again.

데이트는 내게 위험해요. 난 너무 빨리 가까워져서 상처 받는다고요. 참새가 같은 창문에 날아가 계속 부딪히는 것처럼요.

Dena from "Samantha who"

Friends of Friends

프렌즈 주인공들의 친구 혹은 연인으로 나왔던 그들은 그 이후엔 어디에 나왔을까?

1 이상한 웃음소리와 함께 'Oh, my God!'을 외쳐대던 챈들러의 옛 애인 제니스

Janice역을 한 Maggie Wheeler는 프렌즈에서 거의 매 시즌에 한번씩 출연을 했었는데요. 프렌즈 이후에도 CSI, Without a Trace, ER, Everybody Loves Raymond, Will & Grace 등 다수의 미드에서 조연을 맡으며 감초 역할을 하고 있습니다. 또한 How I met your mother에서도 realtor인 Margaret역으로 나왔었죠.

2 모니카 집안의 오랜 친구이자 모니카와 잠깐 사귀었던 리차드

Dr. Richard Burke역을 했던 Tom Selleck은 60년대부터 활동을 해오던 배우인데요. Boston Legal에서도 4번이나 출연을 했고요, 현재 Las Vegas에서 카지노의 새로운 사장인 A. J. Cooper역을 맡고 있죠.

3 레이첼이 청혼했던 남자친구, 조슈아

로스가 에밀리에게 청혼을 하자, 레이첼도 사귀고 있던 남자친구인 조슈아에게 불쑥 청혼을 해버리죠. 이 청혼을 당한 남자 친구, Joshua역을 했던 Tate Donovan 역시 프렌즈 이후에 다른 미드를 통해 얼굴을 알렸는데요. Ally McBeal에도 3차례 출연했었고요, The O. C.에선 마리사의 아빠인 Jimmy Cooper역을 했었죠. 또한 Damages에서 Tom Sahyes역으로 2007년부터 현재까지 출연중입니다.

4 레이첼의 비서이자 남자친구였던 테그

레이첼의 비서로 들어왔다가 사귀게 된 어린 남자친구였던 Tag역을 한 Eddie Cahill 역시 다른 미드에서도 얼굴을 비쳤는데요. Sex and the City, Dawson's Creek, Felicity 등에서 1~3회 정도 출연을 했고요, 2004년부터 맡아온 CSI: NY의 Detective Don Flack역을 지금까지 하고 있습니다.

5 레이첼의 여동생 에이미

레이첼의 여동생 Amy역을 했던 Christina Applegate는 그 후에도 여러 역할을 했지만, 2007년 시작된 Samantha who?라는 미드에서 주인공으로 캐스팅됩니다. 하지만 2008년에 유방암에 걸려 수술을 받게 되는데요. 그 이후에 유방암을 이겨내고 밝은 모습으로 다시 촬영에 들어가 2009년 피플지가 선정한 'Most Beautiful People' 1위에 오르기도 합니다.

6 로스의 여자친구였던 모나

모니카와 챈들러의 결혼식에서 만나 사귀게 된 로스의 여자친구 Mona역을 했던 Bonnie Somerville 역시 여러 미드에서 조연을 했는데요. The O.C.에서는 Rachel역을 했고요, Kitchen Confidential에서는 Mimi역으로 나왔었죠. 또한 2008년에 Caitlin역으로 Cashmere Mafia에 출연했답니다.

- 90210
- 30 Rock
- Las Vegas
- Community
- Gossip Girl
- Gilmore Girls
- Sex and the City
- The Big Bang Theory
- Two and a half men
- Desperate Housewives

Level 2

미드표현에 익숙해진
사람을 위한 미드

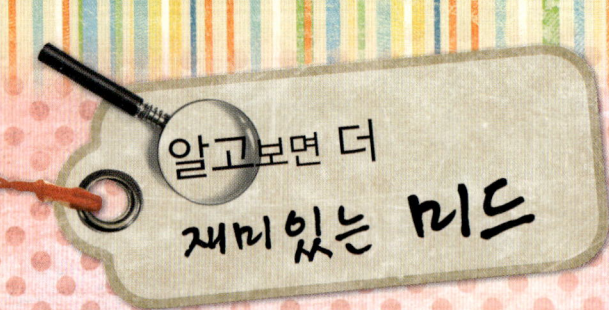

알고보면 더 재미있는 미드

90210

90210은 Beverly Hills(비버리 힐즈)의 zip code (우편번호)를 나타내는 숫자입니다. 그 옛날 사랑을 받았던 미드 <비버리 힐즈 90210>의 리메이크 작품인데요. 상류층 고등학생들의 삶을 엿볼 수 있는 드라마죠. 부족한 거 없이 살아가는 그들이지만, 우정과 사랑 때문에 고민하는 건 여느 십대들과 다를 바 없기에 그들의 고민에 공감하면서도 럭셔리한 삶을 들여다보는 즐거움을 얻을 수 있습니다.

30 ROCK

30 Rock은 NBC 방송국이 있는 30 ROCKFELLER PLAZA의 주소를 말하는 것으로 방송국에서 일어나는 일들을 재미있게 그려낸 시트콤입니다. 여자 주인공이기도 한 Tina Fey(티나 페이)가 직접 수석작가로 일을 하며, 많은 에피소드를 쓰기도 하는데요. 미국 평론가들이 가장 좋아하는 드라마이자 에미 워어드, 골든 글러브 등 각종 상을 휩쓴 미국 최고의 드라마입니다.

LAS VEGAS

미드 Las Vegas는 라스베가스의 최고 호텔 '몬테시토'를 배경으로 했으며, 카지노 보안팀을 중심으로 그곳에서 벌어지는 일들을 다루고 있습니다. 도박의 천국인 라스베가스에서 벌어지는 수많은 일들을 멋지게 처리해내는 그들의 모습과 함께 수많은 공연이 펼쳐지는 라스베가스의 특성을 살려 최고의 뮤지션들의 공연도 함께 즐길 수 있는 드라마죠. 다양한 볼거리와 함께 탄탄한 스토리가 뒷받침되기 때문에 한번 보면 빠져나올 수 없을 거예요.

GOSSIP GIRL

방영과 동시에 전 세계 시청자들의 인기를 한 몸에 받은 미드로, 뉴욕 Upper East side(어퍼 이스트 사이드)에 살아가는 상류층 아이들의 삶을 다룬 드라마입니다. 럭셔리한 삶을 살아가는 그들인 만큼 완벽한 패션을 선보이며, 매 에피소드마다 패션쇼를 방불케 하는데요. 드라마 속 패션을 따라하려는 마니아들이 생겨날 정도죠. 최고의 선곡을 자랑하는 OST 또한 많은 사랑을 받고 있죠. 갈수록 다소 내용이 막장으로 가고 있지만, 그래도 여전히 인기를 끌고 있는 드라마입니다.

COMMUNITY

2010년 새롭게 시작된 미드 Community는 각기 다른 이유로 커뮤니티 컬리지에 다니게 된 주인공들의 이야기인데요. 잘나가던 변호사에서 컬리지 학생이 된 제프를 중심으로, 그가 같은 반 여자인 브리를 꼬시기 위해 가짜로 스페인어 스터디 그룹을 만들면서 주인공들이 모이게 됩니다. 각기 독특한 개성을 가진 주인공들이 서로 티격태격하며 친해지는 과정 속에서 그들의 우정과 사랑을 엿볼 수 있는 드라마로, 곳곳에 웃음 폭탄이 숨어있어 배꼽을 꼭 잡고 봐야하는 미드죠.

GILMORE GIRLS

16살에 아이를 낳아 홀로 키운 주인공 로렐라이와 이제
커서 16살이 된 딸 로리를 중심으로 다정한 모녀의
살아가는 이야기가 담겨있는 미드입니다. 너무 바르고
똑똑하게 자라난 딸과 베스트 프렌드라고 불릴 만큼
최고의 모녀사이를 자랑하는 이들의 관계에 부러움과
질투를 느끼는 여성 팬들이 많아 꾸준히 사랑받고 있는
미드입니다. 잔잔한 미드이지만, 주인공 모녀의 독특한
성격과 그들의 말장난을 지켜보는 재미도 쏠쏠하죠.

뉴욕을 동경의 대상으로 만들어버린 미드인
Sex and the City는 섹스칼럼을 쓰는 칼럼니스트
캐리와 그녀의 친구들을 중심으로 뉴욕 여성들의 멋진
모습과 화려한 생활을 보여주며 전 세계의 시청자들을
사로잡았습니다. 각자 전문 직업을 가지고 있는
주인공들의 일과 사랑, 그리고 우정을 다룬 드라마로, 전
시즌이 끝난 후 영화로 제작될 만큼 여전히 사랑받고 있는
미드입니다.

SEX AND THE CITY

THE BIG BANG THEORY

〈빅뱅이론〉은 4명의 괴짜 공학 천재들을 주인공으로 한
미드로, 주인공 쉘든과 레너드가 사는 집의 맞은편에 미녀 페니가
이사를 오면서 그들의 삶에 그녀가 끼어들게 되는 이야기입니다.
오타구같던 그들이 페니의 존재로 인해 조금씩 변해가는 모습과
레너드와 그녀의 러브라인이 그려지면서 재미를 더하죠. 또한
독특한 캐릭터인 쉘든의 황당하게 웃긴 모습들에 빵 터지는 웃음을
안겨주는 미드입니다. 괴짜이지만 귀여운 매력이 있는 주인공들의
모습에 마니아들이 생겨 날 만큼 큰 인기를 끌고 있습니다.

TWO AND A HALF MEN

다소 이기적인 성격에 인생을 즐기며 사는 주인공 찰리와 고지식하고 답답하지만
정 많고 착한 성격의 동생 알랜, 그리고 그의 엉뚱한 아들 제이크 이렇게 세 남자가
주인공인 미드 Two and a half men은 이혼의 위기에 놓인 동생 알랜이 형의 집으로
들어와 같이 살게 되면서 이야기가 시작됩니다. 너무 다른 성격의 두 남자이지만
서로로 인해 조금씩 바뀌어가는 형제와 그들 속에서 성장해가는 제이크의 모습을 볼
수 있으며, 독특한 캐릭터의 주변 인물들을 보는 재미도 쏠쏠합니다.

DESPERATE HOUSEWIVES

Desperate Housewives는 중산층 가정의 삶을 다룬
미드로, 겉으로 보기엔 완벽해보이지만 안을 들여다보면
각자 숨기고 싶은 비밀들을 가지고 있는 각 주인공들의
삶을 다룬 드라마입니다. 그들의 일상 속에 미스터리한
일들이 펼쳐지면서 다음 내용을 궁금하게 만들어 전미
시청률 1위에 등극할 정도로 인기를 끌고 있으며,
우리나라에서 또한 〈위기의 주부들〉이란 제목으로
사랑을 받고 있죠.

A

add salt to the wound 불난 데 부채질하다, 염장 지르다

상처가 난 곳에 소금을 뿌리면 정말 아프겠죠? 즉 이 표현은 남의 아픈 곳을 콕콕 찌르며 염장 지르는 것을 의미하죠. add salt to the wound 대신에 rub salt in the wound라고 하기도 합니다.

Lynette	Here's what I pulled for Edie. I should warn you that most of the clothes in there aren't that stylish.
	여기 제가 이디를 위해서 꺼내놓은 거예요. 하지만 여기 있는 옷들 대부분이 멋진 옷들은 아니라는 거 미리 말씀드려요.
Mrs. Hubber	Oh, don't worry about it. Edie's a beggar now, which means she can't be a chooser. (pulls out one of the clothes) Of course, we don't have to **add salt to the wound**.
	오, 걱정 말아요. 이디는 지금 거지라 옷을 고를 처지가 못돼요. (옷 하나를 꺼내며) 그렇다고 불난 데 부채질할 필요는 없겠죠.

from >> Desperate Housewives 1-2

all the rage 대유행인, 대유행

all the rage는 무언가 크게 유행을 하고 있는 것을 뜻하는 표현입니다. 옷 같은 패션 뿐 아니라 사람, 장소 등 어떤 것이든 큰 인기를 끌고 있는 것을 all the rage라고 할 수 있죠.

Annie	Oh, Pierce, you became a grandpa?
	오, 피어스, 할아버지가 되신 거예요?
Pierce	No, I became even cooler. These ironic T-shirts are **all the rage**.
	아니, 더 멋있어졌지. 이 아이러니한 티셔츠가 완전 유행이잖아.

from >> Community 1-13

an ax to grind 딴 속셈이 있는, 불만이 있는, 앙심이 있는

우리는 무언가 앙심을 가지고 있는 사람을 표현할 때 칼을 간다고 하는데요. 이를 영어에서는 도끼를 간다고 합니다. 즉 갈 도끼가 있다는 것은 누군가에게 앙심이 있거나 불만이 있는 것을 뜻하죠. 동사 have를 써서 have an ax to grind라고 말합니다.

Charlie	Last night was probably the result of one woman with **an ax to grind**. 어제밤 일은 아마 불만을 가진 한 여자 때문이었을 거야.
Rose	Probably. 아마도.

from >> Two and a half men 2-11

ancient history 다 지나간 이야기, 옛날이야기

ancient history라는 것은 실제로 고대의 역사를 말하는 것이 아니라, 그만큼 과거의 일이라는 것을 강조하는 것입니다. 즉 다 지나간 이야기라는 거죠. 주로 예전에 사귀던 사람을 이야기할 때 이 표현을 사용합니다.

Rory	Hey, how's Diane? 아빠, 다이앤은 잘 지내요?
Christopher	Uh, Diane is **ancient history**. 어, 다이앤하고는 끝났어.

from >> Gilmore Girls 1-15

apple of one's eye 소중한 존재, 사랑스런 사람

apple of one's eye는 우리말의 눈에 넣어도 안 아프다는 것처럼 그만큼 소중하고 사랑스러운 사람을 말합니다. 보통 부모님들이 자식을 이야기할 때 많이 쓰이는 표현이죠.

Connie	How old is he? 걘 몇 살 인데요?

Charlie   12. Kid's the **apple of my eye**.

12살이요. 제겐 정말 소중한 아이예요.

from >> Two and a half men 3-22

AWOL 무단이탈

AWOL은 Absent Without (Official) Leave를 줄여 부르는 말로 원래 군대에서의 무단이탈을 뜻하지만, 요즘은 일상 회화에서도 사용이 됩니다. 말없이 그냥 가버리거나 사라지는 것을 뜻하죠.

Silver   Look, I scoured the halls. She's **AWOL**.

제가 복도를 다 뒤졌어요. 그녀는 사라졌다고요.

Brenda   All right, Silver, you're the stage manager. What are you gonna do?

알았어, 실버. 네가 무대 매니저잖니. 어떻게 할거야?

from >> 90210 1-5

B

badmouth ~을 험담하다, ~에 대해 안 좋게 말하다

badmouth는 동사로 누군가를 험담하는 것을 말합니다. 남에 대해 안 좋게 말하고 다니니 당연히 나쁜 입이라고 할 수 있죠.

Judith   Alan, have you been **badmouthing** me?

앨런, 나에 대해서 험담했어?

Alan   Badmouthing you? To whom?

널 험담하다니? 누구한테?

from >> Two and a half men 2-6

ballpark figure 어림잡은 계산, 대략적인 숫자

ballpark는 원래 야구장같은 경기장을 말하지만, 슬랭으로 대략적인 수를 뜻하기도 합니다. 그래서 ballpark figure라는 것은 대략적인 계산, 어림잡은 수치 등을 뜻하는 표현이죠.

Rory	**Ballpark figure**? 대충 어림잡으면요?
Lorelai	A while. 한참 걸렸지.

from >> Gilmore Girls 1-17

baloney 뻥, 거짓말

상대방이 말도 안 되는 이야기를 했을 때, 우리는 보통 '뻥치시네.', '웃기시네.'와 같은 말을 합니다. 이에 해당하는 영어 표현이 바로 baloney인데요. 믿기 힘든 상황일 때 쓸 수 있는 표현이죠.

Liz	I just want to listen to you play Halo 'til I fall asleep. 난 그냥 네가 헤일로(게임) 하는 거 들으면서 잘래.
Dennis	(Playing Halo) Ah, that's **baloney**! How did the grenade not kill him? (게임을 하며) 아, 저건 말도 안 돼! 어떻게 수류탄이 터졌는데도 안 죽어?

from >> 30 Rock 1-7

barge in 불쑥 끼어들다

barge in은 초대받지 않은 파티나 어떤 장소에 허락 없이 가는 것을 뜻하기도 하며, 다른 사람들의 대화에 불쑥 끼어드는 것을 말하기도 합니다. 즉 말이든 장소든 자신의 마음대로 끼어드는 것을 뜻하죠.

MAN	Mind if we **barge in**? 내가 끼어도 괜찮겠어요?
Richard	Look who's here. Ah, Rory, this is Julian Johnson and Edward

James.

이게 누구야, 아, 로리, 여긴 줄리안 존슨이랑 에드워드 제임스야.

from >> Gilmore Girls 1-3

bat one's eyes 눈을 깜박이다, 눈빛을 보내다

bat one's eyes는 이성에게 매력적으로 보이기 위해, 또는 이성을 유혹하기 위해 눈을 깜박이거나 눈빛을 보내는 것을 말합니다. 또는 이성을 약 올리는 눈빛을 보내는 것을 뜻하기도 하죠. eyes 대신 eyelashes를 쓰기도 하며 뒤에 전치사 at을 써서 눈을 깜박이는 대상을 말합니다.

Susan
: I told him another man asked me out. It was the perfect opportunity for Mike to be jealous, and nothing.

그에게 다른 사람이 나한테 데이트 신청했다고 말했어. 마이크가 질투할 수 있는 좋은 기회였는데, 아무 반응이 없더라고.

Lynette
: Did you **bat your eyes**?

너 눈빛을 보내긴 한 거야?

from >> Desperate Housewives 1-5

beat a dead horse 이미 끝난 일을 다시 거론하다, 문제 삼다

이미 죽은 말을 쳐봐야 소용없듯이, beat a dead horse는 이미 끝난 일이거나 소용없는 일을 다시 거론하거나 문제 삼는 행동을 뜻하는 표현입니다.

Tom
: I know you love my mom, but how she decides to live her life, it's just.. it's entirely up to her.

당신이 내 어머니를 사랑한다는 거 알아, 하지만 그녀가 어떤 삶을 선택하던 그건 어디까지나 그녀에게 달린 문제야.

Lynette
: You're right. You're right. I guess I just got so upset because.. oh, whatever. Let's not **beat a dead horse**. It's over. I'm sorry.

맞아요. 당신 말이 맞아요. 난 그냥 너무 화가 나서, 왜냐하면... 오, 아무렴 어때요. 이미 지난 일을 다시 얘기하지 말죠. 다 끝난 건데요. 미안해요.

from >> Desperate Housewives 1-13

beer muscles 술 마시고 부리는 허세, 술로 인해 생긴 용기

beer muscles은 말 그대로 술을 마시고 나서 생기는 muscles, 즉 근육을 말합니다. 실제 근육이 아니라 술을 마시고 약간 취기가 올랐을 때 강한 척 하며 허세를 부리는 것을 말하죠. 남자들이 보통 술을 마시고 난 후에 없던 용기가 생겨 자신보다 덩치가 큰 사람에게 덤비는 것이 바로 이 beer muscles 때문이라고 할 수 있습니다.

Alan	You know what, Charlie? He's not wrong. I mean, at some point, we have to stand up to her. 그거 알아, 찰리? 그의 말이 맞아. 내 말은, 언젠가는 우리가 그녀에게 당당히 맞서야 하잖아.
Charlie	Oh, well, look who's got **beer muscles** all of a sudden. 오, 이것 봐라, 갑자기 술 마셨다고 막 센 척하네.

from >> Two and a half men 1-3

beg to differ 생각이 다른, 의견이 다른

의견이 다르다고 말할 때는 'I don't agree with you.'나 'I don't think so.'와 같이 말할 수도 있지만, 'I beg to differ.' 또한 자주 쓰이는 표현입니다. 상대가 한 말에 다른 의견을 내놓을 때 쓰는 표현이죠.

Sheldon	No, I **beg to differ**. Of the three of us, I was by far the most supportive. 아니, 내 생각은 다른데. 우리 셋 중에선 그래도 내가 제일 축하해줬잖아.
Leonard	Really? Do tell. 정말? 어디 한번 말해봐.

from >> The Big Bang Theory 2-4

believe it or not 믿거나 말거나

한 때 '믿거나 말거나'라는 말이 유행했던 적이 있는데요. 이에 해당하는 영어 표현이 believe

it or not입니다. 내가 하려는 말을 상대방이 믿을 것 같지 않은 느낌이 들 때 쓸 수 있는 표현이죠.

Lorelai	I'm not trying to hurt your feelings, Mom. **Believe it or not**, this is not about you. 전 엄마의 감정을 상하게 하려는 게 아니에요. 믿거나 말거나, 이건 엄마에 관한 게 아니라고요.
Emily	Of course it's about me. If Rory goes and has a good time without you, then I win. 당연히 나와 관련된 일이지. 만약에 로리가 가서 너없이도 좋은 시간을 보낸다면, 내가 이기는거지.

from >> Gilmore Girls 1-3

bend over backwards 애를 쓰다, 최대한 노력을 다하다

뒤로 몸을 구부리기란 거의 불가능 한데요. 그래서 bend over backwards는 어떻게든 하려고 무진 애를 쓰는 것을 뜻합니다. 불가능한 것까지 하려 하며 최대한 노력을 하는 것을 말하죠.

Serena	My whole life, I have been **bending over backwards** to protect your feelings. And you know what? It's not my fault you're so insecure. 내 평생 동안, 네 감정을 보호하기 위해서 난 정말 최대한 노력을 다했어. 그런데, 있잖아. 니가 불안정한건 내 잘못이 아니더라고.
Blair	And I'm sure it's not your fault you're so conceited. 니가 그렇게 자만하는 것도 네 잘못이 아니겠지.

from >> Gossip Girl 2-5

between you and me 너와 나만 아는, 비밀인

무언가 얘기한 후에, '이건 비밀이야.'라고 말할 때 쓰는 표현이 'This is between you and me.'입니다. 너랑 나 사이에만 있는 것이니 다른 사람은 알면 안 된다는 뜻이죠.

Penny	Okay, look, this is **between you and me**. You cannot tell Leonard any of this.
	있잖아, 이건 비밀이야. 레너드한테 말하면 안 돼.
Sheldon	You're asking me to keep a secret?
	지금 나보고 비밀을 지켜달라는 거야?

from >> The Big Bang Theory 2-1

bid 입찰하다, 입찰

실제 경매에서든 인터넷 경매에서든 무언가 입찰하는 것을 bid라고 합니다. bid는 동사와 명사로 모두 쓰이며, 과거형 또한 bid로 같습니다.

Sheldon	I wonder why no one else **bid**. This is a classic piece of sci-fi movie memorabilia.
	왜 아무도 입찰을 안했는지 모르겠네. 이건 공상과학영화의 고전적인 기념물인데 말이야.
Leonard	Yeah, I know! I still can't afford it.
	그러니까 말이야! 그래도 이거 살 돈은 없다.

from >> The Big Bang Theory 1-14

Bite me. 몰라. / 시끄러. / 꺼져.

누군가의 질문에 모른다고 대답할 때 자주 쓰이는 표현으로 'Bite me.'가 있습니다. 날 문다해도 난 알지 못한다는 뜻이죠. 하지만 진짜 모른다기 보다는 대답하기 싫거나 귀찮다는 뜻으로 더 많이 쓰이며, 좀 더 강하게 말하면 시끄러우니 꺼지라는 의미로 사용되기도 합니다.

Howard	Oh, hey, Leonard. How was your date?
	오, 야, 레너드, 데이트 어땠어?
Leonard	**Bite me**.
	몰라.

from >> The Big Bang Theory 2-1

bite off more than someone can chew
~가 감당할 수 없는 양의 일을 하다

자신이 먹을 수 있는 양보다 너무 많은 것을 한꺼번에 입에 넣는다면 씹을 수가 없겠죠.
그래서 bite off more than someone can chew는 자신이 씹을 수 있는 양보다 더 많이
먹는, 즉 감당할 수 없는 양의 일을 하는 것을 뜻합니다.

Adriana	We think maybe you've **bitten off more than you can chew**. You know, with your mom. 우리 생각엔, 네가 감당하기 힘든 일을 맡고 있는 거 같아. 있잖아, 네 엄마 문제 말이야.
Silver	I've got everything under control. 내가 다 알아서 하고 있어.

from >> 90210 2-7

blackmail 협박하다, 돈을 뜯어내다

blackmail은 남에게서 돈을 뜯어내려고 협박하는 것을 뜻합니다. 하지만 꼭 돈을 뜯어내기
위해서가 아니라, 어떤 목적을 가지고 누군가를 협박하는 것을 모두 포함하여 쓰입니다.

Jeff	Are you trying to **blackmail** me? 지금 날 협박하는 거예요?
Dean	I think so. 그런 것 같군.

from >> Community 1-6

blitzed 술에 잔뜩 취한

blitzed는 술에 잔뜩 취한 것을 뜻하는 단어로, 술 뿐 아니라 마약에 취한 것을 의미하기도
합니다. 또한 blitzed만큼 취하지 않았지만 약간 취했을 때는 tipsy라고 합니다.

Charlie	Can we buy you ladies a drink? 아가씨들에게 우리가 술을 사드려도 될까요?

| Amy | No, thanks. We're already pretty **blitzed**. |
| | 아니, 괜찮아요. 우린 이미 꽤 취했거든요. |

from >> Two and a half men 3-12

blow off steam 화를 폭발시키다, 발산시키다, 스트레스를 풀다

blow off steam은 기분 나쁜 감정이나 짜증 등을 한 번에 풀어버리는 것을 뜻합니다. 그래서 화를 벌컥 내며 폭발시키는 것을 뜻하기도 하며, 그런 감정을 다 발산해 풀어버리는 것을 뜻하기도 하죠.

Pete	Well, you know, he was probably just **blowing off steam**. You can't fire a guy for cursing.
	있잖아, 그는 그냥 화를 발산시킨 것뿐일 거야. 욕을 했다고 그를 자를 순 없잖아.
Liz	I'm not upset about cursing. I mean, I love cursing. I love it. But this word is not acceptable because there's nothing you can call a guy back.
	난 욕 때문에 화내는 게 아니야. 나도 욕을 좋아한다고. 진짜로. 하지만 이 단어는 용납이 안 돼. 남자한테 똑같이 복수할 수 있는 욕이 없단 말이야.

from >> 30 Rock 1-14

bone to pick with ~에게 따질 게 있는

bone to pick with는 누군가에게 따질 게 있다는 뜻입니다. 즉 얘기해서 풀어야 할 논쟁거리가 있다는 것이죠. 동사 have와 함께 쓰여 have a bone to pick with라고 합니다.

Sheldon	I have a **bone to pick with** you.
	나 너한테 따질 거 있어.
Stephanie	Hi, Sheldon.
	안녕, 쉘든.

from >> The Big Bang Theory 2-9

boot out 쫓아내다

boot out은 누군가를 쫓아내는 것을 뜻하는 표현입니다. 쫓아내고 싶은 사람의 신발을
밖으로 내던져 버리는 것을 생각하면 쉽게 이해가 갈 겁니다.

Dean	Hey, if I kiss you, is a nun gonna come out here and **boot me out** of here? 있잖아, 내가 너한테 키스하면 수녀가 나와서 날 여기서 쫓아낼까?
Rory	It's not a Catholic school. 이건 카톨릭 학교가 아니야.

from >> Gilmore Girls 1-9

Bottoms up! 원샷!

우리가 '원샷!'이라고하는 것은 콩글리시인데요. 이에 해당하는 표현이 영어로는 'Bottoms
up!'입니다. 술잔의 바닥이 위로 보이게 쭉 들이키라는 것이죠.

Samantha	**Bottoms up!** 원샷!
Charlotte	Wait a second! 잠깐만!

from >> Sex and the City 1-6

bound to ~하게 되어있는, 반드시 ~하는

bound to는 어떤 일이 노력하지 않아도 일어날 수밖에 없는 상황일 때 쓰일 수 있는
표현입니다. 어차피 그런 상황이 벌어지게 될 거였다는 것을 말하는 거죠.

Lorelai	I didn't love the way I found out, but you're getting older. These things are **bound to** happen occasionally. Actually I think it's great. 내가 알게 된 경위가 마음에 들진 않지만, 너도 나이를 먹고 있잖아. 가끔 이런 일이 생기기도 하는 거지. 사실 잘된 일이라고 생각해.

Rory	No, you don't.
	그렇게 생각 안 하잖아요.

from >> Gilmore Girls 1-7

Break a leg. 행운을 빌어.

break a leg는 행운을 빌라는 것을 반어적으로 표현한 것입니다. 예전에 행운을 빌면 오히려 불운이 온다는 미신에 따라서 반대로 말하던 것이 지금까지 전해져오고 있다고 합니다. 주로 공연이나 연극 전에 쓰던 것이 이제는 시험 등을 앞둔 사람에게 다양하게 Good luck. 의 의미로 쓰이고 있죠.

Penny	All right, you guys, good luck.
	자, 얘들아, 행운을 빌어.
Leonard	Thanks, Penny. Oh, **break a leg**.
	고마워, 페니. 오, (너도) 행운을 빌게.

from >> The Big Bang Theory 1-10

bring up (이야기를) 꺼내다

bring up은 말 그대로 뭔가를 꺼내어오는 것인데요. 주로 이야기, 화제를 꺼내는 것을 말합니다. 누군가와 대화를 나누던 중 어떤 화제를 끄집어냈을 때 쓰는 표현이죠.

Wesley	No. I talked to her lawyer. Do you want to know about that? I'm giving her the house and she's giving me an ulcer.
	아니, 그녀의 변호사와는 얘기했어. 그것도 알고 싶어? 난 그녀한테 집을 주고, 그녀는 나한테 위궤양을 주고 있어.
Sharlotte	Okay, okay. I'm sorry I **brought it up**. Tonight we'll have fun. You'll finally meet my friend Carrie.
	알았어, 알았어. 그 얘기 꺼내서 미안해. 오늘밤엔 우리 재밌을 거야. 마침내 내 친구 캐리도 만나고.

from >> Sex and the City 2-15

bros before hoes 여자보단 우정(의리)이다

bros before hoes는 남자들 사이에서 법칙과 같이 통하는 표현인데요. 여자(hoes)보다는 우정(bros)이 먼저라는 것을 뜻합니다. 즉 어떤 선택의 상황이 왔을 때 이성보다는 의리를 택해야한다는 것이죠.

Annie	Tory isn't interested in football anymore. Getting injured in that keg stand was the best thing that ever happened to him. 트로이는 이제 미식축구에 관심 없어요. 맥주 통 안에서 맥주 마시다가 다쳤던게 그에게 일어난 일 중에 가장 잘된 일이라고요.
Dean	Whoa! Yoko Ono much? **Bros before hoes**, Troy. 우와! 완전 요코 오노(존 레논 부인)구나. 여자보단 의리다, 트로이.

from >> Community 1-1

brush up on 다시 공부하다, 복습하다

이미 했던 공부를 다시 복습하거나 예전에 하다 만 공부를 다시 시작할 때, brush up on이라는 표현을 씁니다. 이전에 했던 공부를 다시금 brush하며 다듬는 것이라고 볼 수 있죠.

Ethan	Hi. 안녕.
Annie	Hi, I was just **brushing up on** my rare road signs. I'm taking my permit test. 안녕. 난 표지판 좀 공부하고 있었어. 면허증 시험이 있거든.

from >> 90210 1-8

bucks says ~하는데 ~걸다, ~라고 장담하다

어떤 상황이나 말에 대해 장담을 하고 싶을 때 bucks says라는 표현을 쓰는데요. bucks(달러) 앞에 걸고 싶은 액수의 돈을 넣어 그 돈을 걸 만큼 확신이 있다는 것을 강조하는 표현이죠.

Lorelai	**Five bucks says** somebody ends up in a headlock.

누군가 헤드락으로 끝날거라는데 5달러 건다.

Rory   You're on!

좋아!

from >> Gilmore Girls 1-8

bug 도청장치

bug는 벌레나 귀찮게 하다라는 뜻 외에 도청장치라는 뜻도 있는데요. 보통 도청장치가 벌레만큼이나 작은 크기이므로 여기서 나왔다고 볼 수도 있죠. 명사 뿐 아니라 동사로도 쓰여 '도청을 하다'라는 뜻으로 쓰일 수도 있습니다.

Ed   Any idea who could have got close enough to pin this **bug** on you?

자네에게 가까이 다가가서 이 도청장치를 설치할 만한 사람이 있었나?

Danny   I don't know. It could have been anyone. I was in the convention center all day.

모르겠어요. 누구든 가능했을 거예요. 컨벤션 센터에 하루 종일 있었거든요.

from >> Las Vegas 2-21

Bullshit! 말도 안 돼! / 헛소리! / 뻥치시네!

Bullshit!은 상대방의 말을 믿지 못할 때, 말도 안 된다는 뜻으로 쓰이는 표현입니다. 우리말의 '헛소리하네, 뻥치시네!'와 같은 뜻으로, 격식이 없는 사이에서만 쓸 수 있는 표현이죠.

Mr. Big   I sensed you didn't want me to.

당신이 내가 그러지 않기를 바란다는 걸 감지했죠.

Carrie   **Bullshit**!

말도 안 돼!

from >> Sex and the City 2-6

burst into tears 울음을 터뜨리다

그냥 '울다'라고 말할 때는 cry를 사용해서 말하지만 울음이 터진 느낌을 살려 말할 때는 burst into tears를 사용합니다. 즉 계속 울고 있는 것이 아니라 지금 막 울음이 터진 것을 뜻하는 표현이죠.

Leonard	I did not **burst into tears**, my eyes jut got a little watery.
	나 운거 아니야, 그냥 눈에 물이 고였던거라고.
Sheldon	Watery?
	물이 고였다고?

from >> The Big Bang Theory 2-9

bury the hatchet 화해하다

bury the hatchet은 직역하자면 '도끼를 묻다'인데요. 즉 무기를 거두고 서로 화해하다라는 뜻을 가진 표현입니다. 싸움을 중단하며 화해하는 것 뿐 아니라 과거의 한이나 맺혔던 것을 풀고 서로 용서한다는 뜻도 가지고 있죠.

Sam	Jonathan, you know you're not supposed to be here. I'll go ahead and call security.
	조나단, 너 여기 오면 안되는 거 알잖아. 나 가서 경비 부른다.
Jonathan	Wait. Let's call this off, **bury the hatchet**.
	잠깐만, 이제 그만 하자. 화해하자고.

from >> Las Vegas 1-15

butter someone up ~에게 아첨하다, 아부하다

누군가에게 butter up한다는 것은 상대가 듣기 좋은 소리를 하며 아부하는 것을 말합니다. 우리가 보통 아부한다고 할 때 손을 비빈다고 하는데, 영어에서는 이를 버터를 바른다고 표현하는 것이죠.

Sharlotte	Jack thinks I'm sexy.
	잭은 내가 섹시하대.

| Miranday | He just **buttering you up**. |
| | 그는 그냥 너한테 사탕발림하는거야. |

from >> Sex and the City 1-8

buzz-kill 분위기를 깨는 것(사람)

buzz-kill은 들떠있거나 좋은 분위기를 망치는 사람을 말할 때 쓰는 표현입니다. 주로 확 깨는 말을 하거나 초치는 등의 이야기를 해서 분위기를 다운시키는 사람을 말하죠.

Britta	He is a **buzz-kill**.
	걘 분위기를 깨잖아.
Shirley	He grew up in a lad without sun!
	걔가 해가 없는 곳에서 자라서 그래!

from >> Community 1-13

C

call in sick 병가를 내다

회사에 아프다고 전화를 해서 가지 않는 것을 call in sick이라고 합니다. 보통 일을 땡땡이치고 싶을 때 call in sick을 하는 경우도 있죠.

Nicki	I gotta work.
	나 일하러 가야해요.
Danny	**Call in sick**.
	병가 내세요.

from >> Las Vegas 2-22

card shark 카드를 아주 잘 치는 사람, 타짜

card shark은 card sharp라고 하기도 하며, 카드를 잘 치는 사람을 말합니다. 특별한 기술이 있거나 속임수를 쓰기도 하는 등 일반 사람들에 비해 카드를 아주 잘 치는 사람을 뜻하는 표현이죠.

Carlos	What was that about?
	무슨 얘기하는 거였어?
Gabby	Turns out your mother is quite the **card shark**.
	알고 보니까 당신 어머니가 카드를 꽤 잘 치시더라고요.

from >> Desperate Housewives 1-6

carry a torch for someone ~를 사랑하다, ~와 이루지 못할 사랑으로 괴로워하다

carry a torch for는 몰래 짝사랑하는 것을 뜻하는 표현입니다. 오래전부터 torch(횃불)가 헌신의 상징이 되어왔다고 하는데요. 사랑하는 사람을 기다리기 위해 횃불을 들고 서있는 모습을 상상하시면 금방 이해가 갈 거예요.

Lorelai	No, I just know that you've been **carrying a torch for her** for a really long time.
	아니, 난 그냥 당신이 그녀랑 이루어지지 못해서 오랫동안 괴로워한 걸 알고 있으니까.
Luke	I have not been carrying a torch for her.
	난 그녀와 못 이루어져서 괴로워한 적 없어.

from >> Gilmore Girls 1-19

catch someone off guard ~가 방심한 상태에서 일어나다, ~의 허를 찌르다

누군가를 off guard인 상태, 즉 방어하지 않고 있는 상태에서 잡는다는 것은 그 사람의 허를 찌르는 것을 뜻합니다. 방심하고 있는 상태에서 어떤 일이 벌어져 어떻게 반응할지 생각하지 못했을 때 쓰는 표현이죠.

Evelyn	I don't believe you, sweetheart, but at least you care enough to lie.
	네 말 안 믿는다, 얘야, 하지만 넌 최소한 거짓말할 만큼은 날 생각하는구나.
Charlie	Hey, I care enough to lie. You just **caught me off guard**. So, what are you doing here?
	엄마, 나도 거짓말할 만큼 엄말 생각해요. 이건 제가 방심했을 때 일어난 일이잖아요. 근데 여긴 무슨 일이세요?

from >> Two and a half men 1-6

chalk something up to ~때문으로 여기다, ~탓으로 돌리다

chalk A up to B는 A를 B때문이라고 여기다라는 뜻의 표현입니다. 어떤 일이나 문제를 어떤 대상의 탓으로 돌리며 말하는 거죠. 긍정적인 의미와 부정적인 의미로 둘 다 쓰일 수 있습니다.

Tristin	So then - right, so then that's it. We just **chalk it up to** a bad night.
	그러면, 그러니까, 그렇게 하면 되겠네. 안 좋았던 밤 때문이라고 치자
Rory	Ok. I'm sorry I cried.
	그래. 울어서 미안해.

from >> Gilmore Girls 1-18

clean someone out ~의 돈을 다 쓰게 하다

clean out은 보통 뭔가를 치우거나 비워내는 것을 뜻하는데요. 이 표현이 사람에게 쓰일 때는 그 사람이 가지고 있는 돈을 다 털어갔다는 것을 뜻하죠. 여기에서처럼 카드게임에서 돈을 다 잃었을 때 쓸 수 있습니다.

Carrie	Skipper, come in.
	스키퍼, 들어와.
Miranda	It's all right. I'm leaving anyway. You guys have **cleaned me out**.

Okay.

괜찮아. 어쨌든 가려고 했어. 너희들이 나 싹 털었잖아.

from >> *Sex and the City 1-5*

clean the slate 없었던 일로 하다, 과거를 깨끗이 잊다

slate는 예전에 학교에서 아이들이 쓰던 석판을 말하는데요. 이 slate를 깨끗하게 지운다는 것은 과거에 있었던 일을 깨끗이 잊다라는 뜻을 의미합니다. 즉 과거를 청산하고 새롭게 시작한다는 뜻이죠.

Alan Okay, here's the plan. I'll bring this little fella back to Judith, and **clean the slate**.
좋아, 내 계획은 이래. 이걸 주디스한테 도로 돌려주고 없었던 일로 할 거야.

Charlie Did you even consider my idea?
너 내 계획은 생각해보긴 한 거야?

from >> *Two and a half men 2-2*

close-knit 긴밀한, 굳게 맺어진

close-knit은 아주 촘촘히 짜인 뜨개질처럼 굳게 단결된 것을 의미합니다. 아주 가깝게 그리고 긴밀하게 맺어진 것을 뜻하는 표현이죠.

Reporter So your mom told me how **close-knit** your family is. Is there a particular memory that stands out? A birthday or Christmas?
너희 엄마께서 너희 가족이 얼마나 가까운지 얘기해주셨어. 특별했던 기억이라도 있니? 생일이나 크리스마스 때?

Serena She said what?
엄마가 뭐라고 하셨다고요?

from >> *Gossip Girl 2-7*

C-note 100달러 지폐

C-note는 100달러짜리 지폐(bill)를 의미하는 단어입니다. 로마의 숫자 중 C가 100을 뜻하기

때문에 이렇게 불리게 됐다고 하네요. 또한 100달러짜리 지폐에 Benjamin Franklin의 얼굴이 있기 때문에 Benjamin 또는 Ben이라고 불리기도 합니다.

Danny	How much did he just tip you?
	저 사람이 방금 팁을 얼마 준거야?
Mike	**C-note**.
	100달러.

from >> Las Vegas 1-3

come in handy 쓸모가 있는, 도움이 되는

지금 당장 필요하진 않지만 놔두고 있으면 언젠가 도움이 될 거라는 의미로 come in handy라는 표현을 씁니다. 가지고 있으면 편리하게 쓰일 때가 올 거라는 뜻이죠.

Tabitha	Really?
	정말이니?
Debbie	It was very generous of you and it'll **come in handy**.
	(아이들에게 차 사주신거) 감사해요, 아이들한테 도움이 될 거예요.

from >> 90210 1-13

come on to someone ~를 꼬시다, 유혹하다

come on to는 누군가에게 추파를 던지는, 즉 꼬리를 치는 것을 뜻하는 표현입니다. 일반적으로 상대에게 매력적으로 보이기 위해 애쓰는 것 뿐만 아니라, 좀 더 나아가서 그 사람과 잠자리를 갖기 위해 유혹하는 것을 의미하기도 합니다.

Samantha	Your friend Barkely has been **coming on to me**. Do you think he believes I'm a model?
	니 친구 바클리가 날 꼬시고 있어. 그가 날 모델로 생각하는 걸까?
Carrie	Whatever it is, don't go there.
	뭐든 간에, 그의 집엔 가지 마.

from >> Sex and the City 1-2

comp (식사, 입장료 등의) 무료 초대권, 무료로 제공하다

보통 라스베가스에서는 거물급 손님들이 카지노에서 돈을 쓰도록 유도하기 위해 방이나 식사 등을 무료로 제공해주는데요. 이렇게 무료로 주는 것을 comp라고 부릅니다. 무료를 뜻하는 complimentary를 줄여서 부르는 것이죠.

Woman	We've been looking forward to this trip for so long, and now it's just completely ruined. 우린 이 여행을 정말 기대했었는데, 이제 다 망쳐졌어요.
Nesa	Well, how about I **comp** you a night here? I mean, would that make things a bit better? 그럼, 제가 오늘 밤 숙박을 무료로 드리면 어떻겠어요? 그러면, 조금 나아지지 않겠어요?

from >> Las Vegas 1-7

corner someone ~를 궁지에 몰아넣다, ~에게 따지고 들다

corner someone은 말 그대로 누군가를 코너에 몰아넣는 것을 뜻합니다. 즉 궁지에 몰아세우며 따지고 들거나 곤란하게 만드는 것을 의미하는 표현이죠.

SOOKIE	It's like I **cornered him** and he felt trapped and he had to say yes. 내가 그를 몰아세워서 그가 어쩔 수 없이 승낙한 것 같아.
Lorelai	He did not have to say yes. 그는 억지로 승낙할 필요는 없었어.

from >> Gilmore Girls 1-12

cougars 어린 남자를 쫓는 나이 많은 여자

cougar는 푸마와 같은 동물을 의미하는 단어이지만 속어로는 젊은 남자를 쫓는 나이 많은 여자를 의미하기도 합니다. 이 때 나이 많은 여자들은 보통 젊은 남성들에게도 어필이 되는 섹시하고 예쁜 여성을 말하죠.

Jenna	What can we do? We're **cougars**.

	어쩌겠니? 우리는 어린 남자를 쫓는 여자인걸.
Liz	We're what?
	우리가 뭐라고?

from >> 30 Rock 2-7

crib sheet 컨닝 페이퍼(쪽지)

crib sheet은 우리가 컨닝 페이퍼라고 잘못 부르고 있는 것을 뜻하는 단어입니다. 컨닝 자체가
cheating의 잘못된 표현이죠. 그래서 crib sheet은 cheat sheet이라고 불리기도 합니다.

Jeff	But if i'm gonna cheat, I'm not gonna write information from a book onto a piece of paper. That's practically learning, for god's sakes. Whoever made that **crib sheet** wasn't a real cheater. Just insecure and naive.
	하지만, 내가 컨닝을 한다면, 난 그렇게 종이에다가 책에 나오는 내용을 베끼진 않아. 그것도 알고 보면 공부하는 거잖아, 참나. 그 컨닝 페이퍼를 누가 만들었던지 간에, 진짜 사기꾼은 아니야. 단지 불안하고 순진한 사람이지.
Annie	I may be naive, but I'm not stupid.
	내가 순진할진 몰라도, 멍청하진 않아요.

from >> Community 1-5

cross one's fingers 행운을 빌다

cross one's fingers는 행운을 빌다라는 뜻인데요. 보통 가운데 손가락을 두 번 째 손가락에
없는 행동과 함께 이 말을 합니다. 손가락을 포개는 행위가 불운을 쫓아내고 행운을
가져온다는 미신에서 비롯된 표현이죠.

Emily	So, Lorelai, how are things at that charming little inn of yours?
	그래, 로렐라이, 네 멋지고 작은 그 여관은 잘 되가니?
Lorelai	Mm, they're still charming and little. We're just **crossing our fingers** it doesn't assert itself and become rude and large.
	(비꼬며) 음, 여전히 멋지고 작아요. 무례하고 커지지 않도록 행운을 빌고 있을 뿐이죠.

Essential Expressions A to Z

from >> Gilmore Girls 1-3

cross one's heart 맹세하다

누군가와 약속을 할 때 우리도 맹세하라는 말을 종종 하기도 하는데요. 영어에서도 이와
마찬가지로 '약속한 것을 맹세하다'라는 뜻으로 cross one's heart라는 표현을 씁니다.
실제로 손가락으로 가슴에 십자가를 긋는 행동을 함께 하며, hope to die라는 말과 같이
쓰기도 합니다.

Carrie	**Cross your heart**.
	맹세해요.
Seth	Hope to die.
	죽을 때까지 말 안할게요.

from >> Sex and the City 2-13

cross someone ~를 거스르다, 반대하다

cross someone은 누군가의 말을 거스르다, 즉 반대되는 행동을 하다라는 뜻의 표현입니다.
상대의 의견이나 말을 무시한 채 내가 원하는 대로 행동해서 상대가 화가 났을 때 쓸 수 있는
표현이죠.

Blair	Next time you **cross me** I won't be as forgiving.
	다음번에도 니가 날 거스르면, 용서하지 않을 거야.
Jenny	Don't worry. There won't be a next time.
	걱정 마. 그럴 일 없을 거야.

from >> Gossip Girl 1-7

cut someone some slack ~를 봐주다, 심하게 대하지 않다

cut someone some slack은 누군가를 봐주거나 살살 대하는 것으로 go easy on이나 give
someone a break와 비슷한 표현이라고 할 수 있습니다. 그 사람에게 조금은 여유를 주며
심하게 대하지 않는 것을 말하죠.

Harry	Mr. Matthews told me you offered to help.
	매튜 선생님이 네가 도움을 주겠다고 했다더구나.
Annie	Yeah, well, that's not exactly how it happened, but you said she's been having a tough time lately, so I'm trying to **cut her some slack**.
	그게, 꼭 그런 건 아니지만, 그녀가 요즘 힘든 시기를 겪고 있다고 아빠가 말했잖아요, 그래서 그녀를 좀 봐주려고요.

from >> 90210 1-6

D

decaf 카페인이 없는, 쿨하지 못한, 멍청한

decaf는 원래 decaffeinated를 줄여 부르는 말로 카페인을 제거한 커피를 뜻하지만 슬랭으로 쿨하지 못한, 멍청한 등의 뜻으로도 쓰입니다. 상대가 바보 같은 또는 못마땅한 말을 했을 때 이에 응하는 말로 쓰일 수 있죠.

Serena	Say 'mom' and I will kill you in your sleep.
	'엄마'라고 부르면 너 죽을 줄 알아.
Chuck	**Decaf**, Serena. I was going to say Mrs. Bass.
	쿨하지 못해, 세레나. 난 Mrs. Bass라고 부르려고 했다고.

from >> Gossip Girl 2-4

Standford	They only had **decaf**.
	카페인이 없는 것 밖에 없더라.
Carrie	What?
	뭐라고?

from >> Sex and the City 2-4

designated driver (술을 안마시고) 운전을 해야 하는 사람

음주운전에 대한 위험성이 큰 만큼 외국 사람들은 같이 파티를 가거나 술자리를 가게 될
경우, 일행 중 한 사람을 designated driver로 정합니다. 말 그대로 driver(운전기사)로
designate(지명하다) 하는 거죠. designated driver가 된 사람은 집에 갈 때 운전을 하기
위해 그 날은 술을 마시지 않습니다.

Charlie	Congratulations. You've just been elected tonight's **designated driver**. 축하해. 오늘밤은 니가 술 먹지 말고 운전해야겠다.
Alan	Come on, just ignore her. 왜 그래, 그냥 그녀를 무시해버려.

from >> Two and a half men 3-17

do a lap 한 바퀴 돌다

lap이 트랙의 한 바퀴를 뜻하기 때문에 do a lap은 실제로 한 바퀴를 뛰는 것을 뜻하기도
하지만 클럽이나 바에서 이성을 찾기 위해 또는 그 곳의 물이 어떤지 확인하기 위해 쭉
돌아보는 것을 의미하기도 합니다.

Dan	I'm going to **do a lap**, okay? Look for her. 난 한 바퀴 돌아볼게, 알았지? 그녀를 찾아봐.
Serena	Okay, yeah. 알았어.

from >> Gossip Girl 1-1

do a number two 대변 보다

do a number two라는 것은 대변을 보는 것을 뜻하는 표현입니다. 그렇다면 do a number
one은 당연히 소변보는 것을 뜻하는 표현이 되겠죠.

Carrie	For the first time at Big's, I **did a number two**.
	처음으로 빅의 집에서 대변을 봤어.
Charlotte	Oh, no.
	오, 이런.

from >> Sex and the City 2-11

dry spell 정체기, 침체기, 불황기

dry spell은 원래 비가 안 오는 기간, 즉 건조기를 뜻하는 단어이지만 좀 더 넓은 의미로
경제적인 불황기나 침체기를 뜻하기도 합니다. 또한 슬랭으로 이성이 없는 시기나 잠자리를
갖지 못하는 시기를 뜻하기도 하죠.

Jeff	It has been a **dry spell**. But that's only because it's been a while since I've tried. So I'm trying.
	침체기라서 그래. 하지만 그건 단지 내가 노력해본 지가 오래됐기 때문이야. 그래서 지금 노력하고 있는 거라고.
Britta	Yeah, I can see that. This is a lot of outgoing calls.
	응, 그래 보여. 전화 엄청 많이 했구나.

from >> Community 1-11

edgy 불안한, 초조해하는

사람이 가장자리에 있으면 불안하고 초조해질 텐데요. 그래서 on edge는 '안절부절하는'
이란 뜻의 숙어입니다. 이와 마찬가지로 edgy라는 단어는 '불안한, 초조한' 이란 뜻의
표현이죠.

Cuncan	**Why is he so edgy?**
	쟤 왜 저렇게 초조해 하는 거니?
Carrie	**I have no idea.**
	저도 모르겠어요.

from >> Sex and the City 2-15

extension 내선, 구내번호

보통 누군가와 통화하기 위해 회사에 전화를 걸면 내선번호를 눌러야 그 사람과 연결이
되는데요. 이는 하나의 전화가 여러 내선번호로 확장(extension)되어 연결되어있기 때문이죠.
그래서 이런 내선번호를 extension이라고 부릅니다.

Liz	**Why were you trying to find my extension?**
	왜 내 내선번호를 알려고 했어요?
Gray	**I have a friend who's opening up a new restaurant in SoHo, and I was hoping that you'd go with me.**
	소호에 새 레스토랑을 여는 친구가 있는데요. 당신이랑 같이 갔으면 하고요.

from >> 30 Rock 1-11

F

face the music 어쩔 수 없이 하다, 자신의 행동의 결과를 받아들이다

face the music은 자신이 한 행동에 대한 좋지 않은 결과를 받아들인다는 뜻을 가진
표현입니다. 무언가 하기 싫은 일을 어쩔 수 없이 하거나 받아들이는 것을 뜻하죠. 음악을
연주하는 사람들이 행사 등의 시끄러운 환경에서도 어쩔 수 없이 음악을 연주해야하는
어려움에서 비롯된 표현이라고 하네요.

Carlos	But, it's our house.
	하지만, 이건 우리 집이잖아.
Gabby	Honey, I know. I love this place, too. It's just, I think it's time for us to **face the music**.
	여보, 나도 알아요. 나도 우리 집이 너무 좋다고요. 하지만, 우리 둘 다 결과를 받아들여야 할 때가 된 것 같아요.

from >> Desperate Housewives 1-15

face to face 마주보고

face to face는 말 그대로 얼굴끼리 대고 있는, 즉 마주보고 있는 것을 뜻하는 표현입니다. 전화나 이메일 등이 아닌, 직접 만나 이야기를 할 때 쓰이는 표현이죠.

Dixon	I just want to go over there and make sure she's okay. You know, apologize **face to face**.
	직접 가서 그녀가 괜찮은지 보고 오고 싶어요. 얼굴보고 사과도 하고요.
Debbie	Uh, Dixon, I don't think that's a good idea.
	어, 딕슨, 그건 좋은 생각이 아닌 것 같다.

from >> 90210 2-9

fall back on ~에게 의지하다, 기대다

fall back on은 depend on과 마찬가지로 무언가 혹은 누군가에게 의지하거나 기대는 것을 뜻합니다. 보통 처음부터 의지한다기 보다는 급박한 상황에서 기댈 때 쓰이는 표현이죠.

Jeff	She blew you off, too, Chang.
	당신도 바람맞았잖아요, 챙.
Chang	Is that what you had to **fall back on**?
	너 지금 고작 그거(내가 바람맞은 것)에 기대는 거야?

from >> Community 1-7

fifteen [15] minutes (of fame) 반짝 유명세

15 minutes는 15 minutes of fame을 줄여서 부르는 말로, 말 그대로 15분간의 유명세라고 보면 됩니다. 즉 그 정도로 반짝하는 유명세를 말하죠. 앤디 워홀이 '미래에는 모든 사람들이 15분 동안 세계적으로 유명해질 거다.'(In the future everyone will be world-famous for 15 minutes.)라고 말한 데서 유래된 표현입니다.

Liz	Well, that's fine with me, but we've been promoting the subway hero.
	그래요, 난 괜찮아요, 하지만 우리가 계속 지하철 영웅을 광고했었잖아요.
Jack	The subway hero's **fifteen minutes** are up.
	지하철 영웅의 반짝 유명세는 이제 끝났어.

from >> 30 Rock 2-12

file for ~을 제기하다, 신청하다

file은 명사 뿐 아니라 동사로도 사용되어 '소송 등을 제기하다'란 뜻으로 쓰입니다. 그래서 '이혼 소송을 제기하다'라고 할 땐 file for divorce, '파산 신청을 하다'라고 할 땐 file for bankruptcy와 같이 쓰이지요.

Alan	No, it's not good news. Judith **filed for** divorce.
	아니, 좋은 소식 아니야. 주디스가 이혼 소송을 제기했어.
Charlie	Oh man, I'm sorry.
	오, 이런. 안됐다.

from >> Two and a half men 1-8

fink on someone ~를 일러바치다

fink on someone은 tell on someone과 마찬가지로 '누군가를 일러바치다, 이르다'라는 뜻으로 쓰입니다. 또한 fink 자체가 명사로 '밀고자, 이르는 사람'이란 의미로 쓰이기도 하죠.

Lorelai	Did he call just to **fink on me**?
	그가 날 일러바치려고 전화한 거야?

Rory	No, he wanted to see what's up with you. He thought it was weird, too.
	아니, 아빠 그냥 엄마가 괜찮은지 보려고 했던 것뿐이야. 아빠도 이상하다고 생각했대.

from >> Gilmore Girls 2-3

first thing in the morning 제일 먼저, 가장 먼저 해야 할 일

first thing in the morning은 말 그대로 아침에 제일 먼저 하는 일이라는 뜻입니다. 어떤 일을 빨리 처리하겠다, 가장 먼저 하겠다는 것을 강조하기 위해 쓰는 표현이죠.

Sam	Your suit's almost ready.
	당신의 양복은 거의 다 됐어요.
Bobby	Wait, what do you mean, almost? You said **first thing in the morning**.
	잠깐만요, 거의 다라뇨? 당신이 바로 해준다고 했잖아요.

from >> Las Vegas 2-20

flat-out 완전한, 솔직한, 순전히, 전적으로

우리가 어떤 것을 강조하기 위해 '진짜, 완전, 지대로'를 써서 말하는 것과 같이 영어에서도 무언가 강조하려고 할 때, flat-out이라는 표현을 씁니다. 예를 들어, "나 완전 거지야."라고 말하고 싶다면, "I'm flat-out broke."라고 할 수 있죠.

Troy	Where's Abed? I need to talk to him about his films.
	아베드 어디 있어? 그의 영화에 대해서 할 말이 있는데.
Shirley	That boy's **flat-out** prescient. He can read our minds.
	걘 완전 선견지명이 있는 애야. 우리 마음을 읽는 다고.

from >> Community 1-9

floored 놀란, 당황한

floored는 뭔가에 놀라고 충격을 받아서 바닥에 누워있는 것과 같은 상태라는 뜻의 슬랭으로

stunned나 overwhelmed와 비슷하지만 보통 부정적인 의미에서 놀란 것을 뜻합니다.

Paris She thinks I'm not enough of a people person. Shocking, huh?

그녀는 내가 사람들하고 충분히 어울리지 못한다고 생각해. 놀랍지, 그지?

Rory I'm **floored**.

(비꼬며)놀랍네.

from >> Gilmore Girls 1-17

foot the bill 비용을 부담하다

foot the bill은 어떤 것에 대한 값을 치르다라는 뜻의 표현입니다. foot이 뭔가의 아래 부분을 뜻하기도 하기 때문에 계산서(bill)의 밑 부분에 서명한다는 뜻에서 '비용을 부담하다'라는 표현이 되었습니다.

Adriana Thank you for the party, oh my God!

파티 너무 고마워, 정말!

Naomi Well, to be fair, I'm **footing the bill**. Annie's just lending her house.

음, 제대로 말하자면, 비용은 내가 부담하는 거야. 애니는 그냥 집을 빌려주는 것뿐이고.

from >> 90210 1-22

for God's sake 제발, 도대체

for God's sake는 '제발, 부디, 도대체' 등의 뜻으로 짜증이나 화가 났을 때 쓰는 감탄사입니다. God's 대신에 Christ's, heaven's, mercy's, pity's 등으로 대신할 수 도 있죠.

Luke Oh, **for God's sake**, do we have to go through this every damn year!

오, 제발, 꼭 매년 이걸 해야 해?

Lorelai Yes!

당연하지!

from >> Gilmore Girls 1-8

full of oneself 자만하여, 거만하여

full of oneself는 누군가 아주 거만하거나 자만할 때 쓸 수 있는 표현으로, 어떤 사람이 자만심이나 자신감 등 모든 것으로 가득 찼다는 것을 생각하면 쉽게 이해가 갈 겁니다.

Charlie   Ladies, if you'll excuse me, I have to go because... hell, I don't need a reason.
숙녀 분들, 절 너그러이 봐주신다면, 전 가야해요, 왜냐하면... 젠장, 이유가 뭐가 필요해.

Brooke   Well, someone's a little **full of himself**.
음, 누군가는 자기생각만 하네.

from >> Two and a half men 1-5

get a hold of ~와 연결하다, 연락하다, ~을 손에 넣다

get a hold of는 누군가와 연결하는 것, 즉 연락이 되는 것을 뜻하는 표현입니다. a없이 get hold of라고 쓰이기도 하는데요. 연락되는 것 외에도 '어떤 것을 입수하다', 손에 넣다를 뜻하기도 합니다.

Lorelai   You know people buy cell phones for exactly this reason - so you could **get a hold of** them anytime you want.
사람들이 정확히 이 이유 때문에 휴대폰을 사는 건 알고 있지 – 니가 원할 때면 언제든지 그들과 연락할 수 있도록 말이야.

Sookie   I thought people bought cell phones in case their cars broke down at night and they needed to call someone for help and there's psycho killers.
난 밤에 차가 고장 났을 때, 사이코 킬러가 있을 수도 있으니까 도움을 요청하기 위해서 사람들이 휴대폰을 산다고 생각했는데.

from >> Gilmore Girls 1-12

Get a hold of yourself. 정신 차려라!

Get a hold of yourself. 는 너 자신을 챙겨라, 즉 정신 차리라는 뜻으로 Pull yourself together. 와 같은 뜻의 표현입니다.

Delinda	(slapping) Mike, **get a hold of yourself**.
	(빰을 치며) 마이크, 정신 좀 차려.
Mike	What is it with your family and hitting people?
	너희 집안사람들은 다들 왜 사람을 때려?

from >> Las Vegas 2-17

get canned 해고되다

get canned는 get fired, 즉 '직장에서 해고당하다, 잘리다'는 뜻의 슬랭입니다. 비슷한 표현으로 get axed가 있습니다.

Sheldon	I'm taking a sabbatical. Because I won't kowtow to mediocre minds.
	난 쉬는 중이예요. 별 대단치도 않은 사람한테 굽신거리긴 싫거든요.
Penny	So you **got canned**, huh?
	그러니까, 잘렸다는 거죠, 그죠?

from >> The Big Bang Theory 1-4

get carried away 자제력을 잃다, 흥분하다

뭔가가 carried away됐다는 것은 휩쓸려 간 것을 의미하는데요. 그래서 get carried away는 막 흥분하는 것을 뜻합니다. 정신이나 마음이 휩쓸려 가버려 자제력을 잃어버렸다는 뜻이죠.

Ryan	Did you see what she wrote?
	그녀가 쓴 거 보기나 했어요?
Kelly	She **got carried away**. She's a kid.
	그녀가 좀 자제력을 잃었죠. 그녀는 아직 애잖아요.

from >> 90210 1-14

get hitched 결혼하다

hitch는 무언가를 밧줄 등으로 매거나 묶는 것을 말합니다. 그래서 get hitched는 '결혼하다'라는 뜻의 슬랭이 됐죠. 결혼을 하는 것이 서로 얽매이는 것이니 이렇게 표현하게 된 거죠. 이와 비슷한 맥락으로 tie the knot 역시 결혼하다라는 뜻의 표현입니다.

Karen	I cannot believe we're **getting hitched** in Vegas. Like Elivis. 우리가 베가스에서 결혼하다니 믿을 수가 없어요. 엘비스처럼 말이죠.
Bill	And Priscilla. 프리실라도 있잖아.

from >> Las Vegas 1-9

get laid 섹스하다

get laid는 젊은이들 사이에서 정말 많이 쓰이는 슬랭으로 섹스하는 것을 뜻하는 표현입니다.

Judith	I'm surprised you're home on a Saturday night. What, with your fun bachelor lifestyle. 당신이 토요일 밤에 집에 있다니 놀랍네요. 재밌는 독신 생활은 어쩌고요.
Charlie	Well, I **got laid** this morning. So I thought I'd kick back tonight. 음, 오늘 아침에 섹스 했거든. 오늘 밤은 좀 쉬려고.

from >> Two and a half men 2-13

get out of one's hair ~의 시야에서 사라지다, 방해를 그만하고 가다

in one's hair라고 하면 누군가를 귀찮게 하거나 짜증나게 하는 것을 말합니다. 이와 반대인 out of one's hair는 귀찮게 하지 않는, 즉 시야에서 사라지는 것을 말하죠. 그래서 get out of one's hair는 '~를 방해하지 않고 가다'라는 뜻이 됩니다.

Leonard	Well, we'll **get out of your hair**. 그럼, 우리는 이만 사라질게요.

| Penny | Okay, great. Thank you again. |
| | 네, 그러세요. 다시 한번 감사해요. |

from >> The Big Bang Theory 1-2

get the hang of 요령이 생기다, 이해하게 되다

get the hang of는 무언가를 배워 연습한 결과 방법을 터득했을 때, 또는 완전히 이해했을 때 쓰는 표현입니다. 어떤 것에 대한 요령이 생기는 것을 뜻하는 거죠.

Penny	I swear to God, Sheldon, one day, I'm gonna **get the hang of** talking to you.
	정말로, 쉘든, 언젠가는 너랑 대화하는 걸 이해하게 될 거야.
Leonard	His mom's been saying that for years.
	쟤네 엄마는 그 말을 수년째 하고 계셔.

from >> The Big Bang Theory 1-8

get the show on the road 활동을 개시하다, 여정을 시작하다

get the show on the road는 일을 시작하다, 착수하다라는 뜻으로 get started와 같다고 보면 됩니다. the 대신에 this를 써서 get this show on the road라고 하기도 하며, get 대신에 put을 써서 put the show on the road라고 하기도 합니다.

Gabby	(Having a toast) To Mary Alice.
	(건배를 하며) 매리 앨리스를 위해서.
Lynette	Let's **get this show on the road**.
	이제 길을 떠나자.

from >> Desperate Housewives 1-1

get together 모이다, 함께 만나다

get together는 함께 모이는 것, 즉 만남을 갖는 것을 말합니다. 우리말의 '뭉치다'와 비슷하다고 볼 수 있는 표현입니다. 한번 뭉치자라고 말할 때 쓸 수 있죠.

Gloria	Well, we must **get together**.
	그럼, 우리 한번 뭉쳐야겠네요.
Richard	Absolutely.
	물론이죠.

from >> Gilmore Girls 1-3

get ugly 상황이 안 좋아지다, 추해지다

ugly하게 된다는 것은 얼굴이 못생겨진다는 것이 아니라 상황이 안 좋아진다는 것을 뜻합니다. 즉 현재의 상황이 악화되서 좀 더 추한 상태가 된다는 것을 의미하죠. 주로 사람들끼리 싸우거나 언쟁이 생겼을 때 쓰곤 합니다.

Madeline	I know. Paris' parent's divorce is **getting very ugly**!
	그러게. 패리스네 부모님 이혼이 정말 추해지고 있어.
Louise	Her dad should've just paid her mom everything she wanted and this whole thing would've been over.
	그녀의 아빠가 그냥 엄마가 원하는 대로 다 돈을 줬으면 이런 일이 없었을 텐데 말이야.

from >> Gilmore Girls 1-11

give someone a wide berth ~를 견제하다, ~와 거리를 두다, 피하다

berth는 배의 침상을 뜻하는 단어인데요. 그래서 give a wide berth는 넓은 침상을 주라는 뜻으로 누군가를 멀리하며 거리를 두라는 뜻의 표현입니다. 이 표현은 사람 뿐 아니라 사물에게도 쓰일 수 있습니다.

Ed	**Give her a wide berth**, because she's a little pissed off at me, okay?
	그녀를 멀리하도록 해, 그녀가 나한테 좀 화가나 있거든, 알았지?
Mike	No problem, Mr. D.
	알았어요, Mr. D

from >> Las Vegas 2-17

give someone credit ~의 공로를 인정하다, ~를 믿어주다

영화가 끝나고 나서 영화를 만든 사람들의 이름이 올라가는데 이를 credit이라고 합니다. 그래서 누군가에게 credit을 준다는 것은 그 사람의 공로를 인정해준다는 것을 뜻합니다.

Britta | He's hiding something.
그가 뭔가 숨기고 있어.

Annie | Britta, Jeff suffered for us. **Give him a little credit.**
브리타, 제프는 우리 때문에 고생했잖아. 그를 좀 인정해줘.

from >> Community 1-10

give someone grief ~에게 잔소리하다, 비난하다

grief는 슬픔이나 고민을 뜻하는 단어인데요. 누군가에게 grief를 준다는 것은 그 사람에게 슬픔이나 고민을 안겨주는 것이므로 화가 나서 잔소리하거나 비난하는 것을 뜻합니다.

Debbie | Don't you ever **give me grief** about dating Morris Kornblum ever again. Because that lady is crazy town.
이제 절대 내가 모리스 콘블럼하고 데이트했던 것 갖고 뭐라고 하지 마. 저 여자가 훨씬 더 심하니까.

Harry | Well, yeah, in my defense, I was a teenager. She had a beach house.
그게, 내 입장에서 말하자면, 난 십대였다고. 그녀는 해변에 집도 있었고.

from >> 90210 1-1

give someone the ax ~을 해고하다, 차버리다

give the ax는 회사에서 직원을 해고하는 것 뿐 아니라 사귀고 있던 이성을 갑자기 차버리는 것을 뜻하기도 합니다. 어떤 자리에서 누군가를 몰아냈다면 모두 give the ax를 쓸 수 있죠. 같은 표현으로는 give the boot이 있으며, give the sack도 비슷한 표현이지만 '해고하다'라는 뜻으로만 쓰입니다.

Ed	I just **gave her the ax**, along with a bunch of other people.
	내가 방금 다른 사람들과 함께 그녀도 해고했어.
Lynette	Why? What happened?
	왜요? 무슨 일이 있었어요?

from >> Desperate Housewives 2-9

glitch (기계의) 작은 결함, 문제

glitch는 기계 등의 사소한 결함이나 고장을 뜻하는 단어로 주로 갑작스럽게 생긴 문제를 말할 때 쓰입니다.

Sam	Hey, you want to tell me what's going on?
	헤이, 무슨 일인지 말 안 해줘?
Danny	Just some crazy software **glitch**.
	그냥 소프트웨어에 좀 결함이 생겼어.

from >> Las Vegas 1-6

go ballistic 울컥하다, 분노하다

go ballistic은 탄도 미사일(ballistic missile)에서 나온 말로 갑자기 심하게 화를 내는 것을 뜻하는 표현입니다. 미사일만큼이나 빠른 속도로 분노를 터뜨리는 것이죠.

Lorelai	I had a nice chat with Headmaster Charleston today. He said you **went ballistic** in class.
	내가 오늘 교장선생님인 찰스톤과 대화를 나눴는데, 니가 수업시간에 화를 냈다고 하더라.
Rory	I was just tired.
	그냥 피곤했었어요.

from >> Gilmore Girls 1-4

go out of style 유행이 지나다, 유행에 뒤처지다

무언가 유행을 하게 되면 한동안 인기가 있다가 또 사라지고는 마는데요. 이렇게 유행은
왔다가 다시 가버리기도 합니다. 이렇게 유행이 지나는 것을 가리켜 go out of style이라고
하는데요. 말 그대로 스타일에서 벗어나 버린 것을 뜻하죠.

Standford   Oh, grandmother's been wearing that same suit for 40 years.
오, 할머니는 그 옷을 40년째 입고 계셔.

Standford's grandma   And it still fits. It never **goes out of style**.
여전히 맞지 않니. 유행에 뒤처지지도 않고 말이야.

from >> Sex and the City 1-9

go postal 화가 나서 난폭하게 굴다

go postal은 매우 화가 나서 폭력을 행사할 정도의 상태에 이르는 것을 뜻하는 표현입니다.
예전에 미국의 우체국에서 동료들 사이에서 일어난 총격사건으로 인해 이 표현이 생겼죠.

Mike   Danny, what's the deal with Jillian and this Valentine's Day present? She's **going postal** on me.
대니, 질리안하고 이 발렌타인데이 선물하고는 도대체 뭐가 문제야? 그녀가 나한테 막 난폭하게 굴고 있다고.

Danny   That's just old people foreplay.
그냥 나이 드신 분들끼리 장난치는 거야.

from >> Las Vegas 2-17

go public 대중에게 교제 사실을 알리다

누군가와 몰래 사귄다거나 할 때 어느 순간이 되면 그 사실을 알려야 하는 때가 있는 데요.
이를 go public이라고 합니다. 즉 대중에게 가서 교제 사실을 말하는 거죠. 교제 사실 뿐
아니라 어떤 비밀을 공개할 때도 이 표현이 쓰이기도 합니다.

C.C.   The point is, now you and I can **go public**. We don't have to sneak around anymore.

내 말은, 이제 당신과 내가 사귀는 걸 밝힐 수 있다는 거예요. 이제 더 이상 숨어 다닐 필요가 없다고요.

Jack   Oh, slow down, C.C. It's not that simple.

오, 잠깐만, C.C. 그게 그렇게 간단한 문제가 아냐.

from >> 30 Rock 2-7

grill someone   ~를 다그치다, 닦달하다

누군가를 grill한다는 것은 석쇠에 굽는 것처럼 그 사람을 계속 다그치거나 닦달하는 것을 뜻하는 표현입니다.

Richard   Well, what kind of grades do you get?

그래, 넌 성적이 어떠니?

Emily   Richard, please, don't **grill the boy**.

리차드, 그만해요, 그 아이를 괴롭히지 마요.

from >> Gilmore Girls 2-1

groom-to-be   예비 신랑

groom은 신랑을 뜻하는 단어인데요. 뒤에 to be를 붙여서 곧 신랑이 될 사람을 의미하게 됩니다. 이와 마찬가지로 예비신부는 bride-to-be, 예비엄마는 mother-to-be 등과 같이 쓰입니다.

Sam   Hey, how's the **groom-to-be**? Nervous?

예비신랑 기분이 어때요? 떨려요?

Cole   Oh, I'm all right, I guess.

오, 괜찮은 것 같아요.

from >> Las Vegas 1-21

H

hammer out 문제를 해결하다, 타협을 보다

hammer out은 망치로 두들겨서 평평하게 만드는 것을 뜻하는데요. 그래서 어떤 문제를 해결하거나 타협을 보는 것을 의미하기도 합니다. 울퉁불퉁 튀어나와있는 문제들을 두들겨 평평하게 맞추며 해결을 하는 거죠.

Lynette	Let's **hammer out** the details.
	가서 세부사항을 해결해보자고요.
Veronica	Okay.
	알았어요.

from >> *Desperate Housewives 2-17*

have a yen for ~를 간절히 바라다, 열망하다

have a yen for는 무언가를 간절히 바라거나 열망하는 것을 뜻하는 표현입니다. craving(열망, 갈망)을 뜻하는 중국말의 yan에서 yen이 왔기 때문에 이런 뜻이 생겼다고 하네요. 간절히 원하는 일 뿐만 아니라 음식에도 쓰여, 'I have a yen for fried chicken.'과 같이 쓰일 수도 있습니다.

Rory	Lucky.
	운이 좋으시네요.
Richard	I suspect you **have a yen for** travelling.
	너 여행을 간절히 바라는 것 같구나.

from >> *Gilmore Girls 1-3*

have chemistry 서로 통하는 게 있다, 마음이 맞다

사람 사이에서 화학반응이 있다는 것은 서로 끌리는 마음이 있다는 것을 뜻합니다. 즉 남녀가 마음이 통하거나 잘 맞는 것을 뜻하죠. 또는 성적으로 서로 이끌리는 것을 의미하기도 합니다.

Morty	Well, we, we do **have chemistry**.
	그게, 우리가, 우리가 좀 통하는 게 있긴 하지.
Susan	Absolutely.
	그럼요.

from >> Desperate Housewives 1-18

have two left feet 춤에 서투르다, 어색하게 춤추다

발이 양쪽이 있는 게 아니라 왼쪽 발만 두 개가 있다면 당연히 춤을 이상하게 추게 되겠죠. 그래서 have two left feet은 춤을 못 춘다는 뜻의 표현이 됩니다. 춤에 서투르거나 몸치라는 뜻이죠.

Man	We'd be happy with just one dance.
	춤 한번 추는 걸로 우린 만족할 텐데요.
Serena	I'm afraid I **have two left feet**.
	안타깝지만 전 춤을 못 춰요.

from >> Gossip Girl 1-15

Here's to ~을 위해서

회식자리에서 건배를 하면 큰소리로 '위하여'를 외치기도 하는데요. 이와 마찬가지로 영어에서도 무언가를 외치며 건배를 할 때가 있습니다. 바로 이때 Here's to~라는 표현을 사용하죠.

Carrie	**Here's to** us without men.
	남자 없는 우리를 위해서.
Miranda	Here, here.
	그래, 건배.

from >> Sex and the City 2-4

hit it off 죽이 잘 맞다, 마음이 맞다

마음이 맞는 사람들끼리는 만나자마자 서로를 알아보기도 하는데요. 이렇게 만나자마자 바로 친구가 되며 죽이 잘 맞는 경우에 hit it off라는 표현을 써서 이야기합니다.

Sheldon	What a remarkable woman!
	대단한 분이셔!
Leonard	Yeah, I though you guys might **hit it off**.
	그래, 너랑 엄마랑 잘 맞을 것 같더라.

from >> The Big Bang Theory 2-15

I'll bite. 좋아, 말해봐. / 계속 말해봐.

I'll bite. 란 표현은 '말해봐.'란 뜻으로 상대방이 어떤 말을 했을 때 계속 듣고 싶진 않지만 그래도 예의상 들어줄 테니 계속 말해보라는 뜻을 내포하고 있습니다.

Delinda	I might never marry again, Mary. Unless he's really rich and hot. Or really rich and old with a smidge of angina.
	난 다시는 결혼 안할지도 몰라, 매리. 남자가 정말 부자에 섹시하다면 모를까. 아니면 약간 협심증이 있는 부자 노인네라면 모를까.
Mary	Okay, **I'll bite**.
	알았어, 계속 말해봐.

from >> Las Vegas 2-20

in a jiff 곧, 금방

아주 짧은 순간을 나타내는 jiffy를 jiff라고 부르기도 하는데요. 그래서 in a jiff라는 것은 '바로 곧' 등의 단시간 내를 뜻하는 표현입니다. 원래 단어인 jiffy를 사용해서 in a jiffy라고 하기도 하죠.

Charlie	Can I have some more bacon?

베이컨 좀 더 먹을 수 있어요?

Sandy Oh, **in a jiff**.

오, 금방 가져올게요.

from >> Two and a half men 3-11

in a row 연달아서, 연속적으로

row는 열, 줄을 뜻하는 단어죠. 그래서 in a row는 줄을 서서 하는 것처럼 무언가를 연달아서 하는 것을 의미합니다. 즉 계속해서 연속적으로 하는 것을 뜻하죠.

Troy Who is this guy?

그게 누군데?

Shirley You all have got to see him. Everything's all, "no worries, no worries." And he always says hello three times **in a row**.

너희들 모두 그를 봐야 해. 모든 게 다 "괜찮아, 걱정 마"라고 하고, 항상 인사를 연달아 세 번씩 해.

from >> Community 1-4

in the same boat 같은 처지인

같은 보트 안에 있다는 것은 같은 처지에 있다는 것을 뜻합니다. 바다에서 한 보트 안에 몸을 싣고 위험을 헤쳐 나가며 항해하는 것처럼 같은 상황에 놓여있다는 것을 뜻하죠.

Britta How can you do this? I'm so disappointed in you.

너 어떻게 이럴 수 있어? 너한테 정말 실망이야.

Troy Hey, you don't get to talk to me like that. You're not Shirley! And Shirley is not my mom! Britta, it's not like we were **in the same boat**.

야, 나한테 그런 식으로 말하지 마. 넌 셜리가 아니잖아! 그리고 셜리는 내 엄마가 아니라고! 브리타, 우리가 같은 처지인 것도 아니잖아.

from >> Community 1-14

I.O.U. 내가 너한테 빚졌어.

I.O.U.는 I owe you.를 줄여서 말하는 것으로 상대에게 빚진 게 있다는 것을 뜻하는
표현입니다. 즉 상대가 어떤 형태로든 나에게 도움을 줬을 때, 이번 일은 내가 빚졌으니
다음에 갚겠다는 뜻으로 말하는 거죠.

Asher	Let's just settle for an **I.O.U.** then. 그럼 내가 나중에 갚는 걸로 할게.
Jenny	It's just a hot dog. 그냥 핫도그인데요 뭐.

from >> Gossip Girl 1-15

iron out 문제를 없애다

iron out은 다림질로 펴다라는 뜻인데요. 여기서 뜻이 좀 더 확장돼 다림질로 빳빳하게 펴는
것처럼 일을 원활하게 하여 문제를 해결하는 것을 의미하기도 합니다.

Mrs. Campbell	At least you guys did something right. 최소한 당신들은 일을 제대로 했군요.
Ed	Thank you. You do understand we're gonna have to hold on to this money until you get your legal issues all **ironed out**, right? 감사합니다. 당신의 법적인 문제가 해결될 때까지 우리가 돈을 가지고 있어야한다는 건 알고계시죠?

from >> Las Vegas 1-17

jingle 상품의 광고송, 시엠송

jingle은 딸랑거리는 소리를 뜻하기도 하지만 계속 반복되는 같은 음을 의미하기도 합니다.

보통 상품의 광고송이나 시엠송을 들으면 같은 느낌의 음이 계속해서 반복되는데요. 그래서 이 광고송을 jingle이라고 부릅니다.

Alan	Hey, how's the **jingle** coming?
	형, 노래는 잘 돼가?
Charlie	The lyrics are fine. The music needs a little work. How's Jake?
	가사는 괜찮은데, 음은 좀 더 해야 해. 제이크는 어때?

from >> Two and a half men 1-3

jump to a conclusion 성급한 결론을 내리다, 단정 짓다

결론에 갑자기 점프해서 간다는 것은 성급한 결론을 내리는 것을 뜻합니다. 차근차근 생각해보고 결정하지 않고 확 뛰어버리니 어떤 일을 단정 짓거나 섣불리 결론을 지어버리는 것을 뜻하죠.

Sheldon	You can't blame me for not **jumping to that conclusion**.
	내가 그 결론을 못 내렸다고 넌 날 비난할 순 없어.
Leonard	Why? What's so unusual about me having a date?
	왜? 내가 데이트하는게 뭐가 그렇게 이상한데?

from >> The Big Bang Theory 2-2

Just my luck! 재수도 없지! / 운도 없지!

'Just my luck!'이라고 말하는 것은 자신의 운이나 재수가 없음을 한탄하는 뜻으로 쓰는 표현입니다. 우리가 흔히 말하는 '내가 그렇지, 뭐!', '지지리 복도 없지!'와 비슷하다고 보면 됩니다.

Britta	Um, Pierce, that's the dean.
	음, 피어스, 저 분은 총장님이예요.
Pierce	Are you kidding? Mm, sorry. **Just my luck**.
	진짜야? 음, 죄송해요. 재수도 없지.

from >> Community 1-6

K

keep something low-key ~을 자제하다, 밝히지 않다, 비밀로 하다

low-key는 '저자세의, 드러내지 않는'이라는 뜻입니다. 그래서 keep something low-key 하면 저자세를 유지하며 드러내지 않는다는 것이니 무언가를 자제하거나 밝히지 않는 것을 뜻합니다.

Annie	Don't you want us to meet her?
	우리가 그녀를 만나는 게 싫은 거야?
Jeff	We have an agreement to **keep it low-key**.
	우린 말하지 않기로 약속했거든.

from >> Community 1-14

keep up with 뒤처지지 않도록 따라가다

keep up with는 누군가에게 또는 무언가에게 뒤처지지 않도록 따라가는 것을 뜻합니다. 계속해서 최신정보나 상황 등을 습득하기 위해 노력하는 거죠.

Richard	I have a lot to do in a day, Lorelai, I don't have time to **keep up with** a multitude of people that your mother employs.
	로렐라이, 난 하는 일이 정말 많단다. 너희 엄마가 고용하는 그 많은 사람들을 파악할 시간이 없어.
Lorelai	But one is a man and one is a woman.
	하지만, 한사람은 남자고, 한사람은 여자잖아요. (어떻게 구분을 못해요)

from >> Gilmore Girls 1-3

kick-ass 끝내주는

kick-ass는 무언가 강하고 공격적인 것을 뜻하는 형용사이지만 요즘 젊은이들 사이에서는 무언가 끝내주는 것을 뜻하는 표현으로 쓰입니다. 사람이든 사물이든 아주 멋지다는 것을 강조할 때 쓰는 거죠.

Penny	Okay, here's the deal. We're gonna throw Leonard a **kick-ass** surprise party for his birthday on Saturday. 자, 이렇게 하자. 토요일에 레너드의 생일을 위한 끝내주는 서프라이즈 파티를 하는 거야.
Sheldon	I hardly think so. 난 싫은데.

from >> The Big Bang Theory 1-16

kick back 긴장을 풀고 쉬다, 여유를 즐기다

kick back은 여유를 가지고 느긋하게 쉬는 것을 뜻하는 표현입니다. 또한 이 뜻 외에 훔친 물건을 돌려주다라는 뜻이 있으며, 빼앗은 돈의 일부를 상납하는 것을 뜻하기도 합니다.

Dean	Rory, it's Summer. Summer's the time to hang out and **kick back**. 로리, 지금은 여름이야. 여름은 놀면서 여유를 즐기는 때라고.
Rory	I can't hang out or kick back. 난 지금 놀거나 여유를 즐길 수가 없다고.

from >> Gilmore Girls 2-2

kick off 시작하다

kick off는 원래 운동 경기의 시작을 말합니다. 보통 공을 차는 것과 동시에 경기가 시작되기 때문이죠. 하지만 이제는 이 표현이 좀 더 일상화되어서 무언가가 시작한다고 할 때 두루 쓰입니다.

Tracy	So what time does this golf thing **kick off** tomorrow? 그래서 이 골프 하는 거 내일 몇 시에 시작해요?
Jack	It doesn't matter now, Tracy. 이제 중요하지 않아, 트레이시.

from >> 30 Rock 1-14

knocked up (여자를) 임신시키다

knocked up은 슬랭으로 여자를 임신시키는 것을 뜻합니다. 보통 결혼하기 전에 여자를 임신시키는 것을 말하죠. 우리말에 '사고 치다'와 가장 흡사한 표현이라고 보면 됩니다.

Charlie	Nobody's **knocked up**. I haven't heard from her in five years.
	아무도 임신 안했어. 난 5년 동안이나 그녀한테서 소식을 못 들었다고.
Berta	So, she's bringing you a 4 year old.
	그럼, 그녀가 4살짜리 애를 데리고 오겠네.

from >> Two and a half men 1-18

knockout 매력적인 여자, 미인

knock out은 케이오되는, 또는 나가 떨어지는 것을 뜻하는 단어인데요. knockout이 한 단어의 명사로 되어 녹아웃 될 정도로 매력적인 여자를 의미하기도 합니다.

Bobby	Man, oh, man, Dad never told me what a **knockout** you were.
	오, 이런, 아버지는 당신이 얼마나 매력적인 여자인지는 말씀 안해주셨어요.
Sam	Oh, I was really sorry to hear about your father passing away.
	오, 아버지가 돌아가신 건 정말 유감이에요.

from >> Las Vegas 2-20

knuckle under 항복하다, 권위를 받아들이다

보통 영화나 TV를 보면, 누군가를 협박할 때 손가락 관절(knuckle)을 꺾으며 뚝뚝 소리를 내는데요. 이런 모습에 기가 죽어 항복하는 것을 kunckle under라고 합니다.

Penny	If you guys keep going along with his insanity, you're just encouraging him.
	너희들이 계속 그의 미친 짓을 받아주는 건, 그를 부추기는 거라고.
Leonard	We're not encouraging. It's more like, **knuckling under**.

우린 부추기는 게 아냐. 그것보다는, 굴복한 쪽에 가깝지.

from >> The Big Bang Theory 2-7

Kodak moment 놓치기 아쉬운 장면, 꼭 봐야할 장면

Kodak은 유명한 필름회사의 브랜드인데요. 이 Kodak을 사용해 Kodak moment라고 하면 사진을 찍어놓고 싶을 정도로 멋지거나 아주 웃긴 장면을 뜻합니다. 놓치면 안 될 상황을 이야기할 때 쓰이는 표현이죠.

Lane Forget about the concert. I wanted to see Lorelai pull those idiots out of that guy's apartment.

콘서트는 됐고, 난 로렐라이가 그 바보들을 남자 아파트에서 끌어내는 걸 보고 싶다.

Rory It definitely was a **Kodak moment**.

진짜 대단한 장면이었어.

from >> Gilmore Girls 1-13

lactose-intolerant 락토스(유당)를 소화시키지 못하는

intolerant는 특정 음식을 먹지 못하는 것을 뜻합니다. 그래서 lactose-intolerant는 락토스를 못 먹는, 즉 우유나 유제품을 소화시키지 못하는 것을 말하죠. 이와 마찬가지로 intolerant를 써서, 밀가루 같은 곡식류를 소화시키지 못하는 것을 gluten intolerant라고 말합니다.

Leonard I love cheesecake.

나 치즈케이크 좋아해요.

Sheldon You're **lactose-intolerant**.

넌 유당도 소화 못시키잖아.

from >> The Big Bang Theory 1-1

laid off 정리해고 된

laid off는 get fired, 즉 회사에서 잘리긴 했지만 무언가 자신의 잘못으로 인해 잘린 게 아니라 회사의 다운사이징 때 정리해고를 통해서 잘린 것을 말합니다.

Cosme	I was **laid off**. Downsizing. The whole plant lost their jobs. 전 정리해고 됐어요. 인원을 삭감했거든요. 공장 사람들 모두 직업을 잃었어요.
Johnny	I'm Johnny Joostern, and I run the Bella Sera Lounge at the Montecito. You come in. First round's on me. 전 조니 주스턴이고요, 몬테시토의 벨라 세라 라운지를 운영하고 있어요. 한번 들려주세요. 제가 한 잔 살게요.

from >> Las Vegas 1-7

lash out 비난하다, 공격하다, 욕하다

lash out은 누군가에게 욕을 마구 퍼붓거나 격렬하게 덤벼드는 것을 뜻하는 표현입니다. 즉 말로든 행동으로든 누군가를 맹렬히 공격하는 것을 뜻하죠. 이와는 다른 뜻으로 영국에서는 돈을 마구 낭비하다는 뜻으로 사용되기도 합니다.

Charlie	I'm sorry. I'm just **lashing out** because I haven't eaten in 75 minutes. 욕해서 미안, 내가 75분 동안 아무것도 못 먹어서 그래.
Alan	You want some of Sandy's homemade fudge? 샌디가 만든 퍼지 좀 먹을래?

from >> Two and a half men 3-11

lay one's cards on the table 솔직히 얘기하다, 까놓고 말하다

게임을 하는 중에 카드를 테이블에 올려놓으면 모든 사람들이 카드를 보게 되겠죠. 이렇게 남에게 자신의 패를 보여주듯, lay one's cards on the table은 자신의 이야기를 솔직히 하는 것을 뜻합니다. 우리말에 '까놓고 말하다'와 비슷하다고 볼 수 있죠.

Ed	Oh, what the hell! I'm gonna **lay my cards on the table**. Samantha, I think I've only got a handful of good years left.
	오, 젠장! 그냥 까놓고 말할게요, 사만다. 난 이제 제대로 살날은 몇 년 안남은 거 같아요.
Samantha	Oh, no.
	오, 그렇지 않아요.

from >> Sex and the City 2-8

legs are asleep 다리가 저리다

다리가 asleep하다는 것은 다리가 자고 있다, 즉 다리가 저리다는 뜻이 됩니다. 다리가 자고 있으니 일어날 수가 없겠죠. 또한 여기서처럼 be asleep이라고 쓰는 대신에 fall asleep이라고 할 수도 있습니다.

Liz	Both my **legs are asleep**.
	다리가 둘 다 저려요.
Floyd	Okay, all right. Here we go. Come on.
	알았어요. 자, 일어나 봐요.

from >> 30 Rock 1-16

lemon 불량품, 고물차

lemon은 겉으로 보기에는 맛있어 보이지만 실제로 먹으면 신맛이 너무 강해 먹기가 힘든데요. 이것과 마찬가지로 겉으로는 좋아 보이지만 실제로는 불량인 물건을 lemon이라고 부릅니다. 흔히 멀쩡해 보이는 중고차를 샀지만 알고 보니 고장이 나있거나 형편없이 고물인 경우 그 차를 lemon이라고 하죠.

Kandi	Cause I want to sue the guy who sold me that lemming.
	나한테 그 나그네쥐를 판 사람을 고소하고 싶거든.
Alan	You mean **lemon**.
	너 레몬(고물차)을 말하는 거지.

from >> Two and a half men 3-18

Let me break it down. 풀어서 설명해줄게.

무언가 상대에게 이야기를 했는데 잘 이해하지 못할 때, 하나하나 풀어서 자세히 설명해주기도 하는데요. 이렇게 자세하게 이야기해주는 것을 break it down이라고 합니다. 그래서 Let me break it down.이라고 하면 부셔서 작은 조각으로 만들듯 쉽게 설명해주겠다는 뜻이 되는 거죠.

Charlie	**Let me break it down** for you. There's this woman, Kathy, lives up the beach. Beautiful woman, I've wanted her for years. Only one problem. She's married to kind of a friend of mine. 내가 풀어서 설명해 줄게. 해변에 사는 케시라는 예쁜 여자가 있는데, 내가 그녀를 오랫동안 원했었어. 한 가지 문제가 있다면 그녀가 내 친구 비스므레한 놈이랑 결혼했다는 거지.
Alan	Kind of a friend? 친구 비스므레하다니?

from >> Two and a half men 1-13

lie through one's teeth 새빨간 거짓말을 하다

입이 아닌 이를 통해 거짓말을 한다는 것은 그만큼 터무니없는 거짓말을 한다는 것입니다. 또는 뻔뻔스럽게 거짓말을 한다는 뜻이기도 하죠. 우리말의 '새빨간 거짓말을 하다'와 마찬가지 의미라 볼 수 있습니다.

Danny	Aren't you supposed to be on my side? 당신은 내편을 들어줘야하는 거 아니예요?
Lawyer	I believe she's **lying through her teeth**, but I'm paid to be a realist, Danny. 그녀가 분명 새빨간 거짓말을 하고 있다는 거 알지만, 난 현실적으로 일을 처리하라고 고용된 거잖아요, 대니.

from >> Las Vegas 2-14

loaded 부유한

loaded는 짐이 가득차거나 총이 장전된 것을 뜻하는데요. 슬랭으로는 '돈이 많은', 즉 '부유한'이라는 뜻을 가지고 있기도 합니다. 또한 이와는 다른 뜻의 슬랭으로 '술이나 약에 취한'이라는 뜻도 있습니다.

Mary	What?
	뭐라고?
Sam	Your new boyfriend is so **loaded**.
	니 새 남자친구가 엄청 부자야.

from >> Las Vegas 2-22

loan shark 고리대금업자, 사채업자

터무니없이 높은 이자율로 돈을 빌려주는 악덕 사채업자나 고리대금업자를 loan shark라고 합니다. 보통 욕심이 많거나 정직하지 않은 사람을 shark(상어)라고 부르기 때문이죠.

Mike	It's not for me. I'm just checking something for a friend of mine.
	저 때문이 아니에요. 제 친구 때문에 물어보는 거예요.
Ed	Ambrose is a rotten dirtbag. He's a low-life **loan shark**.
	앰브로스는 썩을 놈이야. 그는 몹쓸 사채업자라고.

from >> Las Vegas 1-10

look down one's nose at ~를 멸시하다, 깔보다

look down nose at은 어떤 사람이나 사물을 깔보며 경멸하는 것을 뜻합니다. 즉 자신이 그 사람 또는 그것보다 훨씬 우위에 있다고 생각하며 상대를 깔보는 것을 말하죠.

Ed	Hey, Arnold. You know, your supervisor's saying you're doing a heck of a job.
	이봐, 아놀드. 당신 상사가 그러는데 일 정말 열심히 한다더군.

Arnold Well, I appreciate the opportunity. You know, I don't **look down my nose at** any job.

전 기회가 온 것에 감사해요. 어떤 직업도 멸시하지 않죠.

from >> Las Vegas 2-23

loose cannon 통제 불능인 사람

loose cannon은 시한폭탄 같은 사람, 즉 돌출 행동을 자주 하는 사람을 말합니다. 주로 통제하기가 힘든 유명 연예인을 가리킬 때 자주 쓰이죠.

Jack Conan, Tracy's really excited to be back on your show.

코난, 트레이시는 자네 쇼에 다시 나오게 되어서 기뻐하고 있어.

Conan I don't know, Jack. He's kind of a **loose cannon**, and I like to surround myself with people that don't try to stab me.

난 모르겠어, 잭. 그는 좀 시한폭탄 같잖아, 그리고 난 날 칼로 지르려고 하지 않는 사람들하고 있고 싶어.

from >> 30 Rock 1-7

low blow 비열한 행동, 치사한 행동

low blow는 원래 복싱에서 벨트라인 아래를 치는 반칙행위를 뜻하는 표현입니다. 하지만 이 의미가 좀 더 넓어져 복싱에서 뿐 아니라 일반 생활에서도 비열하거나 치사한 행동을 가리키는 뜻으로 쓰이게 되었죠.

Dixon I was just mad.

전 화가 났었다고요.

Debbie Well, it was a **low blow**.

그래도, 그건 비열했어.

from >> 90210 2-12

make a pass at someone ~를 유혹하다

make a pass는 원래 (펜싱 등에서) '찌르다, 공격하다'는 의미인데, 구어로는 주로 남자가 여자에게 '추근대다, 수작을 걸다'는 뜻입니다. 뒤에 at~을 사용해 추근대는 대상을 말하면 됩니다.

Gabby	You make it sound like I was **making a pass at** your husband. And that's just a little bit insulting. 넌 지금 내가 꼭 네 남편을 유혹하던 것처럼 말하잖아. 그건 날 모욕하는 거라고.
Lynette	I just said it bugged me. Why is that a problem? 난 그냥 내가 좀 기분이 상했다고 말한 것뿐이야. 그것도 문제가 되니?

from >> Desperate Housewives 2-11

make a wager 내기하다

wager는 내기나 도박을 뜻하는 단어입니다. 그래서 make a wager는 내기하다를 뜻하는 표현이죠. 또한 비슷한 표현으로 (make a) bet도 많이 쓰입니다.

Blair	Whatever he's doing, wherever he is, he will call at midnight. You'll see. 그가 뭘 하던, 어디에 있던, 자정에 전화할 거야. 두고 보라고.
Chuck	Care to **make a wager**? 내기할래?

from >> Gossip Girl 1-8

make oneself scarce 물러나다, 슬쩍 떠나다, 피하다

make oneself scarce는 슬쩍 빠져나가다, 또는 다른 사람이 찾을 수 없도록 숨다는 뜻의 표현입니다. 보통 어떤 문제나 상황을 피하기 위해 다른 곳으로 가는 것을 뜻하죠.

Charlie	Hey, listen. After you drop him off at his mom's house tonight, do me a favor? Just **make yourself scarce**, okay?
	야, 있잖아, 오늘밤에 쟤를 엄마 집에 데려다 주고 나서 부탁 하나만 들어줄래? (집에 들어오지 말고) 어디 좀 가 있어.
Alan	What's her name?
	그녀 이름이 뭔데?

from >> Two and a half men 2-1

make sure 확실히 ~해두다

무언가 상대방에게 꼭 당부하고자 할 때 make sure를 써서 말할 수 있습니다. make sure 다음에 당부하고자 하는 문장을 넣어 그 일을 꼭 해두라는 것을 알릴 수 있죠.

Emily	**Make sure** you show her all around the club, especially the rose garden.
	그녀에게 클럽 전체를 다 구경시켜주세요. 특히 장미정원이요.
Richard	I am not a guide.
	난 가이드가 아니라고.

from >> Gilmore Girls 1-3

make the best of 최선을 다하다, ~을 최대한 이용하다

어떤 상황이 주어졌을 때 그 상황을 최대한 이용해서 최선을 다하는 것을 make the best of라고 합니다. 보통 불리하거나 안 좋은 상황일 때 쓰이죠.

Jeff	This is a new semester, a new Jeff. Greendale is where I am, and I'm gonna **make the best of** it.
	이건 새로운 학기고, 난 새로운 제프야. 그린데일이 내가 있는 곳이고, 난 최선을 다할거야.
Shirley	Oh, that's nice.
	오, 그거 좋다.

from >> Community 1-13

Man up. 남자답게 굴어라.

약한 모습을 보이는 남자가 있다면, 우리는 '남자답게 굴어라'라고 말해 줄 수 있겠죠? 이렇게 비겁한 모습을 보이지 말고 당당하게 남자답게 행동하라는 뜻으로 쓸 수 있는 표현이 바로 "Man up."입니다.

Mike	Listen, dude, if this marriage thing isn't working out, **man up** and tell her.
	이봐, 친구, 결혼생활이 잘 안 풀리는 거면, 남자답게 가서 그녀에게 말해.
Grant	It's really not that simple.
	그렇게 간단한 일이 아니야.

from >> Las Vegas 2-20

match made in heaven 천생연분

match made in heaven은 하늘에서 정해준 인연, 즉 천생연분이라는 뜻의 표현입니다. 완벽하게 잘 어울리는 커플을 이야기할 때 쓰이죠.

Lorelai	Again, very possible.
	다시 한번, 가능성이 있다고 볼 수 있죠.
Max	A **match made in heaven**.
	천생연분이네.

from >> Gilmore Girls 1-8

meltdown 자제심을 잃는 행동

meltdown은 원래 무언가 몰락하거나 붕괴되는 것을 뜻하지만 일반 회화에서 쓰일 경우 화를 내거나 흥분하는 등의 자제심을 잃는 행동을 뜻합니다.

Mr. Big	What was that all about the other night?
	지난밤엔 왜 그랬던 거예요?
Carrie	That was me. Having a **meltdown**.
	그게 내 본 모습이예요. 자제심을 잃고 흥분하는 거 말이예요.

Essential Expressions  A to Z

from >> Sex and the City 1-11

mind-blowing 놀라운, 충격적인, 신나는

mind-blowing은 마음이 날아가 버릴 정도로 신나거나 놀라운 일을 말할 때 쓰이는 표현입니다. 그만큼 충격적이라는 것을 강조하는 거죠.

Stuart	Here, Sheldon, I pulled the new Hellboy for you. It's **mind-blowing**. 여기 있어, 쉘든, 너 주려고 헬보이 신간 빼놨어. 정말 충격적이야.
Sheldon	Excuse me, spoiler alert. 잠깐, 스포일러 주의.(=미리 내용 말해주지 마.)

from >> The Big Bang Theory 2-22

modelizer 모델킬러, 모델하고만 사귀는 사람

할리우드 스타 중 레오나르도 디카프리오와 같이 유명 모델들하고만 사귀는 사람들이 있는데요. 이들을 가리켜 모델라이저라고 합니다. 이들은 일반 여자들에게는 관심을 두지 않고 오직 모델들만 좋아하는 성향을 가진 사람들이죠.

Carrie	You were on a date with a **modelizer** and you didn't know it? 모델킬러랑 데이트하면서 넌 그 사실을 몰랐단 말이야?
Miranda	If men like Nick are dating models, what chance do ordinary women have? 닉같은 남자가 모델하고 데이트하면 보통 여자들은 어떡하니?

from >> Sex and the City 1-2

my ass 말도 안되는 소리, 바보같은 소리

my ass는 상대방의 말에 강하게 부정할 때 쓰는 표현으로 우리말의 '~는 무슨, 얼어 죽을'과 비슷한 의미라고 보면 됩니다. 친구들이나 가까운 사이에서만 쓰이는 격식없는 슬랭이죠.

Danny	You think we got another psychic on our hands?

또 심령술사일까요?

Ed

Psychic, **my ass**.

심령술은 무슨, 얼어 죽을.

from >> Las Vegas 2-20

N

nerve-wracking 안절부절못하게 하는

wrack은 고문하다라는 뜻을 가지고 있습니다, 그래서 nerve-wracking은 신경을 고문하는,
즉 신경을 계속해서 건드리는 것을 뜻하죠. 무언가 계속해서 스트레스를 주거나 짜증나게
해서 안절부절 못하는 상태일 때 쓸 수 있는 표현이죠.

Brenda

I know it can be a little **nerve-wracking**.

그게 좀 떨리는 일이라는 거 나도 알아.

Annie

More than happy to do it, Miss Walsh. Thanks.

전 하게 돼서 너무 기뻐요, 월시 선생님. 감사합니다.

from >> 90210 1-5

newly wed 신혼부부, 신혼의

이제 막 결혼한 신혼부부를 newly wed라고 합니다. 신혼 상태를 말하기도 하고, 신혼부부
자체를 뜻하기도 하죠.

Charlie

So how's the **newly wed**? Still living the dream?

그래서 신혼 생활은 어때? 아직도 꿈같아?

Alan

Well..

그게...

from >> Two and a half men 4-1

nightcap 잠자기 전에 마시는 술

nightcap은 단어 그대로 잠잘 때 쓰고 자는 모자를 뜻하기도 하지만 요즘은 모자를 쓰고
잠을 자는 사람이 거의 없으므로 좀 더 많이 쓰이는 뜻으로 '잠자기 전에 마시는 술'을
의미합니다.

Charlie	Can I make you a **nightcap**?
	술 한 잔 줄까?
Lisa	Charlie, I'm breast feeding, remember?
	찰리, 나 모유수유중이잖아, 기억해?

from >> Two and a half men 2-9

Nip/Tuck 성형수술

nip은 잘라내는 것을 뜻하고 tuck은 집어넣는 것을 뜻합니다. 그래서 nip and tuck은
잘라내고 집어넣는 수술, 즉 성형수술을 의미하는 표현이 되었죠. 간단하게 nip/tuck이라고
말하기도 합니다.

Sam	I'm supposed to fly with Betty and Bert Belinsky to Santa Anita to watch their horse run. But I have my **Nip/Tuck** couple. Hank and Helena Hunt from Atlanta.
	난 베티와 버트 벨린스키 부부를 데리고 말 경주를 보러 산타 아니타로 가기로 되어있는데. 닙턱 커플도 있어. 애틀랜타에서 온 행크랑 헬레나 씨말야.
Delinda	Nip/Tuck couple?
	닙턱 커플이라고?

from >> Las Vegas 2-17

None of your business. 네가 상관할 바 아니야.

상대방이 나에 대해 꼬치꼬치 캐묻거나 내 일에 간섭할 때 네가 상관할 바가 아니라는 뜻으로
자주 쓰이는 표현이 None of your business.입니다. 외국 사람들은 사적인 일에 간섭받는
것을 싫어하므로 우리나라 사람들끼리 하듯이 하나하나 간섭하려 들다가는 이 말을 자주
듣게 되죠.

Tristin	Do you have a boyfriend?
	너 남자친구 있어?
Rory	**None of your business**.
	네가 알바 아냐.

from >> Gilmore Girls 1-4

off the market 이성을 구할 필요가 없는

off the market, 즉 마켓에서 나왔다는 것은 데이트 상대를 찾아다니는 영역에서 벗어났다는 것을 말합니다. 자신은 이성이 생겼으니 이제 누군가를 찾기 위해 술집을 가거나 소개팅을 하는 등의 행동을 할 필요가 없어졌다는 것을 뜻하죠.

Jack	Thank God, I'm **off the market**.
	난 이제 데이트 상대를 찾을 필요가 없어서, 다행이다.
Liz	Oh, are you seeing someone?
	오, 누구 만나고 있는 거예요?

from >> 30 Rock 2-7

off the record 비공식의, 비공개의

off the record는 말 그대로 record를 끈 상태, 즉 녹음을 하지 않는 상태라는 뜻입니다. 어떤 것이 공식적이지 않은 것을 말하죠. 비공식으로 혹은 비공개로 뭔가를 이야기할 때 쓰이는 표현입니다.

Adriana	I'm not doing your stupid story, so you can just get the hell out of here.
	난 네 멍청한 인터뷰 안 할거니까, 여기서 꺼져.
Navid	Hey, hold on. Listen, if you ever want to talk, you know, **off the**

record, just give me a call, okay?

야, 잠깐만. 있잖아, 너 혹시라도 대화하고 싶으면 그냥 비공개로 나한테 전화 해, 알았지?

from >> 90210 1-8

off the table 논외대상인, 고려하지 않는

off the table은 단어 그대로 table에서 벗어났다는 뜻입니다. 논의하는 테이블에서 빠졌으니 논외대상이라는 것이죠.

Shirley	My friend Gary wears nothing but loose-fitting jeans.
	내 친구 게리는 헐렁한 청바지만 입어.
Britta	Gary is **off the table**.
	게리는 논외대상이야.

from >> Community 1-13

on a roll (도박에서) 계속 이기는

도박을 할 때 갑자기 운발이 터져 계속해서 이기는 경우가 종종 있는데요. 이런 경우를 on a roll이라고 합니다. 즉 행운이 계속 되어 쭉 돈을 따는 것을 말하죠.

Danny	He's **on a hell of a roll**.
	저 사람 끗발 장난 아니게 좋은데요.
Ed	Yeah.
	그러게.

from >> Las Vegas 1-1

once in a while 가끔, 이따금

once in a while은 sometimes 또는 occasionally와 같은 표현으로 가끔, 이따금이라는 뜻입니다. 가끔도 아닌 정말 거의 일어나지 않는 일일 경우에는 once in a blue moon이라는 표현을 쓰고요.

Rory	What are you talking about?
	무슨 얘길 하는 거예요?
Lorelai	You're 16. You should get some sleep and eat a real meal and come up for air **once in a while**.
	넌 16살이잖아. 잠도 자야하고, 제대로 된 식사도 해야 하고, 가끔은 한숨 돌릴 때도 있어야지.

from >> Gilmore Girls 1-4

on the clock 근무시간에

보통 시간당 근무를 하는 사람들은 그 시간에 맞춰 일을 하고 쉬고는 하는데요. on the clock은 이렇게 근무시간 중을 의미하는 표현입니다. 시간당 근무를 하는 사람 뿐 아니라 그냥 일반적인 근무시간을 뜻하기도 합니다.

Ed	And I would really hate to think that something happened.. because my two right-hand men were playing video games **on the clock**.
	그리고 그런 일이 일어났다고 생각하긴 정말 싫은데... 내 오른팔 두 명이 근무시간에 비디오게임을 했다고 하던데.
Danny	We weren't actually on the clock.
	근무시간은 아니었어요.

from >> Las Vegas 2-6

on the q.t. 비밀로, 몰래

on the q.t.에서 q.t.는 quiet에서 q와 t만 따온 것입니다. 즉 on the quiet를 줄여 부르는 말로 조용히 남들 몰래 이루어지는 것을 말하죠. 무언가 비밀로 일을 처리할 때 쓰는 표현입니다.

Kerbis	And, um, it's all **on the q.t.**?
	그리고, 음, 이거 아무도 모르는 거죠?

Danny	It's our little secret.
	우리만의 비밀이에요.

from >> Las Vegas 1-3

out of the blue 뜬금없이, 난데없이

어떤 일이 너무 갑작스레, 난데없이 일어났을 때 out of the blue라는 표현을 써서
이야기합니다. Like a bolt out of the blue.라는 문장에서 나온 표현으로 파란 하늘에서
갑자기 벼락이 치듯이 갑작스럽고 뜬금없다는 것을 뜻하는 거죠.

Naomi	What?
	뭐라고?
Annie	Yeah, um, when we were saying good-bye. It came completely **out of the blue**.
	그게, 음, 우리가 인사하고 있을 때 그랬어. 정말 뜬금없이 그랬다니까.

from >> 90210 1-21

out of the loop ~에서 빠진, 끼지 못한

out of the loop은 loop(고리)에서 빠진, 즉 어딘가에서 빠진 느낌을 뜻하는 표현입니다.
주로 어떤 그룹이나 무리에 끼지 못할 때 쓰는 표현이죠. 반대로 말할 때는 in the loop라고
하며, 이 표현을 사용해서 날 끼어달라고 할 때 "Keep me in the loop."이라고 할 수
있습니다.

Britta	I feel a little **out of the loop** here.
	내가 여기서 빠진 듯 한 느낌이 드는데요.
Jeff	That feeling is called the joy of freedom.
	그걸 자유의 기쁨이라고 하는거예요.

from >> Community 1-3

Page Six 신문의 가십기사(면)

Page Six는 원래 New York Post 신문의 가십 면을 말하지만 이제 일반적인 가십 칼럼을 가리키는 말로 쓰이기도 합니다. 주로 할리우드 스타들의 사생활과 같은 가십거리가 실려 있는 페이지를 말하죠.

Sharlott	You're on **Page Six**.
	너 가십면에 실렸어.
Miranda	Oh my God!
	오, 정말!

from >> Sex and the City 2-1

pan out 어떤 결과가 되다, 어떻게 전개되다

pan out은 어떤 일의 결과가 어떻게 되다라는 뜻의 표현입니다. 주로 좋은 방향으로 전개되는 것을 뜻하여, 일이 성공하거나 상황이 좋아지는 것을 의미하기도 하죠.

Rufus	I spoke to your sister. My plan didn't exactly **pan out**.
	네 여동생이랑 얘기했다. 내 계획이 제대로 되진 않았어.
Dan	I heard. She called me.
	들었어요. 그녀가 전화했거든요.

from >> Gossip Girl 2-10

phased out 단계적으로 제거하다

〈길모어 걸즈〉를 보면 할아버지인 리차드가 자신이 회사에서 정리되고 있다며 화를 내는 장면이 나오는데요. 회사에서 그를 단계적으로 몰아내기 위해 그의 영역을 조금씩 좁히고 있었던 거죠. 이렇게 단계적으로 무언가를 폐지하거나 철수하는 것을 phased out이라고 합니다.

Richard	Emily, damn it. I am being **phased out**.
	에밀리, 젠장. 날 몰아내고 있는거라고.
Emily	You are not.
	그렇지 않아요.

from >> Gilmore Girls 2-6

pick up the tab 계산을 하다, 값을 내다

tab은 식당의 계산서를 말합니다. bill이라고 하기도 하죠. 보통 음식 값을 내려는 사람이 이 tab을 집어(pick up) 가므로 pick up the tab은 '값을 내다, 계산을 하다'란 뜻으로 쓰입니다.

Charlie	Pretty fancy price here.
	여기 꽤 비싼데.
Alan	Yeah, well, just so we're clear, I'm **picking up the tab** tonight.
	응, 뭐, 그냥 말해두는 건데, 오늘밤은 내가 살 거야.

from >> Two and a half men 3-10

pin hopes on ~에 희망을 걸다, 기대를 걸다, 신뢰하다

동사 pin 은 '고정하다'란 뜻을 가지고 있습니다. pin hopes on은 무언가에 희망을 고정시킨다란 의미로, 즉 무언가에 희망,기대, 신뢰 등을 단단히 고정시키듯 건다는 의미로 사용되는 표현이지요. 비슷한 의미를 가진 표현들로 count on / rely on / depend on 등도 같이 알아두세요.

(At a sperm donation clinic) 정자 기증 클리닉에서	
Leonard	Sheldon, this was your idea. A little extra money to get fractional T-1 bandwith in the apartment.
	쉘든, 이건 네 생각이었잖아. 우리 아파트에 T-1회선을 깔려면 돈이 더 필요하다고.
Sheldon	I know, and I do yearn for faster downloads. But there's some poor woman who's gonna **pin her hopes on** my sperm.
	나도 알아, 다운로드 속도가 빨라지길 나도 바라지. 하지만, 내 정자에 희망을 거는

불쌍한 여자가 생기잖아.

from >> The Big Bang Theory 1-1

pins and needles 저린 느낌, 찌릿한 느낌

pins and needles는 불편한 자세로 오래 앉아 있다가 일어날 경우 발이나 다리가 저리거나
찌릿한 느낌이 오는 것을 말합니다. 동사 have를 써서 have pins and needles라고
표현합니다. 또한 on과 함께 쓰여 on pins and needles가 되면 바늘방석 위에 앉은 것 같이
안절부절 못하는 상태를 말하기도 합니다.

Liz **Pins and needles**.

(발이) 저려요.

Floyd **Are you all right?**

당신 괜찮아요?

from >> 30 Rock 1-18

plastered 술에 만취한

plastered도 술에 취한 상태를 나타내는 표현 중 하나인데요. 술을 많이 마셔서 만취한 상태를
뜻합니다. 또한 술 뿐 아니라 약에 취한 상태를 말하기도 합니다.

Danny **You remember how many drinks she had?**

그녀가 얼마나 마셨는지 기억해?

Delinda **I didn't see how many drinks she had, but she was obviously
plastered.**

그녀가 얼마나 마셨는지는 모르겠지만, 완전 만땅 취했었어.

from >> Las Vegas 2-14

pluck a nerve 민감한 부분을 건드리다, 아픈 곳을 찌르다

pluck a nerve는 pluck 대신에 strike/touch/hit을 쓸 수 있으며, 모두 '아픈 곳을 찌르다,
신경을 거슬리게 하다' 등의 뜻으로 쓰입니다. 즉 상대방이 원하지 않는 부분에 대해서
이야기를 꺼내거나 하는 등의 행동을 하는 것을 말하죠.

Sheldon's mom	Did I **pluck a nerve** there?
	내가 민감한 부분을 건드렸니?
Howard	Oh, yeah.
	네, 그렇죠.

from >> The Big Bang Theory 1-4

pop the question 청혼하다

청혼은 주로 상대에게 알리지 않은 채로 깜짝 놀라게 하는 경우가 많은데요. 그래서 깜짝 질문을 탁 터트리는 것, 즉 pop the question이 '청혼하다'라는 뜻이 되었습니다.

Susan	She found the ring and the prenup in your briefcase. She thought you were gonna **pop the question** tonight.
	그녀가 당신 가방에서 반지랑 혼전 계약서를 찾았어. 그래서 당신이 오늘밤 청혼할 거라고 생각했던 거야.
Karl	Oh, no.
	오, 이런.

from >> Desperate Housewives 2-15

put a pin in something ~를 나중에 결정하다, 결정을 미루다

지금 해야 할 일을 나중에 하기 위해 종이에 써서 핀으로 꽂아놓는 경우를 생각해보면, put a pin in something이 이해가 쉽게 갈 겁니다. 이 표현은 무언가를 나중에 결정하기 위해 잠시 미뤄두는 것을 뜻합니다.

Harry	We'll **put a pin in it**.
	그건 나중에 결정하자.
Debbie	We will not put a pin in it. We'll put a price tag on it and sell it. It's junk , Harry.
	미뤄두지 않을 거야. 가격표를 붙여서 팔아버릴 거라고. 그건 쓰레기잖아, 해리.

from >> 90210 1-20

put in a good word for someone ~에 대해 좋게 말해주다, ~을 추천하다

put in a good word for someone은 말 그대로 누군가에 대해 좋은 말을 해주는 것을 뜻합니다. 그 사람에 대해 좋게 말하며 추천하는, 즉 약간의 입김을 불어넣는 것을 말하죠.

Alan   What are you doing here?
여기서 뭐하는 거야?

Charlie   Well, Mandi came over to **put in a good word for you**. And I figured I'd tag along for grins.
그게, 맨디가 너에 대해서 좋게 말해주러 온다기에. 나도 좀 웃어볼까 하고 따라왔지.

from >> Two and a half men 3-20

put one's foot down 단호하게 요구하다

put one's foot down은 어떤 것에 대해 단호한 태도를 취하는 것을 말합니다. 발을 바닥에 탁 내려놓으며 강한 자세를 취하는 것을 생각하면 쉽게 이해가 갈 겁니다.

Debbie   But they have to pay for their own gas, and their own insurance. I'm **putting my foot down** about that.
하지만, 아이들이 기름 값이랑 보험은 스스로 내야해요. 거기에 대해선 단호해요.

Tabitha   I am sorry, you know? I crossed the line.
미안하다, 있잖니, 내가 좀 지나쳤어.

from >> 90210 1-13

put one's foot in one's mouth 말실수를 하다, 큰 실수를 하다

발을 입에 넣는다면 정말 더럽겠죠? 그래서 put one's food in one's mouth는 발을 입에 넣는 정도로 더러울 만큼의 큰 실수를 하는 것을 뜻합니다. 주로 말실수를 의미하죠.

Jenny   And if that's how you feel, then why are you even going?
오빠가 그렇게 느끼는 거면, 거기에 뭐 하러 가?

Dan I'm not going and neither is Serena, actually. I'm just going to meet her grandmother to make a good impression, and, uh, take off before I **put my foot in my mouth**, like I usually do.

나 안 가, 세레나도 안 갈 거고. 난 그냥 그녀의 할머니를 만나서 좋은 인상을 주려고 하는 거야. 그리고 평소 때처럼 말실수를 하기 전에 떠날 거야.

from >> Gossip Girl 1-10

put someone on a pedestal ~를 존경하다, 숭배하다, 받들어 모시다

존경받는 인물의 동상을 받침대(pedestal)에 올려놓듯, put someone on a pedestal은 누군가를 이상화시켜 그의 결점을 보지 못할 정도로 존경하거나 숭배하는 것을 말합니다.

Serena Dan **puts me on a pedestal**. If he knew the truth, he would never look at me again.

댄은 날 대단하다고 생각한다고. 그가 만약 사실을 알게 되면, 날 다시는 안 볼 거야.

Chuck You're starting to scare even me. What did you do?

너 지금 나마저도 겁나게 하고 있어. 무슨 일을 저지른 거야?

from >> Gossip Girl 1-17

put up with 참고 쌓아두다, 견디다

put up with는 말 그대로 쌓아두는 것을 의미합니다. 불평, 불만을 하지 않고, 힘들고 짜증나는 모든 것들을 참으며 가슴 속에 쌓아두는 거죠.

Liz Wow, he's a little bit of a stress eater, huh?

와우, 그는 스트레스 받으면 먹는구나, 그렇지?

Jonathan He **puts up with** so much.

그는 많은 걸 참고 견딘다고요.

from >> 30 Rock 1-9

quack 돌팔이 의사, 사기꾼

quack은 사기꾼이나 돌팔이 의사를 뜻하는 고어인 quacksalver에서 온 단어로 요즘은 quack 또는 quack doctor라고 부르며, quack은 형용사로도 쓰여 '돌팔이의, 가짜의'라는 뜻으로도 사용됩니다.

Woman	He said I have anger issues.
	그가 나보고 분노 문제가 있대요.
Charlie	The **quack**.
	돌팔이네요.

from >> *Two and a half men 1-15*

rain on one's parade ~의 하루를 엉망으로 만들다, 분위기를 망치다, 초치다

퍼레이드를 하는데 비가 온다면 모든 게 다 망쳐지겠죠? 그래서 rain on one's parade는 누군가의 퍼레이드에 비를 뿌리는 것만큼이나 분위기를 망치거나 초치는 것을 뜻합니다.

Tom	Wow, I don't wanna **rain on your parade**, but he just totally manipulated you.
	와, 당신 기분을 더 망치고 싶은 건 아닌데, 쟤가 당신을 교묘히 다룰 줄 아네.
Lynette	Well, hey, when a kid's that good, you gotta give him his due.
	음, 애가 그렇게 뛰어나다면, 그건 인정해줘야지.

from >> *Desperate Housewives 2-3*

rep 대표

rep은 representative를 줄여 부르는 말로 어떤 집단의 대표자나 대변인을 뜻합니다. 모든 것을 줄여 말하기 좋아하는 네이티브들의 특성상 간단하게 짧은 단어로 만들어버린 거죠.

Nate	Who the hell is J. L. Hall?
	도대체 J. L. Hall이 누구야?
Dan	He's the Ivy **rep**.
	아이비 대표야.

from >> Gossip Girl 1-3

ride out 어려움을 극복하다, 이겨내다

ride out은 어려운 상황을 극복하고 잘 넘기는 것을 뜻하는 표현입니다. 원래는 배가 폭풍을 이겨내는 것을 뜻했지만 이제는 그 의미가 넓어져 전반적인 상황에서 모두 쓰입니다.

Serena	What about Paris and Roman?
	파리랑 로망은 어쩌고?
Blair	Roman is a phase. My father belongs here with me. He only left New York to **ride out** the scandal.
	로망은 한 때야. 우리 아빠는 여기에 나와 함께 있어야 해. 그는 단지 스캔들을 이겨내려고 뉴욕을 떠났던 거야.

from >> Gossip Girl 1-11

rocky patch 힘든 시간, 둘 사이가 좋지 않은 상황

rocky patch는 '돌투성이 길'이란 말로 비유적으로 이성과의 관계에서 사이가 안 좋은 때를 말합니다. 길에 바위가 많으면 걸어가기 힘든 것처럼 두 사람의 사이에도 바위 같은 장애물이 있어 서로 의견 충돌이나 싸움이 잦은 상태를 말하죠. 다른 말로는 rough patch라고 하기도 합니다.

Ethan	I have a girlfriend. And yes, we're going through a **rocky patch**, but, we're trying to work it out.

나 여자 친구 있어. 물론 요즘 사이가 좋진 않지만, 문제를 해결하려고 노력중이야.

Rhonda   Great, well, I'm thrilled for you both.

잘됐네, 음, 나도 두 사람에 대해 기뻐.

from >> 90210 1-17

rub someone's nose in it 좋지 않은 과거 또는 실수를 들추어내다, 괴롭히다

rub someone's nose in it은 누군가의 불행했던 과거나 안 좋았던 일들을 자꾸 끄집어내어 그 사람을 괴롭히는 것을 뜻하는 표현입니다. 또는 상대방이 잘못했던 일이나 실패한 것들을 자꾸 얘기해 기억나게 하는 것을 말하죠.

Rogers   Coming to **rub my nose in it**? Falling for your line of bull...

또 날 괴롭히려고 왔나? 네 말도 안되는 말에 내가 넘어가다니...

Chuck   Talked to Vanessa already?

바네사랑 벌써 얘기했나요?

from >> Gossip Girl 2-7

run in the family 유전이다

run in the family는 무언가가 유전인 것을 뜻하는 표현입니다. 어떤 것이 가족의 피에서 흐르는, 즉 계속 전해지는 것을 말하죠.

Samantha   Good looks **run in the family**.

잘생긴 외모가 유전인가봐요.

Wesley   Can I get you ladies a drink?

숙녀 분들 마실 것 좀 갖다드릴까요?

from >> Sex and the City 2-15

run over 차로 치다

run over는 위로 지나간다는 말이니까 누군가를 차로 친다는 표현입니다. 또한 어떤 것이

넘치거나 초과하다고 말할 때도 쓰일 수 있습니다.

> **Sheldon** You could've offered me a ride home.
> 날 태워줄 수도 있었잖아.
>
> **Leonard** You're lucky I didn't **run you over**.
> 내가 널 치지 않은 것만도 다행으로 생각해.

from >> The Big Bang Theory 1-9

screen 전화를 골라 받다

screen은 '가리다, 차단하다'라는 뜻을 가지고 있는데요. 그래서 요즘은 전화를 골라받다라는 뜻으로도 쓰입니다. 전화에 번호가 뜨는 것을 보고 받을지 안 받을지를 결정하는 것을 말하죠.

> **Carrie** Sweetie, you can put me on there.
> (응급 연락처에) 내 이름 적으면 되잖아.
>
> **Miranda** I can't! You **screen**!
> 안돼! 넌 전화를 골라받잖아!

from >> Sex and the City 2-5

sell someone out ~를 팔다, 배반하다

누군가를 배신할 때 우리는 그 사람을 팔았다고 표현하는데요. 영어에서도 이와 마찬가지로 sell out이라고 말합니다. 그 사람에게 해를 입힐 수 있을만한 정보를 넘기는 등의 행동으로 배반하는 것을 뜻합니다.

> **Shirley** Jeff, wait! I'm sorry I **sold you out**.

제프, 잠깐만! 널 팔아서 미안해.

Jeff Britta is never gonna forgive me. I can't believe I showed you that poem.

브리타가 이제 절대 날 용서 안할거라고요. 내가 당신한테 그 시를 보여줬다니 믿을 수가 없어요.

from >> Community 1-4

shape up (일이) 되어가다, 전개되다. 뜻하는 대로 되다

shape up은 모양이 잡혀나가는 것처럼, 일이 어떤 방향으로 전개되는 것을 의미하는 표현입니다. 주로 좋은 방향으로 되어가는 것을 뜻하죠. 또한 이와는 달리 '몸매를 가꾸다'라는 뜻으로도 쓰일 수 있습니다.

Cole So, how's the wedding **shaping up**?

그래, 결혼식은 어떻게 잘 되어가고 있어?

Liza Horribly. It's like no one here has ever planned a wedding before. Where's Christina? She'll know what to do.

끔찍해. 여기 아무도 결혼식 준비를 안 해본 사람들 같아. 크리스티나는 어디있는거야? 그녀는 뭘 해야 할지 알 텐데.

from >> Las Vegas 1-21

shrink 정신과 의사

shrink는 정신과 의사, 즉 psychiatrist를 부르는 슬랭으로 실제 회화에서 psychiatrist 보다 훨씬 더 많이 쓰입니다. 또한 다른 말로는 head doctor라고 하기도 하죠.

Alan Charlie, she needs us.

찰리, 그녀는 우리가 필요해.

Charlie She doesn't need us. She needs a lawyer and probably a new **shrink**.

그녀는 우리가 필요한 게 아냐. 변호사랑, 새 정신과 의사가 필요한 거지.

from >> Two and a half men 1-16

silver lining 긍정적인 면, 좋은 쪽

검은 구름만 있는 하늘에서 환한 부분을 보면 기분이 좋아지겠죠? 이렇게 검은 구름 속에 있는 은빛 언저리처럼 밝고 긍정적인 면을 silver lining이라고 합니다.

Naomi	But I guess, **silver lining**, it looks like we'll be able to spend some time together
	하지만, 좋은 쪽을 보자면, 우리가 함께 시간을 보낼 수 있게 된 것 같아.
Liam	Yeah, maybe.
	그래, 그런 것 같다.

from >> 90210 1-19

skeleton in one's closet 집안의 비밀, 수치

옷장에 숨겨둔 해골처럼 각 집안이 가지고 있는 비밀이나 수치스러운 부분을 skeleton in one's closet이라고 표현합니다.

Gabrielle	You guys check out Mary Alice's clothes? Size 8? Ha. She always told me she was a size 6. Guess we found the **skeleton in her closet**.
	너희들 메리 앨리스 옷 봤어? 사이즈 8이래? 하. 나한텐 항상 사이즈 6라고 하더니. 우리가 그녀의 비밀을 알아낸 것 같은데.
Narrator(Mary)	Not quite, Gabrielle, not quite.
	아니야, 가브리엘, 그 정도는 비밀도 아니지.

from >> Desperate Housewives 1-1

slap on the wrist 가벼운 질책, 비난, 경고, 가볍게 꾸짖다

slap on the wrist는 손목을 살짝 때리는 것과 같이 강도가 약한 벌이나 경고 또는 그러한 질책을 하다라는 뜻의 표현입니다. 죄에 비해 벌이 약할 때 쓸 수 있는 표현이죠. 우리말의 '솜방망이 처벌'과 비슷하다고 보면 됩니다.

Stu	So would Nina get in trouble?
	근데 니나가 곤란해지지 않을까요?
Lynette	Well, I'm not gonna lie to you. There is a possibility she'd get a... **slap on the wrist**.
	그게, 너한테 거짓말하진 않을게. 그녀가... 가벼운 질책을 받을 가능성은 있어.

from >> *Desperate Housewives 2-9*

snap 화를 폭발시키다, 자제력을 잃고 덤벼들다

snap은 '(문 등이) 탁 닫히다'는 말로 뭔가 탁 부러지는 것처럼 감정이 폭발하는 것을
말합니다. 자제력을 잃고 상대방에게 덤벼들 듯이 화를 내거나 공격적인 태도를 취하는 것을
뜻하죠. 우리말에 '꼭지 돌다'와 비슷하다고 보면 됩니다. snap 뒤에 on을 써서 화내는
상대방을 넣어 말할 수 있습니다.

Wesley	What did you say?
	너 뭐라고 한 거야?
Charlotte	She was in my kitchen, she was wearing your shirt, I **snapped**.
	그녀가 내 부엌에 있었잖아. 오빠 셔츠를 입고, 내가 꼭지가 돌았어.

from >> *Sex and the City 2-15*

snap at someone ~에게 땍땍대다

사람에게 snap한다는 것은 퉁명스럽게 이야기하는 것을 뜻합니다. 상대에게 톡 쏘아대거나
화난 목소리로 땍땍대는 것을 말하죠.

Lorelai	How are you doing?
	괜찮아?
Rory	I'm sorry I **snapped at** Grandma.
	할머니한테 땍땍대서 죄송해요.

from >> *Gilmore Girls 1-6*

snap out of ~에서 벗어나다, 기운을 차리다

snap out of는 어떤 상황이나 일에서 벗어나는 것을 의미합니다. 안 좋은 상황이나 좋지 않은 기분에서 벗어나 기운을 차리는 것을 뜻하는 표현이죠.

Silver	Hey, Ade just texted me. She's coming to the party.
	야, 에이드가 방금 문자 보냈는데, 파티에 온대.
Naomi	Oh, good. Maybe she's starting to **snap out of** it.
	오, 다행이다. 마침내 좀 기운을 차리나보다.

from >> 90210 2-8

sneak out 몰래 빠져나가다

어떤 장소에서 남들 몰래 빠져나가는 것을 sneak out이라고 합니다. 반대로 어딘가로 슬쩍 들어가는 것은 sneak into라고 하면 되죠.

Sheldon	Is there some problem?
	무슨 문제 있어?
Leonard	Listen, I have to kinda **sneak out** for a while.
	있잖아, 나 잠깐 몰래 빠져나가야 해.

from >> The Big Bang Theory 2-8

S.O.B 나쁜 새끼, 죽일 놈, 개자식

S.O.B는 Son of bitch의 줄임말로 나쁜 새끼, 죽일 놈, 개자식 등의 심한 욕을 뜻하므로 정말 화가 나지 않는 이상 쓰지 않는 게 좋습니다. Son of btich보다는 S.O.B가 어감상 욕이란 느낌이 덜 나므로 남자들보다는 주로 여자들이 많이 사용합니다.

Machine	Hey, it's Charlie. Do your thing when you hear the beep.
	안녕하세요, 찰리예요. 삐 소리가 나면 해야 할 말을 하세요.
Rose	(On the machine) Listen, you lousy **S.O.B**. I will not be treated like this.
	(응답기계에) 잘 들어, 이 비열한 개자식아, 난 이런 식으로 대접받지 않을 거야.

from >> Two and a half men 1-1

speaking of which 말이 나와서 말인데

대화를 하다가 그 말과 관련된 다른 화제를 꺼낼 때 speaking of which를 사용합니다. 말이 나온 김에 그 얘기도 같이 하겠다는 것을 나타내는 거죠.

Richard **Speaking of which**, Christopher called yesterday.

말이 나와서 말인데, 크리스토퍼가 어제 전화했었다.

Lorelai Speaking of which? How is that a speaking of which?

말이 나와서라고요? 그게 어떻게 말이 나와서예요?

from >> Gilmore Girls 1-1

speak of the devil 호랑이도 제 말하면 온다더니

호랑이도 제 말하면 온다는 말이 있는데요. 미국에서는 이를 악마가 온다고 표현하네요. 그래서 speak of the devil은 누군가에 대해 이야기하고 있을 때 그 사람이 나타나는 것을 뜻합니다.

Jack (Cell phone is ringing) **Speak of the devil**.

(전화벨이 울린다) 호랑이도 제 말하면 온다더니.

Liz Take a breath. Be nice.

심호흡을 한번 하고요. 친절하게 굴어요.

from >> 30 Rock 1-9

spend a fortune 거금을 쓰다

fortune은 우리가 흔히 아는 '행운'이란 뜻 외에도 재산이나 부를 뜻하기도 합니다. 그래서 spend a fortune은 어떤 것에 대해 거액을 쓰는 것을 의미하는 표현입니다.

Jake What do I get?

전 뭘 얻는데요?

Essential Expressions A to Z

Alan	What do you mean what you get? I **spent a fortune** on you today.
	넌 뭘 얻냐니 그게 무슨 말이야? 내가 오늘 너한테 얼마를 썼는데.

from >> Two and a half men 2-23

split up 헤어지다, 이혼하다

split은 '쪼개다, 분열시키다'라는 뜻을 가진 동사입니다. 사람에게 쓰일 때도 마찬가지로 부부가 split up한다는 것은 서로 쪼개지는 것이기 때문에 '헤어지다, 이혼하다'란 뜻이 됩니다.

Jake	My mom and dad are **splitting up**.
	우리 엄마랑 아빠가 이혼하는 거죠.
Charlie	Yea, it looks that way.
	응, 그런 것 같구나.

from >> Two and a half men 1-1

sponge off somebody ~에게 빌붙다

어떤 사람에게 sponge off한다는 것은 그 사람에게 빌붙어서 계속 얻어먹거나 신세를 지는 것을 뜻하는데요. 스펀지처럼 그를 쭉쭉 빨아들인다고 생각하면 되죠.

Charlie	But wait, there's a difference. This time, you can get your own place instead of **sponging off** me, cause you have money now, right?
	근데 잠깐, 다른 점이 있네. 이번에는, 나한테 빌붙는 대신 너도 니 집을 구할 수 있잖아. 이번엔 너도 돈이 있으니까, 그렇지?
Alan	Uh, well..
	어, 그게...

from >> Two and a half men 4-1

spoon 껴안다, 안아주다

spoon은 슬랭으로 껴안는 것을 뜻합니다. 스푼이 포개져있는 것처럼 주로 뒤에서 안아주는 것을 말하죠. 비슷한 표현으로 껴안는 것을 뜻하는 단어로는 cuddle이 있습니다.

Jeff	I'm not gonna **spoon** you again. 다시는 당신 끌어안지 않을게요.
Rich	I appreciate that. 그래주면 고맙겠어요.

from >> Community 1-19

square 공평한, 동점인, 서로 빚진 게 없는

square는 정사각형이라는 뜻 외에도 '무언가와 수평을 이루는' 이란 뜻으로도 사용됩니다. 이렇게 수평을 이루니 서로 공평하다는 뜻이 되기도 하며, 돈과 관련해서는 서로 빚진 게 없다는 뜻이 되기도 하죠. 돈 뿐 아니라 입장이나 상황이 같아지다라는 뜻으로도 쓰일 수 있습니다.

Serena	So we good now? Are we **square**? 그러니까 우리 이제 괜찮은 거지? 공평해진거야?
Blair	No, because nothing I do will ever be as bad as what you did to me. 아니, 내가 뭘 하든 니가 나한테 한 짓만큼 나쁠 수는 없어.

from >> Gossip Girl 1-3

stake out 감시하다

stake out은 누군가를 감시하는 것을 말합니다. 주로 용의자를 감시할 때 쓰이죠. 또한 한 단어로 stakeout이라 하여 '감시하는 사람, 잠복근무'를 뜻하기도 합니다.

Danny	I hate to admit this, but I think I should watch him. As a matter of fact, I was thinking about **staking him out**.

인정하긴 싫지만, 그를 지켜봐야할 것 같아요. 실은, 제가 그를 감시하려고요.

Ed Wow, really, huh? What do you know about staking out people?

와, 정말, 그래? 자네 사람들을 감시하는 거에 대해 뭘 알고는 있나?

from >> Las Vegas 1-15

step out on someone ~를 배반하다

step out on은 누군가를 배반하는 것을 뜻하는 표현인데요. 주로 남편과 아내 사이에서 부정을 저지르는 것을 의미합니다. 즉 여기서 배반이란 바람을 피우는 것을 뜻하죠.

Carlos So what's been going on with her? Have you found anything out yet?

그래서 그녀는 어떤 거 같아요? 뭔가 알아냈어요?

Carlos' mom Actually, Carlos, the more I watch her, the more I think she's probably not **stepping out on you**.

실은, 얘야, 내가 그녀를 지켜볼수록, 그녀가 널 배신할 것 같진 않다는 생각이 들더구나.

from >> Desperate Housewives 1-6

stickler for something ~에 까다로운 사람, 엄격한 사람

stickler는 무언가에 엄격하고 꼼꼼한 사람을 뜻하는 단어입니다. for와 함께 쓰여 무엇에 대해 엄격한지 그 대상을 넣을 수 있죠. 예를 들어, 규율에 엄격한 사람이라면 stickler for disciplines라고 할 수 있겠죠.

Mrs. Burdiness I know from your records. You're a **stickler for punctuality**.

너에 관한 자료를 읽어서 알고 있어. 넌 시간에 엄격하더구나.

Rory I am a stickler, yes. I only slipped one time last year.

맞아요, 전 좀 엄격한 편이예요. 작년에 단 한번만 지각했어요.

from >> Gilmore Girls 2-7

still on for (약속이) 유효한

이미 한 약속에 대해서 다시 한번 확인할 때 쓰는 표현이 still on for입니다. 주로 미드나 영화를 보면 데이트 약속을 정해놓고 상대의 마음이 바뀌지 않았는지 확인하는 뜻으로 자주 쓰고는 하죠.

Steven	I just swung by to see if we were **still on for** tonight.
	난 그냥 우리 오늘 밤 약속이 아직 유효한가 해서 들려봤어요.
Liz	Oh, yeah, of course.
	오, 그럼요, 물론이죠.

from >> 30 Rock 1-16

strong-arm ~에게 폭력을 쓰다, 완력을 쓰다

누군가를 무력으로 협박할 때 쓸 수 있는 표현이 strong-arm입니다. 보통 협박하는 것을 생각해 보면, 덩치 큰 사람이 팔을 두르며 자신이 힘세다는 것을 보여주는데요. 이와 마찬가지로 강한 팔을 두르며 힘을 쓰는 것이라고 보면 되죠.

Arnie	You think you're gonna **strong-arm** me, kid?
	지금 나한테 완력을 쓸 참인가, 꼬마야?
Danny	This is Vegas.
	여긴 베가스잖아요.

from >> Las Vegas 2-3

sugar-coat 듣기 좋게 꾸며 말하다

우리말에 '사탕발림을 하다'란 말과 같은 표현이 바로 sugar-coat입니다. 말 그대로 설탕으로 덮어씌운 것처럼 듣기 좋게 꾸며 말하는 것을 말하죠.

Susan	Can't you **sugar-coat** it a little?
	좀 듣기 좋게 말할 순 없니?
Edie	I did. He had his hand down her shirt.
	좋게 말한 거야. 그의 손이 그녀의 셔츠 속에 들어가 있었다고.

from >> Desperate Housewives 2-14

sweep under a rug 비밀로 부치다, 덮어 두다

sweep under a rug는 말 그대로 양탄자 밑으로 쓸어버리는 겁니다. 뭔가를 비밀로 하거나 덮어두고 싶을 때 그냥 양탄자 아래로 숨기는 거죠.

Debbie   Did you talk about it? Does she know you're upset?
그거에 대해서 얘기해봤니? 네가 화난 걸 그녀도 알아?

Dixon   We kind of decided not to talk about it. You know, just **sweep it under a rug**.
실은 우린 그 일에 대해선 말 안하기로 했어요. 그게, 그냥 덮어두기로 한 거죠.

from >> 90210 1-14

take a leak 소변을 보다, 오줌 싸다

take a leak은 '오줌누다'라는 뜻의 슬랭으로, 비슷한 표현으로는 piss나 whiz가 있습니다. 또한 앞서 나온 do a number one이라고 말할 수도 있죠.

Carrie   Where's he now?
그는 어디에 있어?

Sharlotte   He's **taking a leak** out in the alley, isn't that cute?
그는 지금 골목에서 오줌 싸고 있어. 귀엽지 않니?

from >> Sex and the City 2-10

take it personally 기분 나쁘게 받아들이다

기분이 상할만한 상황이지만 개인적으로 감정이 있어서 그런 건 아니니 기분 나빠하지 말라고 할 때 "Don't take it personally."란 말을 자주 사용합니다. 개인적인 일로 받아들이지 말라는 것이죠.

Penny	Still not talking to me, huh?
	그는 아직도 나랑 말을 안하네요, 그렇죠?
Sheldon	Don't **take it personally**, it's his pathology. He can't talk to women.
	기분 나쁘게 받아들이지 마, 그건 그의 병이니까. 그는 여자랑은 말을 못해.

from >> The Big Bang Theory 1-2

taken 임자가 있는

taken은 누군가가 이미 take 하고 있다, 즉 가지고 있다는 뜻으로 슬랭으로 임자가 있다는 의미로 사용이 됩니다. 누군가와 사귀고 있거나 결혼을 했을 경우 쓸 수 있는 표현이죠.

Liz	But he's **taken**, so I'm gonna go out with this guy Steven that I met at the after party.
	하지만, 그는 이미 임자가 있어, 그러니까 난 뒤풀이에서 만난 이 남자 스티븐하고 데이트할 거야.
Jenna	Oh, that cute black guy?
	오, 그 귀여운 흑인 말이야?

from >> 30 Rock 1-16

take one for the team 친구나 동료를 위해 총대를 메다, 희생하다

take one for the team은 친구나 동료를 위해서 어려운 일을 맡는 것을 말합니다. 우리말의 '총대를 메다'와 비슷한 표현이라고 볼 수 있죠. 팀을 위해서 자신이 희생하여 내키지 않는 일을 하는 것을 뜻합니다.

Ed	Come on, Lynette. **Take one for the team**.
	제발, 르넷. 팀을 위해서 희생하라고.
Lynette	Okay. But for the record, the team is made up of wimps.
	알았어요. 하지만, 말해두겠는데, 이 팀은 겁쟁이들만 있어요.

from >> Desperate Housewives 2-17

take one's side ~의 편을 들다

누군가의 편을 든다고 말할 때 take one's side라는 표현을 사용합니다. 같은 뜻으로 take side with라고 말할 수도 있으며, take 대신 be동사와 on을 써서 "I'm on your side."와 같이 말할 수도 있죠.

Liz	I'm not firing Josh.
	난 조시를 해고하지 않을 거야.
Tracy	You always **take his side**.
	당신은 항상 그의 편을 들어요.

from >> 30 Rock 1-9

take the bullet 총대를 메다

take the bullet은 다른 사람을 위해 총알을 대신 받는 것을 뜻합니다. 'take one for the team'과 마찬가지로 '총대를 메다'란 뜻이죠. 무언가 안 좋은 일이 생겼을 때 모든 사람을 대신해서 그 일을 혼자 짊어지게 될 때 쓰는 표현입니다.

Liz	Well, it better not be about that quote because I am not **taking the bullet** for this!
	그래, 그게 그 말 때문은 아니어야 할 거야. 왜냐면 난 이것 때문에 총대 메진 않을 거거든.
Frank	This is bad. Like, lose you job bad.
	상황이 안 좋아. 잘리느냐 마느냐 정도로 말이야.

from >> 30 Rock 2-11

take the fall for ~을 대신해 책임을 지다

take the fall for는 누군가를 대신해서 자신이 책임을 지는 것을 뜻하는 표현입니다.
누군가를 위해 대신 떨어진다고 생각하면 쉽게 기억할 수 있을 거예요.

Navid   Wait, so you're saying that you **took the fall for** your roommate?
잠깐, 그러니까 니가 니 룸메이트를 대신해서 책임을 졌다는거야?

Teddy   I wanted to come home anyway.
어쨌든 난 집에 오고 싶었어.

from >> 90210 2-3

take the rap 남의 잘못을 대신하여 벌(비난)을 받다

take the rap은 남이 잘못한 것에 대해 벌이나 비난을 대신 받는 것을 뜻하는 표현입니다.
rap이 '범죄 혐의'를 뜻하기 때문에 혐의를 뒤집어쓰고 대신 벌 받던 것에서 생겨난 표현인데,
요즘은 범죄 뿐 아니라 넓은 의미로 사용이 됩니다.

Annie   You can't just let her **take the rap** for you.
넌 그녀가 니 대신 벌을 받게 두면 안 돼.

Adriana   What do you care about Naomi?
네가 나오미를 왜 걱정해?

from >> 90210 1-7

talk down to somebody ~를 무시하는 태도로 말하다

누군가에게 말을 하는데 down하게 말한다는 것은 말 그대로 내려다보며 말한다는 것입니다.
즉 상대를 깔보거나 무시하는 태도로 말을 하는 것을 의미하죠. to 뒤에 얕보는 상대를 넣어
문장을 만들면 됩니다.

Alan   Do you think you might want to call your guy?
그 사람한테 전화해봐야 한다고 생각 안 해?

Essential Expressions A to Z

Charlie	Don't **talk down to me**, Alan, I'm not stupid. That's the first call I made.
	나를 깔보는 투로 말하지 마, 앨런. 나 멍청하지 않다고. 가장 먼저 전화했었지.

from >> Two and a half men 1-13

tapped out 돈이 없는, 돈이 바닥난

tap은 물이나 수액을 얻기 위해 사용되는 꼭지 같은 것을 말하는데요. 이게 없다는 것은 더 이상 흐를 게 없다는 것을 의미합니다. 이것이 돈에 쓰여 흐를 돈, 즉 쓸 돈이 없다는 것을 의미하게 되었죠.

Kandi	Anyway, now they're going to get their own place, and I don't know how I'm going to pay the rent by myself.
	어쨌든, 걔들이 이제 자기네 집을 얻는다고 해서, 난 혼자 어떻게 렌트비를 내야할지 모르겠어.
Alan	Huh. Oh, God, kandi, I can't, I can't. I'm all **tapped out**. All I have left to put on eBay is a kidney or a lung.
	그래. 오, 이런, 캔디, 난 못해. 난 이제 돈 못 내줘. 나 완전 거덜 났어. 이제 이베이에 내놓을 수 있는 거라고는 신장이나 폐밖에 없어.

from >> Two and a half men 3-18

tell on someone 이르다, 고자질 하다

tell on someone은 누군가의 비밀이나 알리고 싶지 않은 사실을 다른 사람들에게 말하는 것을 말합니다. 이르거나 고자질 한다고 할 수 있죠.

Alan	You **told on me**.
	형이 말했구나.
Charlie	Hey, you wouldn't listen to reason, so now, you gonna listen to mom.
	야, 넌 내 말은 들으려고도 안하잖아, 그러니까 이제 엄마가 하는 말을 들어야할걸.

from >> Two and a half men 3-3

throw someone a bone ~의 환심을 사려고 하다,
~의 기분을 맞추려고 하다

개에게 뼈를 주며 보상을 해주는 것처럼, 누군가에게 뼈를 던져준다는 것은 그 사람에게 칭찬을 해주거나 작은 선물을 주는 등으로 기분을 맞추려고 하거나 환심을 사려고 하는 것을 말합니다.

> **Britta**   I was just trying to **throw you a bone** because I like you.
> 전 그냥 당신이 좋으니까 기분을 맞추려고 했던 것 뿐이예요.
>
> **Shirley**   Oh, you can keep that bone.
> 오, 기분 맞춰 줄 필요 없어.

from >> Community 1-6

tick someone off ~를 화나게 하다, 열 받게 하다

tick someone off는 누군가를 화나게 하거나 열 받게 하는 것을 뜻하는 표현입니다. piss someone off와 같은 뜻이며, 수동태로 ticked off 또는 pissed off라고 하면 화가났다는 뜻이 됩니다.

> **Charlie**   No problem.
> 문제없어.
>
> **Alan**   No, no, it is a problem, Charlie. I'm trying desperately to reconcile with my wife so I don't want to do anything that's gonna **tick her off**.
> 아냐, 아냐, 문제가 있어, 찰리. 난 정말 간절히 내 아내랑 화해하고 싶단 말이야, 그러니까, 그녀를 화나게 하는 일은 어떤 것도 하고 싶지 않아.

from >> Two and a half men 1-4

tied up 매우 바쁜, 얽매인

뭔가에 tied up 되어 있다는 것은 묶여 있다, 즉 얽매여 있다는 뜻입니다. 어떤 일에 얽매여 있으니 아무것도 할 수 없을 정도로 매우 바쁘다는 의미죠.

Charlie Look, Connie, I'm kind of **tied up** tonight, you know, with my nephew. But why not write your number on the bill?

있잖아요, 코니, 오늘 밤은 제가 좀 바빠요, 아시다시피 제 조카 때문에. 하지만 계산서에 전화번호를 적어 주는 게 어때요?

Connie Already did.

이미 적었어요.

from >> Two and a half men 3-22

tip-off 귀띔, 비밀정보, 힌트

tip-off는 몰래 알려주는 비밀 정보나 귀띔을 뜻하는 단어입니다. 동사로 쓰여 'He tipped me off.'라고 하면 '그가 나에게 비밀정보를 알려줬어.'라는 뜻이 됩니다.

Chuck Are you following us or something?

너 우릴 따라오는 거야, 뭐야?

Dan No, I go to your school. Identical uniforms? Is that kind of a **tip-off**?

아니, 나도 같은 학교 다녀. 교복이 같잖아? 그걸 보고도 모르겠니?

from >> Gossip Girl 1-1

toast to ~을 위해서 건배하다

미국인들도 우리와 마찬가지로 건배를 할 때가 있는데요. 그럴 때는 taost란 동사를 써서 건배를 제의합니다. 이 때 '~을 위해' 건배하는 것이지만 전치사 for가 아닌 to가 온다는 것 기억해두세요.

Charlotte I'm not **toasting to** that. It's bad luck. If I end up old and alone, it's all your fault.

난 그걸 위해서 건배하지 않을 거야. 그건 좋지 않잖아. 내가 홀로 늙게 되면, 다 너희들 책임이야.

Samantha Oh, Charlotte, sweety, we're all alone, even when we're with men.

오, 샬롯, 우린 결국 모두 혼자야, 남자와 있을 때도 말이지.

from >> Sex and the City 2-4

toss and turn 뒤척이다

계속 이리저리 돌아 누웠다를 반복하며 뒤척이는 것을 영어로는 toss and turn이라고
표현합니다. 주로 밤에 잠을 못 자고 뒤척일 때 쓰는 표현이죠.

Delinda   Looks like Grant was **tossing and turning** all night, too.
그랜트도 밤새 뒤척였나 보네.

Mary   Come on, come on.
이리와, 가자.

from >> Las Vegas 2-20

Trekkie 스타트랙의 열성 팬

Trekkie는 스타트랙에 열광하는 팬을 뜻하는 말입니다. 그냥 좋아하는 정도를 넘어 관련
상품들을 모두 가지고 있거나 그들의 의상을 따라 입기도 하는 등의 행동을 하는 사람들을
말하며, Trekker라고 불리기도 합니다.

Rory   You were a **Trekkie**?
아저씨가 스타트랙의 팬이었어요?

Luke   I was not a Trekkie.
난 스타트랙 팬 아니었어.

from >> Gilmore Girls 2-8

two out of three 삼세판

가위바위보나 게임을 해서 지게 되면 보통 삼세판을 하자며 조르게 되죠. 이 삼세판이라는
것은 세 번 경기를 해서 두 번 이겨야 진짜 이기게 되는 것을 말하는데요. 그래서 영어로는
two out of three라고 표현합니다.

Mr. Big	Look at that. I won.
	이것 봐, 내가 이겼어.
Carrie	Okay, **two out of three**.
	알았어, 그럼 삼세판으로 하자.

from >> Sex and the City 2-5

two-time 바람을 피우다, 속이다

two-time은 애인이나 배우자를 두고 바람을 피우는 것을 말합니다. 말 그대로 두 사람을 오가며 속이는 거죠. 우리말의 '양다리 걸치다'와 비슷하다고 보면 됩니다.

Nurse	Okay. As long as you're not **two-timing** him. He feels so strongly about you.
	괜찮아요. 당신이 바람을 피우지 않는 이상. 그는 당신을 정말 좋아하거든요.
Susan	I know. I read the card.
	나도 알아요. 나도 카드 읽었잖아요.

from >> Desperate Housewives 2-16

U

under the weather 몸이 안 좋은

under the weather는 몸 상태가 안 좋은 것을 뜻합니다. 우리도 왠지 날씨가 흐리면 몸이 찌뿌둥하다고 말하곤 하는데요. 이와 마찬가지로 영어에서도 날씨와 관련해 몸 상태를 표현하곤 합니다.

Gabrielle	Carlos! What's going on?
	칼로스! 뭐하는 거야?

Carlos	Xiao-Mei is feeling **under the weather**, so I took up the vacuuming. 자오메이가 몸이 안 좋아서, 내가 청소기 돌리고 있어.

from >> Desperate Housewives 2-22

unwind 긴장을 풀다

unwind는 감긴 것을 푸는 것 뿐 아니라 긴장을 푸는 것을 뜻하기도 합니다. 몸에 감겨 있는 스트레스나 불안한 마음들을 풀어나간다고 보면 되죠.

Jeff	A doctor? 의사라고요?
Rich	I just take pottery to **unwind**. 난 그냥 긴장을 풀기 위해서 도예수업을 듣는거예요.

from >> Community 1-19

up front 솔직하게, 정직하게, 솔직한

up front하다는 것은 무언가를 숨기지 않고 솔직하게 드러내는 것을 말합니다. 앞에 나와 서서 다 보여주는 것이라고 생각하면 되죠. up front는 형용사와 부사로 둘 다 사용됩니다.

Annie	If you would let me take your lab early, it would be a real feather in my transcript. 교수님의 실험에 미리 참여하게 해주신다면, 제 성적에 정말 자랑거리가 될 거예요.
Duncan	Okay, I've actually been in this situation many times. So I'm just going to be **up front**. I'm not allowed to date students. 알았네, 사실 난 이런 상황에 여러 번 처했었어. 그러니까 그냥 솔직히 말하겠네. 난 학생과 데이트할 수가 없게 되어있네.

from >> Community 1-4

usher 안내하다, 안내를 맡은 사람

usher는 극장이나 교회 또는 결혼식에서 좌석을 안내하는 사람을 뜻하는데, 그 밖에도 누군가를 안내하는 것, 또한 그 안내하는 행동을 뜻하기도 합니다.

Serena	Oh, you got an **usher** position?
	오, 너 안내직 맡았어?
Dan	No, I didn't.
	아니요, 안됐어요.

from >> Gossip Girl 1-3

veggies 야채

웬만하면 줄여 하는 것을 좋아하는 네이티브들의 특성상 원래 단어보다 줄여서 만들어진 단어들이 정말 많은데요. veggies도 그 중 하나입니다. 원래는 vegetables이지만 짧게 veggies라고 부르죠.

Lynette	Would you make sure they clean their plates?
	아이들이 접시를 깨끗이 비우도록 해주시겠어요?
Clair	Not a problem. I have this little trick I do. I cover the **veggies** with some cheese.
	문제없어요. 제가 쓰는 속임수가 있거든요. 치즈로 야채를 감싸면 돼요.

from >> Desperate Housewives 1-10

W

walk on eggshells 상대방이 화나지 않도록 조심하다

계란과 같은 알의 껍질 위를 걷는다면 당연히 깨지고 말겠죠. 그래서 walk on eggshells는 부서질 것 같은 알의 위를 걷는 것처럼 조심하다라는 뜻입니다. 상대방이 기분 나쁘지 않도록 말이나 행동을 조심스럽게 하는 것을 말하죠.

Naomi	We can't walk on eggs around each other.
	서로 너무 조심하며 지낼 순 없잖아.
Annie	Eggshells. We can't **walk on eggshells**.
	(에그가 아니라) 에그쉘즈. 에그쉘즈라고 해야 맞아.

from >> 90210 1-20

wear off 차츰 없어지다, 서서히 감소하다

wear off는 무언가가 차츰 사라지거나 없어지는 것을 뜻하는 표현입니다. 주로 약기운이나 약의 효능이 떨어진다는 것을 표현할 때 쓰이죠. 옷을 많이 입어서 닳아버리는 것을 생각하면 이해하기가 쉬울 거예요.

Carlos	Gabrielle, the morphine's **wearing off**. I really don't have time for these games.
	가브리엘, 약 기운이 떨어지고 있어. 나 진짜 이런 장난 할 시간 없어.
Gabrille	Me either, Carlos. And if you expect me to go back and sweet talk her into getting the operation, I can't show up empty-handed.
	나도 시간 없어, 칼로스. 그리고 내가 다시 가서 그녀가 수술을 받도록 구슬리길 바란다면, 내가 빈손으로 갈 수는 없잖아.

from >> Desperate Housewives 2-2

233

whale 거물급 고객, 월척

whale은 '고래'라는 뜻이지만 라스베가스에서는 큰돈을 가져와 도박을 하는 거물급 고객을 말합니다. 즉 high roller를 뜻하는 거죠. 한편 뚱뚱한 여자를 whale이라고 부르기도 합니다.

Danny	We lost a **whale**. Is he one of yours? 거물 고객 한명이 사라졌어. 이 사람 네 고객 중에 있어?
Mary	No, but I know a girl who dates him when he's in town. I'll talk to her. 아니, 하지만 그가 여기 올 때면 데이트를 하는 여자를 알긴 하지. 내가 그녀랑 얘기해볼게.

from >> Las Vegas 1-1

What are the odds of ~할 확률이 얼마나 될까?

odds는 어떤 일의 가능성을 뜻하기도 합니다. 그래서 What are the odds라는 것은 가능성이 얼마나 되냐는 것이죠. 보통 자신이 없는 일에 대해 확률이 얼마나 되는지 확인하고 싶을 때 쓰입니다.

Rory	**What are the odds of** you knowing where a cookie sheet would be? 할아버지가 쿠키시트가 어디있는지 알 확률이 있을까요?
Richard	I'd say very slim. 거의 없다고 볼 수 있지.

from >> Gilmore Girls 1-8

whatever it takes 무슨 수를 써서든

무엇이든 수단과 방법을 가리지 않고 그 일을 하라고 지시할 때 쓰이는 표현이 바로 whatever it takes입니다. 무슨 수를 써서든 처리하라고 강조하는 표현이죠.

Donna Kel, I didn't ask how Silver's doing. I asked how you're doing.

켈, 난 실버가 어떤지 물어본 게 아니라 네가 어떻게 지내고 있는지 물어본 거야.

Kelly It's been hard. I can tell that Silver resents my constant monitoring, but I don't care. I'm willing to do **whatever it takes** for her to get better, even if it means she ends up hating me.

힘들었어. 실버는 내가 계속해서 감시하는 걸 싫어하지만, 난 상관없어. 그녀를 낫게만 할 수 있다면 무슨 수를 써서라도 할 거니까. 그로 인해 그녀가 날 싫어하게 된다고 해도 말이지.

from >> 90210 1-19

whipped (아내에게) 꽉 잡힌

주로 말 같은 동물을 제어할 때 채찍을 사용하는데요. 그래서 whipped라는 표현은 채찍질을 당한다는, 즉 제어를 당한다는 뜻으로 아내나 여자 친구에게 꼼짝 못하며 잡혀 사는 것을 의미합니다.

Berta I always figured you'd be the last guy in the world to end up **whipped**.

난 항상 당신은 절대 여자에게 안 잡혀 살 거라고 생각했는데.

Charlie I'm not whipped. I'm... considerate.

나 잡혀 사는 거 아니에요. 난... 사려 깊은 거라고요.

from >> Two and a half men 3-15

whip up 급조하다, 재빨리 준비하다

whip은 '채찍질 하다'라는 뜻 외에도 재빠르게 움직이는 것을 뜻하기도 하는데요. 그래서 whip up은 무언가를 급조해서 만들어내는 것을 뜻합니다. 주로 음식을 빨리 만들어 내는 것을 말하죠.

Rory Hey, how about I check the fridge? I'm sure there's something in there we could **whip up**.

제가 냉장고를 한번 확인해볼게요. 우리가 대충 급조할 만한 게 있을 거예요.

Emily Whip up?
급조한다고?

from >> Gilmore Girls 1-8

wig out 길길이 날뛰다

wig out은 자제력을 잃고 몹시 날뛰는 것을 뜻하는 표현인데요. 가발(wig)이 벗겨질 정도로 날뛰며 화를 내는 모습을 상상하면 기억하기 쉬울 거예요.

Rory No, you can't uninvite him. He'll think I totally **wigged out** or something.
안 돼, 초대한 걸 취소하면 안 돼. 그럼 그는 내가 길길이 날뛰었다고 생각할거야.

Lorelai Well then I'll just disappear and you guys can be alone.
그럼, 난 그냥 사라질 테니까 너희 둘이 있던가.

from >> Gilmore Girls 1-7

wild guess 대충 짐작, 어림짐작, 엉뚱한 추측

wild guess는 깊게 생각하지 않고 그냥 대충 짐작하거나 아무렇게나 추측해보는 것을 뜻합니다. 그래서 "대충 때려 맞춰봐, 아무 말이나 해봐."라고 말할 때 "Take a wild guess."라고 하죠.

Rufus What? Why would he say that?
뭐라고? 그가 왜 그런 말을 해?

Dan Well, I, I don't know, dad. I mean, do you have any **wild guesses**, any thoughts?
그건, 저야 모르죠, 아빠. 그러니까, 아빠는 대충 뭐 짐작 가는 거나 생각되는 게 없어요?

from >> Gossip Girl 2-13

With all due respect 외람된 말씀입니다만, 죄송하지만

미국인들이 싫어하는 말 중에 하나가 바로 이 with all due respect인데요. 이 말은 무언가 상대에게 안 좋은 말을 시작할 때 쓰는 표현입니다. 즉 '이런 말씀 드리긴 뭐하지만 이건 말해야겠다'라는 것을 내포하고 있죠. 굉장히 공손한 표현이지만 다음 내용은 주로 상대를 기분 나쁘게 하는 말들이 나옵니다.

Leonard	Well, you did call him a glorified high school science teacher whose last successful experiment was lighting his own farts. 음, 니가 학장님을 자기 방귀에 불 붙여 본게 마지막으로 성공한 실험인 고등학교 과학 교사라고 불렀잖아.
Sheldon	In my defense, I prefaced that by saying "**With all due respect**,". 그래도, "외람된 말씀이지만,"이라고 시작했잖아.

from >> The Big Bang Theory 1-4

woo someone ~에게 구애하다, 구혼하다

누군가에게 woo(얻으려고 노력하다)한다는 것은 구애하는 것을 말합니다. 보통 청혼을 의미하기도 하죠. 주로 남자가 여자에게 구애할 때 쓰이는 표현입니다.

Ed	Nessa. 네사요.
Fred	So I came back here to **woo** her. But she's not interested, either. 그래서 그녀에게 청혼하려고 돌아왔어요. 근데 그녀도 관심이 없더라고요.

from >> Las Vegas 2-2

Word. 알았어. 안녕.

'Word.'는 주로 흑인이나 젊은이들 사이에서 많이 쓰이는 단어로 인사할 때 쓰이기도 하고 알았다는 의미로 쓰이기도 합니다. 상대방이 'What's up?'이라고 물었을 때 'Word. (=Word up.)'라고 하는 거죠. 'I got it.', 'Okay.'와 같은 의미로 쓰인다고 보면 됩니다.

Liz	Listen, just be home tonight when I get there, okay? I need to talk to you about something.
	있잖아, 그냥 내가 퇴근했을 때, 꼭 집에 있도록 해, 알았지? 나 당신한테 꼭 할 말 있어서 그래.
Dennis	**Word.**
	알았어.

from >> 30 Rock 1-7

word of mouth 구두의, 말로 전하는, 입소문

word of mouth는 입에서 나온 말, 즉 말로 전해지는 것을 의미합니다. 우리가 흔히 말하는 입소문이라고 할 수 있죠. 이 word of mouth가 좋게 전해지면 어떤 광고보다도 효과가 좋죠.

Lorelai	Wow, busy today. Has Luke been advertising?
	와우, 오늘 바쁘네. 루크가 광고라도 하고 있는거야?
Rory	He gets good **word of mouth**.
	입소문이 났잖아요.

from >> Gilmore Girls 2-7

word on the street 들리는 소문에 의하면

word of the street은 거리에서 나오는 말, 즉 들리는 소문을 뜻합니다. 사람들에게서 들은 이야기를 누군가에게 말할 때 쓸 수 있는 표현이죠.

Gabby	So, **word on the street** is you and Danielle might break up.
	그러니까, 들리는 소문에 의하면, 너랑 다니엘이랑 헤어질지도 모른다고 하더라.
John	Maybe. I don't know.
	그럴지도 몰라요. 나도 잘 모르겠어요.

from >> Desperate Housewives 1-9

zero out 파산하다, 제로 상태로 만들다

zero out은 말 그대로 돈을 모두 없애 제로 상태를 만드는 것을 말합니다. 여기서는 수동태로 be zeroed out으로 쓰였으니 zero out 됐다는 것을 말하죠. 즉 돈이 하나도 없는 걸 의미합니다.

Nate	It says I'm **zeroed out**.
	잔고에 내가 돈이 하나도 없대.
Chuck	Maybe you have the wrong account.
	니가 다른 계좌를 보고 있는 거겠지.

from >> Gossip Girl 1-4.

<to Big> We're so over, we need a new word for over.

<빅에게> 우린 정말 끝났어요, 끝났다는 말 말고 새로운 말이 필요할 지경이라고요.

When you're a teenager, all you want to do is buy beer. But once you hit 30 all you want to do is to get carded.

십대일 땐 맥주를 사고 싶어 안달하지만, 30대가 되고나면 신분증 검사를 받고 싶어 안달하게 된다.

Nate   Rufus is a good guy.

Serena   They all are. Until they're not anymore

네이트   루퍼스는 좋은 사람이야.

세레나   모두가 좋은 사람이지. 그들이 더 이상 그렇지 않을 때까지는.

You know, Mary, when we all went for ice cream back in the seventh grade.. the whole class might have been there, but the only person that I saw was you.

있잖아, 매리, 우리 7학년 때, 다 같이 아이스크림 먹으러 갔을 때 말이야, 반 전체가 다 갔었지만, 나한텐 너 밖에 안 보였어.

Do you know how I've stayed married so long? See, every single conversation that I have, every single one, and no matter what the subject is, approximately every three to four minutes, I say "Yes, dear, you're right."

자네는 내가 어떻게 이렇게 오래 결혼생활을 유지할 수 있는지 아나? 그건 말이야, 내가 아내와 대화를 할 때, 매번 말이지, 주제가 뭐든 간에, 3~4분에 한 번씩 이렇게 말하기 때문이야. "물론이지, 여보, 당신 말이 맞아." 라고.

Ed From "Las Vegas"

Jack	How do you sit here every day taking crap from people and you keep smiling?
Kenneth	My mother always told me that even when things seemed bad there's someone else who's having a worse day.
잭	어떻게 자넨 매일 그렇게 앉아서 사람들이 헛소리 하는 걸 다 웃으며 참아내나?
캐니스	저희 어머니가 항상 이렇게 말씀하셨어요. 아무리 일이 잘못 되는 것 같아도, 누군가는 어디선가 더 안 좋은 하루를 보내고 있을 거라고요.

from "30 Rock"

Sometimes the right thing and the hard thing are the same thing.

가끔은 옳은 일하고 어려운 일이 같은 거 같아.

Liz from "30 Rock"

STUDY BREAK

90210과 Gossip Girl은 둘 다 부유층 자녀들의 화려한 삶을 보여주고 있는 미드인데요.
럭셔리 자체인 두 미드의 주인공들을 한번 비교해 볼까요?

gossip girl / 90210
VS

블레어 & 세레나 / **나오미 & 애드리아나**

악의 죽인 블레어와 한 때 심할 정도로 놀았지만 조금씩 정신을 차리려고 하는 세레나.
하지만 그 버릇을 고치기란 쉽지 않죠. 아무리 사고를 많이 치고 다니는 둘이지만, 그래도
서로 이해하고 감싸주려고 하는 우정만큼은 남부럽지 않답니다.
90210의 나오미와 애드리아나 역시 만만치 않은데요. 블레어만큼이나 자기밖에 모르는
나오미와 약물 중독에 임신 등 다양한 사고를 치는 애드리아나는 세레나 못지않죠. 하지만
이들 역시 서로를 아껴주기에 그 모든 걸 이겨낼 수 있죠.

gossip girl / 90210
VS

댄 & 제니 / **애니 & 딕슨**

부유층은 아니지만 좋은 대학에 입학하기 위해 상류층 자녀들이 다니는 고등학교에 다니고 있는 댄과 제니는 처음에는 학교에서 아웃사이더로 지내게 됩니다. 하지만 댄이 세레나와 사귀게 되고 제니가 블레어를 도와주면서 조금씩 다른 사람이 그들의 삶에 끼어들게 되죠. 처음엔 순진하고 착하기만 했던 댄과 제니는 회를 거듭할수록 그들과 닮아가게 되는 모습이 보여집니다.

90210의 애니와 딕슨 역시 할머니집으로 와서 살게 되면서 부유층 자녀들이 다니는 고등학교에 다니게 되는데요. 이들 역시 처음에 순수했던 이미지들이 조금씩 물들어가면서 서로 헐뜯으며 싸우게 되는 모습을 보입니다.

gossip girl　　90210

VS

바네사　　실버

학교에 다니지 않고 홈스쿨을 하며 나름 바른 아이였던 바네사는 나중에는 남자 때문에 우정을 버리는 등 조금씩 변한 모습을 보이기도 합니다.

90210의 실버는 학교에서 아웃사이더로 지내는데요. 그녀 역시 조금 괴짜이긴 하지만 착한 마음씨를 가졌었는데, 남자 때문에 무섭게 변하기도 하죠.

바네사가 세상과 소통하는 것이 카메라라면 실버에게는 블로그가 있습니다.

NCIS

Castle

The Mentalist

Lie to me

The Good Wife

Royal Pains

Close to Home

Boston Legal

Private Practice

Drop Dead Diva

Level 3

미드영어에 자신이 생긴
사람을 위한 미드

알고보면 더 재미있는 미드

NCIS

카리스마로 팀을 이끄는 깁스 반장과 전직 대통령 경호원이었던 토드, 완소미남 디노조와 독특한 매력이 있는 연구원 애비, 그리고 검시관 더키 박사가 풀어나가는 범죄 수사극.

해군과 관련된 범죄를 수사하는 해군 범죄 수사국인 NCIS는 최첨단 과학기술과 타고난 감각, 뛰어난 능력이 모두 조화되어 최고의 팀을 이루며 모든 수사를 해결해 나갑니다. 각기 개성이 강한 주인공들이 사건을 해결하는 모습은 시청자들의 눈을 사로잡아 수사물의 지존이라고 불릴 뿐 아니라 미드 전체에서 시청률 1위 자리를 굳건히 지키고 있는 최고의 미드입니다.

어느 날 연쇄살인 사건이 벌어졌는데, 살인 방식이 범죄 소설의 모습과 같아 그 소설을 쓴 작가에게 도움을 받게 됩니다. 이를 계기로 유명 작가인 캐슬은 뉴욕 경찰과 함께하게 되죠. 팀을 이끄는 베켓의 매력에 사로잡힌 캐슬은 그녀를 주인공으로 한 소설을 쓰기로 마음먹고 경찰의 자문위원으로 그녀의 수사에 함께하며 수사에 여러 가지 도움을 주게 됩니다. 캐슬과 베켓은 서로 티격태격하지만 둘 사이에 묘한 감정이 조금씩 흐르게 되죠. 그들의 이런 감정을 지켜보는 것만큼이나 수사를 풀어나가는 방식도 흥미진진하기 때문에 첫 방송 이후로 계속 사랑을 받고 있습니다.

CASTLE

LIE TO ME

사람의 얼굴 표정에 들어나는 순간적인 감정을 캐치해서 그 사람이 거짓말을 하는 건지 아니면 진실을 말하고 있는지를 판단할 수 있는 사람들이 있다면 믿으시겠습니까? 미드 Lie to Me는 사람의 얼굴에 드러나는 감정을 읽어 사건을 해결해가는 라이트만 박사와 그의 동료들의 이야기를 다루는 수사미드입니다. 기존의 CSI, NCIS 등의 첨단과학 수사방법과는 다른 접근법이 수사물 매니아들에게 새로운 즐거움을 선사할 것입니다.

주인공 행크는 쉬는 날 농구를 하던 중 응급상황이 발생해 환자를 데리고 자신의 병원으로 갑니다. 그 때 마침 수술이 필요했던 VIP환자를 수술하게 되고 마무리를 다른 의사에게 맡긴 후 자신이 데려왔던 환자를 또 수술하는데요. 그 사이 VIP환자는 죽고 말죠. 결국 그가 죽었다는 이유로 행크는 병원에서 쫓겨나게 됩니다. 잘나가던 응급의였던 행크는 백수가 되고, 약혼녀와도 이별하게 되죠. 폐인이 돼 있던 그를 동생 에반이 부유층의 휴양의 도시인 햄튼에 데려가고, 거기서 응급환자를 치료하게 됩니다. 그렇게 햄튼에서의 삶이 시작되고, 그는 그곳에 머무르며 부유층을 왕진하는 의사가 되죠.

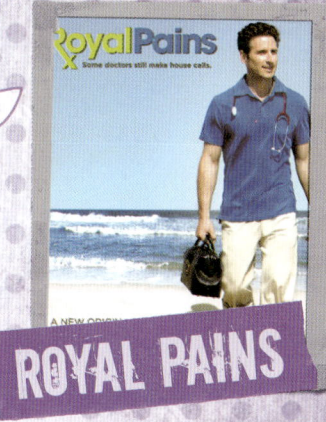

ROYAL PAINS

BOSTON LEGAL

미국의 유명한 로펌들은 모두 모여 있다고 하는 지성의 도시 Boston. 그 곳에 위치한 한 대형 로펌의 변호사들의 이야기를 다루는 미드입니다. 한 때 전설적인 변호사로 단 한 번도 패배를 해 본 적이 없는 변호사 Danny와 괴짜변호사 Allan이 중심이 되어 다양한 사건들을 다양한 방법으로 변호하며 승소를 이끌어내는 흥미로운 에피소드들이 펼쳐집니다. 이제는 나이가 들어 치매 초기증상을 보이는 Danny의 익살맞은 연기가 본 미드의 감초 역할을 톡톡히 하죠.

THE MENTALIST

희대의 살인범 Red John에게 아내와 딸을 살해당한 전직 가짜 심령사 Jane! 그는 주변상황을 통해 사건의 핵심을 파악하고 사람의 마음을 읽는 천부적인 재능을 통해 한 수사기관과 함께 일하며 Red John을 잡게 될 날을 기다립니다. 최첨단 과학수사를 통한 범인 체포가 아닌, 엉뚱하기 짝이 없는 심리게임을 통해서 범인을 알아맞히는 Jane의 능력에 시청자 여러분들은 놀라움을 금치 못하실 겁니다. 영화 〈악마는 프라다를 입는다〉에서 느끼한 바람둥이로 출연했었던 호주 출신 사이먼 베이커의 능청스런 연기가 일품인 미드죠.

THE GOOD WIFE

뇌물 비리와 섹스 스캔들에 휘말려 감옥에 가게 된 검사 피터의 아내인 앨리시아는 남편의 부재로 인해 다시 변호사 일을 하게 됩니다. 남편의 외도에 대한 충격과 주변 사람들의 시선에 신경 쓰지 않는 척 하는 그녀이지만, 그 진실을 받아들이기엔 아직도 마음의 준비가 되지 않은 상태죠. 그녀는 이 모든 것을 이겨내기 위해 일에 몰두하며, 오랜 기간 쉬었음에도 타고난 감각으로 두각을 나타내죠.
새로 시작된 굿 와이프는 첫 방과 함께 큰 인기를 몰고 와, 꾸준히 전체 시청률 10위 안에 드는 인기 미드 중 한 편입니다.

여 검사 애나베쓰가 주인공인 〈클로즈 투 홈〉은 범죄 수사극과 법정 드라마가 합쳐진 드라마로 수사극을 좋아하는 팬들에게 두 배의 기쁨을 안겨 준 미드입니다. 주변의 영향에도 절대 굴하지 않고 소신 있게 사건을 처리해나가는 애나베쓰는 외모까지 겸비해 시청자들의 마음을 사로잡았죠. 여성의 섬세한 눈으로 사건을 바라보며, 사람들과 마음으로 대화하는 그녀의 모습은 또 다른 매력으로 다가옵니다.

CLOSE TO HOME

PRIVATE PRACTICE

과장 자리싸움에서 밀려난 애디슨은 시애틀을 떠나 LA에서 친구 나오미가 운영하는 개인 병원 오션 사이드로 오게 됩니다. 대형 병원에서 수술을 전문으로 하던 애디슨은 하루에 한 환자만 본다는 오션 사이드의 스타일에 당황하지만, 환자들과 가까이 다가설 수 있다는 매력에 조금씩 빠져들며 새로운 생활에 익숙해집니다.

각기 모두 독특한 개성과 매력을 지니고 있는 주인공들이 서로 얽히고설키며 우정과 사랑을 풀어나가는 〈프라이빗 프랙티스〉는 의학 드라마이지만 좀 더 인간적인 면에 초점을 맞춘 드라마기 때문에 〈그레이 아나토미〉와는 또 다른 매력으로 다가옵니다.

완벽한 외모와 몸매를 가졌던 Deb, 뚱뚱한 몸매로 외적 매력은 전혀 없지만 뛰어난 두뇌를 소유한 변호사 Jane. 어느 날 이 둘은 동시에 사망을 하게 되고, 하늘나라로 올라간 Deb이 소란을 일으키며 실수로 다시 지상으로 내려와 영혼만 Jane의 몸 속으로 들어가게 됩니다. 다소 황당한 설정으로 시작하는 이 드라마는 Jane의 몸을 빌려 살아가게 된 Deb이 적응 과정에서 겪게 되는 코믹한 다양한 사건들과 함께, 변호사로서의 새 삶을 시작하며 약자들을 대변해서 다양한 사건들을 풀어나가는 모습을 재미있게 보여줍니다.

DROP DEAD DIVA

Essential Expressions A to Z

A

air force one 대통령 전용기

해리슨 포드(Harrison Ford)가 미국 대통령 역으로 등장했던 영화 중 'Air Force One' 이 있습니다. air force one은 미국의 대통령이 탑승하는 전용비행기를 지칭하지요. air force 는 '공군'을 뜻하는데, 공군의 일인자(one)이자 전체 군 통수자인 대통령의 비행기라는 걸 뜻하는 거죠.

Kate	It's not **air force one**, agent Fornell. When the president departed on the backup plane, it became air force one. This is now alpha foxtrot 29000.
	이건 대통령 전용기가 아니예요, 포넬 요원. 대통령께서 예비기로 떠난 이상 그 비행기가 전용기가 된 거죠. 이건 이제 그냥 AF-29000일 뿐이예요.
Fornell	Don't get into this pissing contest, agent Todd.
	쓸데없는 논쟁은 하지 맙시다, 토드 요원.

from >> NCIS 1-1

alibi out 알리바이가 확인되다

살인 등의 사건의 현장에 없었다는 것을 증명할 수 있는 것을 '알리바이(alibi)'라고 합니다. alibi out은 슬랭으로 '알리바이가 확인되다'란 뜻으로 사용됩니다. 즉 알리바이가 있기에 사건의 용의자 선상에서 빠져나갔다(out)는 것을 뜻하는 표현이지요.

Ryan	They **alibied out**.
	그들은 알리바이가 확인됐어요.
Castle	So who's in cuffs?
	그럼 체포된 사람은 누구예요?

from >> Castle 2-2

APB 전국지명수배

APB는 'All points bulletin'의 약자로 '전국지명수배'를 뜻합니다. bulletin은 '게시물, 공시사항'을 뜻하는데, 수배자와 관련한 게시물을 전 지역(all points)의 경찰관들에게 알리는 것이죠.

Gibbs	Tony, did you check out all the Tauruses that have parking permits at Pax river.
	토니, 팩스 리버에 주차 허가증이 있는 토러스 차량을 전부 확인해봤나?
Tony	Ah, yeah. All except for Wong's, which is allegedly somewhere between here and Phoenix. **APB's** haven't turned up anything.
	아, 네. 웡의 차만 빼고요, 여기와 피닉스 사이 어딘가에 있을거라고 주장하고 있지만 지명수배에 걸린 건 아직 아무것도 없어요.

from >> NCIS 1-17

at any cost 어떤 희생을 치르더라도 꼭

cost는 '비용, 대가'를 뜻합니다. 무슨 일을 함에 있어서 at any cost라는 것은 '어떤 비용이나 대가, 혹은 희생을 치루더라도 꼭' 무언가를 하거나 해야 된다는 의지를 나타내는 것이죠.

Kevin	You took pride in victory **at any cost**.
	넌 어떻게 해서든지 승리해서 자존심을 지켰어.
Pakrer	Well, I'm a lawyer. That's what I do.
	나는 변호사야. 그게 내가 하는 일이라고.

from >> Drop Dead Diva 1-9

attending 주치의

동사 attend는 '왕진하다, 환자를 간호하다' 등의 의미를 가지고 있습니다. 병원에서 환자의 담당 주치의를 가리켜 attending이라고 부르지요.

Henry	How's Franny?

> 프래니는 어때요?
>
> **Naomi** Everything looks good, but, uh, well, we'll talk to the **attending** before we go.
> 모든 게 괜찮아 보여요, 하지만, 어, 가기 전에 주치의와 얘기해볼게요.

from >> Private Practice 2-6

B

bail someone out ~를 보석으로 꺼내주다

미국은 '보석금'이란 제도가 있어서, 아직 재판을 통해 죄의 유무 등이 확정이 되지 않은 용의자가 자신에게 정해진 보석금을 지불하면 재판이 진행되는 과정에서 구치소에 있지 않고 풀려날 수가 있습니다. 이렇게 보석금을 지불하여 사람을 구치소에서 빼내는 것을 bail someone out이라고 합니다.

> **Alexis** If I have to keep **bailing you out**, you're gonna need to raise my allowance.. by a lot.
> 제가 계속 아빠를 보석으로 꺼내야하면, 제 용돈을 올려주셔야 할 거예요.. 아주 많이요.
>
> **Martha** Mine, too.
> 내 용돈도.

from >> Castle 1-1

bedside manner (의사가) 환자를 다루는 태도

의사가 환자를 대하는 태도를 가리켜서 bedside manner라고 합니다. 보통 환자들은 침대에 누워있고, 의사들은 그 침대 옆에 서서 환자를 대하기 때문이죠.

> **Evan** Have you ever heard of **bedside manner**?

환자 다루는 법을 알기나 하는 거예요?

Divya This isn't about bedside manner. This is about diagnosing a problem and helping a patient.

이건 환자를 다루는 문제가 아니잖아요. 문제를 진단하고 환자를 돕는 일이라고요.

from >> Royal Pains 1-8

be soft on ~를 연모하다, ~를 부드럽게 대하다

be soft on someone은 말 그대로 누군가를 부드럽게 대하다란 의미의 표현입니다. 누군가를 부드럽게 대한다는 것은 마음속으로 그 사람을 좋아해야 가능하기에 '~를 연모하다'란 뜻으로도 사용되지요.

Lisbone You're not **soft on** her, are you?

당신 그녀를 연모하는 건 아니죠, 그렇죠?

Patrick No. Maybe a little.

아뇨. 아니 어쩌면 조금요.

from >> Mentalist 1-4

be straight 솔직하게 굴다

straight은 사람과 사람간의 관계에 있어서 거짓말을 하지 않고 직설적으로 솔직하게 대하는 것을 의미합니다. 그래서 be straight은 '솔직하게 굴다'란 뜻이 되지요.

Brad I just believe you should **be straight** with people. You know what I mean. I smell some deceit here.

난 그냥 네가 사람들에게 솔직하게 굴어야 한다고 생각해. 내가 무슨 말 하는지 알거야. 뭔가 속이는 것 같은 냄새가 나거든.

A client I'm gay, Brad. Do you want me to take a lie detector?

나 동성애자 맞아요, 브래드. 내가 거짓말 탐지기라도 받길 원해요?

from >> Boston Legal 1-13

black out 기절하다

black out은 정신을 잃고 '기절하다'란 뜻의 표현입니다. 말 그대로 기절을 해서 정신이 까맣게(black) 되어 버렸다는 것을 뜻하지요. 참고로, 어떤 장소가 불빛이 다 꺼져 정전이 되는 것도 black out 되었다라고 말합니다.

A pilot	I don't know what happened. I had good weather, unlimited visibility. After that, it just all went fuzzy. 전 무슨 일이 있었는지 모르겠어요. 날씨도 좋았고, 가시도도 제한이 없었거든요. 그 후에, 그냥 모든 것이 희미해졌어요.
Kelly	You **blacked out**? 기절하셨나요?

from >> Lie to me 1-3

blow the whistle 내부고발을 하다

조직 내의 누군가가 내부의 비리를 고발하는 것을 가리켜 blow the whistle이라고 합니다. 다들 쉬쉬하고 있는 상황에서 누군가가 '휘슬(whistle)'을 불어서 잘못을 모두에게 알리는 상황인 것이죠.

Dr. Gerad	My life is here in medicine. 전 제 인생을 이곳 제약에 바쳤어요.
Allan	Yes. You're in a unique position to remind your employers they, too, are in the business of medicine, not simply profit. You need to **blow the whistle**, and what's more, you want to. 그렇죠. 당신은 당신의 고용인들에게, 그들 역시도 단지 수익을 위해서가 아닌 제약 사업에 있다는 것을 상기시켜줘야 할 위치에 있는 겁니다. 내부 고발을 하셔야 해요. 게다가, 당신도 그러길 원하는 거잖아요.

from >> Boston Legal 1-9

break in ~에 몰래 침입하다

유명한 미드 Prison Break의 제목에서도 알 수 있듯 break는 '탈출'이라는 뜻을 가지고 있습니다. 즉 어떤 장소를 아무도 몰래 뚫고 나오는 것이죠. 반대로 break in은 어떤 장소로

아무도 몰래 들어가는 것, 즉 '침입하다'란 뜻이 됩니다.

Kalinda	So the alarm wasn't triggered from someone **breaking in**. It was triggered from someone already in.
	그러니까 몰래 침입을 한 누군가에 의해서 경보음이 울린 게 아닌 거군요. 이미 들어와 있던 누군가에 의해서 울린 거죠.
Officer	Yeah, that's why they're thinking the husband did it.
	맞아요. 그래서 경찰들이 남편이 그랬다고 생각하고 있는 겁니다.

from >> The Good Wife 1-14

brief 브리핑하다

회의 등에서 다뤄야 할 의제나 사안을 모든 사람들에게 간단하게 설명하는 것을 보통 '브리핑하다'고 말합니다. 영어로는 brief라는 동사를 사용하면 되지요.

Danny's partner	Actually, Denny, item one is a rather urgent matter that we must discuss.
	저기, 대니 씨. 첫 번째 안건은 우리가 반드시 토론을 해야 할 다소 긴급한 사안입니다.
Danny	Why don't you **brief** us?
	그럼 당신이 우리에게 브리핑을 하는 게 어떨까요?

from >> Boston Legal 1- 1

bring someone up to speed ~에게 필요한 정보를 알려주다

bring someone up to speed는 상대방이 모르고 있는 '어떤 정보나 지식을 알려주다'란 뜻의 표현입니다. speed란 단어에서도 느껴지듯이 신속하게 최신의 상황을 알려준다는 뜻인거죠.

Lori	The trial starts tomorrow.
	재판은 내일 시작한다고요.
Brad	I can **bring you up to speed** on it. The facts are

straightforward.

내가 그 사안에 대한 필요한 정보를 말씀해 드리죠. 사실관계들이 간단하거든요.

from >> Boston Legal 1-13

bust one's ass 죽어라 고생하다

무언가를 이루기 위해 죽어라 고생하는 것을 가리켜 bust one's ass라고 말할 수 있습니다. ass는 '엉덩이'란 뜻으로 사용되지만, 우리 신체 전체를 의미하기도 하는데요. 그래서 bust one's ass는 몸 전체가 부서지도록 무언가를 위해서 죽어라 고생하다는 뜻이 되는 거죠.

Kelly	What is it, Earl? Carpal tunnel? Arthritis?
	뭐죠, 얼? 손저림증 인가요? 관절염인가요?
Earl	Look, you know how many hours I've spent shooting free throws? I've **busted my ass** on the court since I was nine.
	이봐요, 내가 자유투를 쏘는 데 얼마나 많은 시간을 보내왔는지 알아요? 전 9살 이후로 농구코트에서 죽어라 고생을 해왔다고요.

from >> Lie to me 1-2

career-climber 출세지향주의자

career-climber는 말 그대로 자신의 일과 경력(career)에 있어서 위로 올라가기(climb) 위해서라면 뭐든지 할 수 있는 '출세지향주의자'를 뜻하는 용어입니다.

Annabeth	Who asked for this meeting, us or them?
	어느 쪽에서 면담 요청한거야, 우리야, 그들이야?
Maureen	His PD, a **career-climber**.

그의 관선변호사야. 출세지향주의자거든.

from >> Close to home 1-9

cause of action 소송 사유, 소승 근거

cause of action은 소송을 걸만한 합당한 이유, 즉 소송 사유나 근거를 뜻하는 표현입니다.
누군가가 어떤 일에 대해 소송을 건다 해도 판사가 납득할만한 소송 사유가 없다고 판단하면
재판으로 갈 수가 없게 됩니다.

Parker You're dropping the case.
그 사건 취하해.

Jane What? No, you said I could sue. You told me to find a **cause of
action**, and I did.
뭐라고요? 안돼요, 제가 소송을 걸어도 된다고 하셨잖아요. 소송 사유를 찾으라고
하셔서 찾았고요.

from >> Drop Dead Diva 1-9

character witness 성격 증인

재판을 하게 되면 승소를 하기 위해서 다양한 증인(witness)들을 세웁니다. 그 중에
character witness는 원고 또는 피고의 성격, 성품들에 관해서 증언을 해주는 증인을
가리키는 용어이지요.

Grayson We still need **character witnesses**.
여전히 당신의 성격 증인이 필요해요.

Kim I'm working on it.
노력하고 있어요.

from >> Drop Dead Diva 1-7

checkup 건강검진

특정 신체 부위가 아닌 전체적인 건강상태를 병원에서 검사하는 것을 가리켜 건강검진, 즉
checkup이라고 합니다. 우리가 일반적으로 받는 건강검진은 보통 regular check-up 혹은

routine check-up이라고 부르지요.

Hank	All right, so he needs a routine **checkup**.
	알겠어요. 그러니까 그가 일상적인 건강검진을 받을 필요가 있다는 거군요.
Lucy	It's anything but routine. Without a clean bill of health, he will not be cleared for play.
	일상적인 건강검진은 절대 안 되요. 건강상 문제가 없다는 증명서가 없이는, 그는 경기에 출전을 할 수가 없다고요.

from >> Royal Pains 1-3

chopper 헬리콥터

chopper는 헬리콥터를 가리키는 용어입니다. 원래 chopper는 고기를 자르는 칼을 의미하는데 헬리콥터의 프로펠러가 뭐든지 잘라버릴 수 있을 정도로 무시무시한 칼과 같은 것이기 때문이죠.

Will	You gonna send me to a hospital?
	절 병원에 보낼 건가요?
Hank	As soon as the **chopper** returns.
	헬리콥터가 오는 대로요.

from >> Royal Pains 1-5

clean as a whistle 먼지 하나 없이 깨끗한

clean as a whistle은 기분이 좋아 휘파람(whistle)이 절로 나올 정도로 너무 깨끗하다는 것을 의미하는 표현입니다. 우리말에 '먼지 하나 없이 깨끗한'이란 뜻으로 사용할 수 있는 표현이지요.

Gibbs	His urine was negative just 27 days ago?
	그의 소변이 27일 전에는 (마약 검사 결과가) 음성이었다는 거죠?
Stan	According to the urinalysis coordinator, **clean as a whistle**.
	소변 검사 진행자 말로는 완전 깨끗하다고 하네요.

from >> NCIS 1-6

close 최종변론을 하다

재판의 마무리 단계로 배심원(jury)들이 최종 판결을 내리기 전에 피고와 원고 측 변호사들이 최종적으로 자신의 입장을 정리하는데, 이를 두고 close한다고 합니다. 즉 '최종변론을 하다'란 뜻이 되는 거죠.

Jane How's it going with Kim?
김이랑 일하는 건 잘 되가요?

Grayson She wants me to **close** tomorrow and I can't stand our client.
내일 나보고 최종변론을 하라는데, 난 의뢰인을 참을 수가 없어요.

from >> Drop Dead Diva 1-5

C.O.D 사망 원인

C.O.D는 Cause of Death의 약자입니다. 말 그대로 '사망(죽음)의 원인'이란 뜻이죠. 수사물이나 법정물 등의 미국 드라마에서 흔히 들을 수 있는 표현 중 하나입니다.

Beckett You got a **C.O.D.**?
사망 원인은 알아냈어요?

Lanie Not until the full exam. But this wasn't a stabbing.
아직 조사가 다 안끝났어요. 하지만, 찔러 죽인 건 아니예요.

from >> Castle 1-1

cold case 미해결 사건, 오리무중의 사건

한 범죄 수사 미드 제목이기도 한 cold case는 우리말로 '미해결 사건, 오리무중의 사건'을 의미합니다. 마치 음식이 시간이 지나면 식어버리듯, 해결되지 못한 채 식어버린 사건이라고 생각하시면 되죠.

Tony He's been murdered, Mcgee. What did he ask you to do for him?

	그는 살해당했어, 미기. 그가 뭘 부탁했는데?
Mcgee	He, he wanted a civilian file from a three year old **cold case**.
	그가, 3년 전 민간인 미해결 사건 파일을 구해달라고 했어요.

from >> NCIS 1-19

cold shoulder 냉대, 외면, 쌀쌀맞음

보통 누군가를 외면할 때 '차갑게 등을 돌린다'란 말을 하곤 하죠. cold shoulder는
바로 이렇게 차갑게 돌아선 등을 의미합니다. 우리말의 '냉대, 외면'이란 뜻으로 사용되는
표현이지요.

Cooper	Why the **cold shoulder**?
	왜 쌀쌀맞은 거야?
Violet	I'm not giving you the cold shoulder. I'm just distracted.
	나 쌀쌀맞게 구는 거 아니야. 그냥 정신이 딴 데가 있어서 그래.

from >> Private Practice 2-6

complication 합병증

어떤 병에 걸렸을 때, 그로 인해서 추가적으로 같이 발생하게 되는 병을 가리켜 합병증이라고
합니다. 영어로는 complication이라고 부르지요.

Jill	He's bleeding his brain?
	뇌에 출혈이 있다는 거예요?
Hank	It may be a slow bleed, but he took a blood thinner, which increases the risk of a **complication**.
	조금씩이지만, 희석제를 복용했으니 합병증이 생길 가능성이 높아요.

from >> Royal Pains 1-5

conflict of interest 이해관계의 충돌

conflict of interest는 '이해관계의 충돌'이란 뜻으로 사용되는 표현입니다. 예를 들어, 살인

사건을 조사해야 되는 상황에서 용의자가 자신의 가장 친한 친구라면 결코 공정하게 그 사건을 조사할 수 없겠죠. 이런 경우를 가리켜 conflict of interest라고 말할 수 있습니다.

Kim	But it's your case.
	하지만 이건 당신 사건이잖아요.
Parker	Was my case. I'm bowing out. **Conflict of interest.**
	내 사건이었지. 하지만 난 손 뗐어. 이해관계가 충돌했거든.

from >> Drop Dead Diva 1-3

copycat 모방범

copycat은 무언가를 '흉내 내는 사람, 모방하려는 사람'을 가리키는 용어입니다. 옷차림, 행동, 생각 등을 따라하는 사람들에게 사용할 수 있죠. 또한 범죄에서도 다른 사람의 범행수법을 똑같이 따라하는 것을 가리켜 copycat 혹은 copycat crime이라고 합니다.

Beckett	Jealous?
	질투한다고요?
Castle	That I have a **copycat**. Oh, my gosh. In my world, that's the red badge of honor.
	모방범이 있단 사실 말이예요. 정말, 제 세계에서 그건 명예 훈장과 같아요.

from >> Castle 1-1

coup 대성공, 큰 인기

coup은 원래 쿠테타(COUP D'ETAT)를 뜻하는 말이지만, 일반 회화에서 힘든 일을 성공했을 때 쓰이기도 합니다. 어떤 일이 대성공이나 히트를 했을 때 쓸 수 있는 표현이죠.

Jill	And I recruited him to work at Hamptons Heritage two days a week every summer.
	그리고 여름마다 일주일에 이틀씩 햄튼 병원에서 일해달라고 그를 고용했어요.
Hank	Wow. That's quite a **coup**.
	와, 그거 대단한데요.

from >> Royal Pains 1-8

cross one's mind 생각이 떠오르다

이전에는 머릿속에 없던 생각이 갑자기 떠오를 때 cross one's mind라는 표현을 사용할 수 있습니다. 마치 길을 가로지르듯(cross), 어떤 생각이 머릿속을 가로질러 떠오르는 것을 나타내는 표현이지요.

Bernie	Do they suspect me? 그들이 날 의심하나요?
Alan	It's **crossed their minds**. 그렇게 생각을 하더군요.

from >> Boston Legal 1-11

c-section 제왕절개

Caesarean 혹은 Caesarean section은 '제왕절개'를 뜻합니다. 자연분만이 아닌 산모의 배와 자궁에 절개해서 아이를 출산하는 방식을 뜻하지요. Caesarean을 줄여서 간단히 C-section이라고 부릅니다.

Naomi	Now unless it's a **c-section**, you deliver babies here. It's very popular with the patients. 이제부턴 제왕절개가 아닌 이상 여기에서 아이를 받아. 산모들한테 인기가 높아.
Addison	Okay. Uh, so I guess, I should meet my staff. 알았어, 그럼, 이제 내 직원들을 만나볼 차례인 것 같은데.

from >> Private Practice 1-1

cut it 제 몫을 다하다

cut it은 누군가의 능력이 충분해서 어떤 일을 수행함에 있어서 제 몫을 다한다는 의미로 사용되는 표현입니다. 마치 칼이 사물을 잘 자르는 것처럼 말이죠.

Lori	Did she give you a reason?
	그녀가 당신에게 이유를 말해 줬어요?
Sally	Just that my work didn't **cut it**.
	그냥 제 업무능력이 별로라고만 말했어요.

from >> Boston Legal 1-12

cut out 자리를 뜨다

'머물고 있던 곳을 떠나다'란 의미로 사용되는 어휘는 굉장히 많이 있는데요, 그 중에 하나가 바로 cut out입니다. 마치 종이의 어느 부분을 잘라내어 버리듯 어떤 장소를 떠난다는 의미가 되는 거죠.

Lisbon	Did Flipper leave there, too?
	플리퍼도 그곳을 떠났니?
Andy	He **cut out** early after we ran out of brews.
	술이 다 떨어져서 걔는 일찍 자리를 떴어요.

from >> Mentalist 1-3

Cut the crap. 헛소리는 집어 쳐.

crap은 '쓰레기, 배설물'이란 뜻이 있습니다. cut the crap은 상대방이 말도 안 되는 소리를 할 때, 상대방의 말을 쓰레기 혹은 배설물로 지칭하여 그딴 소리는 집어 치우라는 의미로 사용되는 표현이지요.

Cho	(Interrogating Mr. Randalph) Mr. Randolph!
	(랜돌프 씨를 심문하며) 랜돌프 씨!
Randolph	**Cut the crap**. My brother's done nothing.
	헛소리는 집어 치우시죠. 제 동생은 아무 짓도 안 했으니까요.

from >> Mentalist 1-1

D

dead meat 죽은 목숨

dead meat은 말 그대로 '죽은 고기'란 뜻입니다. 어떤 상황의 결과가 치명적으로 좋지 않을 때 '죽은 목숨'이란 의미로 dead meat이란 표현을 사용할 수 있지요. 상대방과 충돌이 있을 때 '넌 이제 죽었어!'라고 으름장을 놓을 때, "You're dead meat."이라고 말할 수 있습니다.

Shmidt	Pardon the expression, but I'm **dead meat**.
	이 표현을 써서 죄송합니다만, 전 이제 죽은 목숨이네요.
Paul	You really think you're going to lose?
	당신이 정말 패소할 거라고 생각하는 겁니까?

from >> Boston Legal 1-14

dirty laundry 부끄러운 일, 치부

남에게 들키고 싶지 않은 부끄러운 일이나 치부를 가리켜 영어로 dirty laundry라고 부릅니다. 숨겨 놓은 더러운 빨래는 그 누구에게도 보여주기 싫은 거니까요.

A congressman	Now if that's true, it's going to be PR nightmare because he's the new chairman of the House Ethics Committee.
	만약 그게 사실이라면, 그건 최악의 선전효과가 될 거예요. 왜냐면 그는 윤리위원회의 새 의장이거든요.
Kelly	That's delightful. But we don't go through people's **dirty laundry**.
	그거 재미있네요. 하지만 저희는 사람들의 치부를 들추는 일은 안 합니다.

from >> Lie to me 1-1

doctor-patient privilege 의사환자간의 비밀

미국은 정신과 상담을 받는 환자들이 굉장히 많이 있습니다. 이들은 의사에게 자신이 겪고 있는 모든 생각과 비밀들을 털어놓고 조언을 구하죠. 그리고 의사는 자신의 환자에게

들은 내용을 그 누구에게도 말하지 말아야 할 의무가 있지요. 이를 가리켜 doctor-patient privilege라고 부릅니다.

A woman	Did you tell the police?
	경찰에게 말했나요?
Lori	It's tricky, Mrs. Stevens. This is **doctor-patient privileged** stuff.
	그게 좀 복잡하네요. 스티븐스 씨. 이 일은 의사환자간의 비밀이거든요.

from >> Mentalist 1-8

Don't ask, don't tell. 함구령, 묻지도 말하지도 말라

'Don't ask, don't tell.'은 말 그대로 '묻지도 말하지도 말라'는 뜻의 표현입니다. 즉 입 다물고 있으라는 말이죠. 우리말의 '알면 다쳐.'와 비슷하다고 볼 수 있습니다.

A witness	You think there's a real interest in this country in rooting out mad cow disease? It's "**Don't ask, don't tell**".
	광우병을 제거하는 것에 있어서 이 나라가 진정한 관심이 있을 거라 생각하나요? 광우병은 "묻지도 말하지도 말라"와 같습니다.
Shmidt	Objection!
	이의 있습니다!

from >> Boston Legal 1-14

draw up (계약서 등을) 작성하다

draw something up은 어떤 생각이나 계획들을 문건으로 '작성하다'란 뜻으로 사용됩니다. 보통 계약서나 공문서 등을 작성하는 것을 두고 draw up이라고 말합니다.

Mr.Wellner	We will **draw up** the papers.
	저희가 서류를 작성하죠.
Jane	$2.5 million
	2백 50만 달러로 작성해주세요.

from >> Drop Dead Diva 1-1

drop the suit 고소를 취하하다

여기서 suit은 lawsuit, 즉 '소송'을 뜻합니다. 소송을 제기한 후 추후에 이를 취하할 때는 동사 drop을 사용해서 drop the suit이라고 말하면 되지요.

Kurtick	Just so you know, I'm suing the CBI and the attorney general's office for wrongful arrest and unlawful imprisonment. And I'll **drop the suit** when they fire you and Agent Lisbon.
	알고 계시라고 하는 말인데요, 잘못된 체포와 구금에 대해서 법무장관 사무실과 CBI를 고소할 겁니다. 그리고 당신과 Lisbon 요원을 해고하면 고소를 취하할 거고요.
Jane	Best of luck.
	행운을 빌어요.

from >> Mentalist 1-3

drug mule 마약 운반책

mule은 당나귀의 일종인 '노새'를 뜻합니다. 마약을 운반하는 사람을 mule에 비유하여 drug mule은 '마약 운반책'이란 뜻으로 사용되는 속어입니다.

Buckett	He was their **drug mule.**
	그가 그들의 마약 운반책이었군요.
Lanie	Guess they couldn't wait for him to pass the packets the old-fashioned way.
	옛날 방식대로 물건을 전해주길 기다릴 수가 없었나보지.

from >> Castle 2-1

face-lift 주름살 제거 수술

face-lift는 성형수술의 한 종류인 '주름살 제거 수술'을 뜻합니다. 쭈글쭈글하게 축 처진

피부를 탱탱하게 들어올리는(lift) 것이죠.

Castle	What happened? 무슨 일인데요?
Nurse	She wanted a **face-lift**. 그녀는 주름 제거 수술을 원했어요.

from >> Castle 1-10

fight tooth and nail 필사적으로 싸우다

fight tooth and nail은 우리말의 '이를 악물고 싸우다'와 가장 흡사한 표현입니다. 그만큼 무언가에 대해 필사적으로 싸우거나 강하게 주장하는 것을 말하죠.

Elise	Okay, is that all? 알겠어요, 그게 단가요?
Beckett	I don't understand. You **fight me tooth and nail** that he wasn't a con man, and now you just give in? 이해가 안가네요. 그가 사기꾼이 아니라고 필사적으로 말씀하시더니 갑자기 포기하는 건가요?

from >> Castle 2-4

Fire away. 말하세요.

상대방이 자신에게 할 말이 있다거나 질문이 있다고 할 때, 망설이지 말고 말해보라는 의미로 사용할 수 있는 표현이 바로 Fire away.입니다. 마치 총을 발사하듯(fire) 입에 담고 있는 말을 하라는 뜻이지요.

Van Pelt	Mr. Jane. I have a question regarding your previous career path. 제인 씨. 당신의 과거경력과 관련해서 질문이 있어요.
Patrick Jane	**Fire away.** 말해 봐요.

from >> Mentalist 1-1

first chair 수석 변호사

미국에선 재판을 하게 되면 보통 의뢰인 한 명에 변호사가 두 명이 붙게 되는 경우가 많습니다. 이 경우 주가 되어 재판과정에 참여하는 변호사를 first chair라고 하고, 이를 서포트 해주는 두 번째 변호사를 second chair라고 부르지요.

Will	I was going to leave you a note. I wanted to see how things were going with him as **first chair**. 당신에게 쪽지를 남기려고 했었어요. 그가 수석 변호사로서 어떻게 하고 있는지 확인하고 싶었거든요.
Alicia	Well, he's certainly confident. 그는 아주 자신감이 있던데요.

from >> The Good Wife 1-3

flatline 죽다

병원에서 환자가 사망을 하게 되면, 심전도 화면상에서 선이 일렬로 배열되어 더 이상 움직이지 않게 됩니다. 그래서 flatline은 누군가가 '죽다'란 의미의 동사로 사용되지요. 혹은 go flatline이라고도 말할 수도 있습니다.

Doctor	She is one lucky lady. Bullet just grazed her. Didn't require a stitch. 진짜 운 좋은 여자네요. 총알이 그냥 스쳐갔어요. 꿰멜 일도 없었죠.
Nurse	But the EKG.. She **flatlined**. 하지만, 심전도 상에서는 죽었었다니까요.

from >> Drop Dead Diva 1-1

for what it's worth 그냥 제 생각일 뿐이지만, 제 말이 도움이 될지 모르겠지만

상대방이 힘들어 하거나 자책한다면 무언가 도움이 되는 말을 해 줄 필요가 있습니다. 이 때 for what it's worth라고 말한 후 긍정적인 얘기를 전달해 줄 수 있습니다. 자신의 말이 '도움이 될지는 모르겠지만' 혹은 '그냥 제 생각일 뿐이지만'이란 의미이지요.

Grayson	No, maybe I should have just told Deb.
	아니요, 뎁한테 말하는 게 나았었을지도 몰라요.
Jane	**For what it's worth**, I think what you did was amazing.
	제 말이 도움이 될지는 모르겠지만, 정말 잘하신 일인 것 같아요.

from >> Drop Dead Diva 1-4

frame ~에게 누명을 씌우다

동사 frame은 누군가를 거짓 증거로 '누명을 씌우다'란 뜻을 가지고 있습니다. 마치 무언가를 액자(frame)의 틀에 억지로 끼워 맞추는 것처럼 말이죠.

Tag	Either it was a mistake or I'm being framed.
	실수가 있었거나 제가 누명을 씌게 됐거나 둘 중에 하나입니다.
Cho	Who would want to **frame** you?
	누가 당신에게 누명을 씌우고 싶어할까요?

from >> Mentalist 1-1

fried 망가진

컴퓨터나 하드드라이브 등이 망가졌을 때 fried란 표현을 사용할 수 있습니다. fry는 기름에 '튀기다'란 뜻이 있는데, 컴퓨터나 하드드라이브를 기름으로 튀겨버리면 당연히 망가지겠죠?

Tony	You know, when mine **fried,** he wouldn't let me touch his.
	내 컴퓨터가 고장났을 때, 깁스가 자기 컴퓨터는 만지지도 못하게 했는데.
Gibbs	Cause your fingers are always greasy from fried chicken and pizza.
	자네 손가락은 치킨하고 피자 때문에 항상 기름기가 묻어있으니까 그렇지.

from >> NCIS 1-21

get away with 그냥 넘어가다, 처벌을 받지 않다

get away with는 누군가가 나쁜 일을 하거나 죄를 지은 후에 그에 대한 처벌을 받거나 대가를 치루지 않고 넘어가는 것을 뜻하는 표현입니다.

Kevin	Well, you're not gonna **get away with** it. Not this time.
	이번엔 못 벗어날 거요.
Mac's lawyer	Your daughter knew what she's doing, Mr. Hanson.
	당신의 딸은 그녀가 무슨 일을 하는지 알고 있었어요, 핸슨씨.

from >> Drop Dead Diva 1-9

get back on one's feet 회복하다

on one's feet은 두 발로 서있는 상태를 의미합니다. 그래서, get back on one's feet은 쓰러져 있을 정도로 힘든 상황을 벗어나 제 발로 일어선 상태, 즉 몸과 마음이 '회복하다'란 뜻을 가진 표현이지요.

Evan	This trip is gonna **get you back on your feet**, I promise.
	이번 여행이 널 회복시켜 줄거야. 내가 약속해.
Hank	Trip? What trip?
	여행? 무슨 여행?

from >> Royal Pains 1-1

get off on the wrong foot 첫 단추를 잘못 꿰다, 시작부터 어긋나다

일이든 사람간의 관계든 간에 무엇이든 첫 단추, 즉 시작이 중요합니다. get off on the wrong foot은 바로 이 첫 발걸음을 잘 못 디뎌서 '시작부터 어긋나다'란 뜻으로 사용되는 표현이지요.

Brad	(talking really fast) I'm concerned that you and I may have **gotten off on the wrong foot**. I'd like to be straight up with people, and if there's an issue or conflict, let's address it head-on, if you don't mind.
	(굉장히 빨리 말함) 당신과 내가 시작이 좋지 못한 것 같다는 걱정이 드네요. 난 사람들을 솔직하게 대하고 싶어요, 그러니 만약 우리 사이에 문제나 싸움 같은 게 있다면, 정면으로 해결합시다. 괜찮겠죠?
allan	I have trouble talking that fast.
	전 그렇게 빨리 말하지 못하는데요.

from >> Boston Legal 1- 1

get one's hands full 매우 바쁘다

할 일이 너무 많아서 너무나 바쁜 상황을 가리켜 '두손이 이미 가득 찼다'고 말할 수 있습니다. 이를 영어로는 get one's hands full이라고 하죠.

A judge	Ms. Schmidt. The court recognizes the atrocity. Why should the United States be held liable?
	슈미트 씨. 법정은 그 곳에서의 잔혹행위는 알고 있어요. 그런데 왜 미국이 그에 대한 책임을 져야 하죠?
Schmidt	Well, if we're not going to do anything about it, maybe we should just say so. Lord know the world will understand. We certainly **got our hands full**.
	만약 그러한 행위에 대한 우리 미국이 아무것도 하지 않을 거라면, 그냥 그렇다고 말해야 하지 않을까요. 전 세계가 우리를 이해해 줄 거라는 건 신도 아실거예요. 우린 분명 지금도 매우 바쁘니까요.

from >> Boston Legal 1-11

get on one's nerves ~의 신경을 건드리다. ~를 짜증나게 하다

nerves는 사람의 '신경'을 의미합니다. 그래서 get on one's nerves는 누군가의 '신경을 건드리다' 혹은 누군가를 '짜증나게 하다'란 뜻이 되지요.

Summers	I just want someone who doesn't **get on my nerves**.
	난 그냥 내 신경을 거슬리게 하는 사람이 아니면 돼요.
Hall	I have an idea.
	저한테 생각이 있어요.

from >> *Drop Dead Diva 1-10*

get roped 휘말리다, 얽히다

rope는 '줄'이란 의미를 갖고 있습니다. get roped는 마치 이러한 줄에 얽혀버리게 되는 것처럼 어떤 사건이나 사안에 '휘말리다, 얽히다'란 의미로 사용되지요.

Jane	How'd you **get roped** into that?
	어쩌다 거기에 휘말렸어요?
Grayson	I offered.
	제가 하겠다고 했어요.

from >> *Drop Dead Diva 1-7*

get to the point 요점을 언급하다

point는 '요점, 핵심'을 의미합니다. get to the point는 쓸데없는 말만 하면서 빙빙 돌리지 않고, 핵심 즉 '요점을 언급하다'란 뜻이 되지요.

Parker	Please **get to the point**.
	제발 요점만 말해주게.
Jane	The store is part of a retail chain- Deep Pockets...
	이 가게는 Deep Pockets라는 회사의 매장인데요...

from >> *Drop Dead Diva 1-9*

ghostwriter 대필작가

정치인, 운동선수 등 유명 인사의 자서전이나 평론서를 그 사람들의 이야기를 듣고 대신 집필하는 작가를 가리켜 '대필 작가'라고 부릅니다. 영어로는 ghostwriter라고 하지요. 마치 집필은 하지만 유령처럼 책의 저자로는 등장하지 않기 때문이지요.

Lee	No, I am a **ghostwriter**. We were working on her memoir. 아뇨, 난 대필가예요. 우린 그녀의 자서전을 쓰고 있었어요.
Beckett	Memoir? Why would Allison Goldman need a memoir? 자서전이라고요? 왜 앨리슨 씨가 자서전을 집필하죠?

from >> Castle 1-8

give or take 얼추, 대략

give or take는 우리말의 '얼추'와 가장 비슷한 표현이라고 볼 수 있습니다. 어떤 시간이나 수량 등이 조금 차이는 있겠지만 대략 그렇다, 얼추 그렇다라고 이야기할 때 쓸 수 있죠.

Hank	Are you sure about your due date? 출산 예정일이 확실한 거예요?
Claire	Um, **give or take**. 음, 얼추요.

from >> Royal Pains 1-5

glib with someone ~와 말장난 하는

glib은 '입심이 좋은'이란 뜻입니다. 그래서 glib with someone은 누군가를 설득하거나 현혹시키기 위해서 화려한 말발로 말장난을 하는 것을 뜻합니다.

Allan	Tara's a grown-up, capable of making all sorts of grown-up decisions. 타라는 성인이예요. 성인들이 내릴수 있는 결정은 그녀도 할 수 있어요.
Lori	Don't be **glib with me**. 나랑 말장난 하려고 하지 마요.

from >> Boston Legal 1-7

godsend 하나님이 주신 선물

무언가로 인해 자신이 굉장한 혜택을 받게 되었을 때, 이를 가리켜 '하나님이 주신 선물'이라고 말할 수 있습니다. 영어로는 godsend라고 하지요.

A lawyer	That's all? 그게 다인가요?
A witness	That was it. I had more energy. I was even losing weight. and no more needles. It was a **godsend**. 네, 그게 답니다. 전 기력이 더 좋아졌죠. 살도 빠졌고요. 그리고 더 이상 주사도 필요 없게 됐죠. 그건 제겐 하나님이 주신 선물이었다고요.

from >> Boston Legal 1-9

go with someone on something ~에 있어서 ~의 편에 서다, ~를 지지하다

go with someone은 말 그대로 누군가와 함께 한다는 뜻으로 그 사람과 의견을 같이 한다는 뜻입니다. 전치사 on 뒤에는 함께 하고자 하는 사안이 언급되면 되지요.

Grayson	This is crazy. 이건 말도 안돼요.
Parker	I'm **going with Bingum on this one**. 나도 빙엄편에 서겠네.

from >> Drop Dead Diva 1-4

green card 미국 영주권

'미국 영주권'을 가리켜 green card라고 합니다. 정확히는 permanent resident card라고 하죠. 지금은 아니지만 과거에 미국의 영주권 카드가 녹색이어서 이렇게 부르게 되었다고 합니다.

Will	Rachel Knox is Irish. You could try to argue their marriage was a **green card** fraud on the state.

레이첼 녹스 씨는 아일랜드 사람이에요. 당신은 그들의 결혼이 미국에서의 영주권 사기 사건이라고 주장할 수도 있는 거죠.

Diane Okay, we have a new mission now.

알겠어요. 우리 이제 새로운 임무가 생긴거네요.

from >> The Good Wife 1-15

grow attached to ~에게 정이 들다

be attached to는 '~에게 애정을 가지다'란 뜻입니다. be 동사 대신에 '성장'의 의미를 가진 grow를 쓰게 되면 '~에게 애정이 자라게 되다', 즉 '~에게 정이 들다'란 뜻이 되지요.

Tara Personally, I think you'll look very sexy in the elf outfit.

개인적으로 난 당신이 요정 복장을 하면 굉장히 섹시하게 보일 것 같아요.

Allan I have no doubt, yet I don't wanna lose. I've **grown attached to** this Santa.

당연하지. 어쨌든, 난 이번 사건 지고 싶지 않아. 이 산타 고객에게 정이 들었거든.

from >> Boston Legal 1-9

hang someone out (to dry) ~의 도움을 외면하다

누군가가 어려움에 처해 도움을 요청했을 때 도와주지 않고 외면하는 것을 두고 hang someone out to dry란 표현을 사용할 수 있습니다. 이때, to dry는 생략하고 간단히 hang someone out이라고 말할 수 있지요.

Earl What do you want, huh? I'm already suspended, they're taking away my scholarship, you **hung me out**.

원하는 게 뭔데요, 네? 난 이미 정지처분을 받았어요. 제 장학금도 빼앗아 간다고 하네요. 당신이 내 도움을 외면했잖아요.

Kelly	You're the one who took the bribe. 뇌물을 받은 건 바로 당신이잖아요.

from >> Lie to me 1-2

have a beef with ~에게 불만이 있다.

have a beef는 '불평하다, 불만이 있다'란 뜻입니다. 불평이나 불만의 대상은 전치사 with와 함께 뒤에 언급해 주면 되지요.

Frank	Creason **had a beef with** Horn. It doesn't mean he killed him. 크리슨이 혼에게 불만이있었지만, 그게 그가 그를 죽였다는 건 아니잖아요.
Beckett	Doesn't mean he didn't. 그가 안 죽였다는 것도 아니죠.

from >> Castle 1-4

have a crack at someone ~를 찔러보다

have a crack at 뒤에 사람이 아닌 다른 대상이 나오게 되면 그것을 '시도해보다'란 의미가 됩니다. 반면 at 뒤에 사람이 위치하게 되면 무언가를 알아내기 위해 그 사람들을 '찔러보다'란 의미가 되지요.

Patrick	Gather up the search party. Let me **have a crack at them**. 탐색 일원들을 모아주세요. 제가 한 번 그들을 찔러 볼게요.
Lisbon	He gets results. 이 친구는 결과는 얻어냅니다.

from >> Mentalist 1-5

have a gander 찾아보다, 살피다

gander는 '수컷 거위'란 뜻이 있습니다. have a gander는 마치 거위처럼 목을 쭉 빼고 무언가를 '찾아보다, 살피다'란 뜻으로 사용되는 표현이지요.

Jane	Maybe I should **have a gander**. I'm good at finding things.
	아마도 제가 한 번 살펴봐야 할 것 같은데요. 제가 물건 찾는 걸 잘하거든요.
Dr. Wagna	Be my guest.
	마음대로 하세요.

from >> Mentalist 1-1

have a one-night stand (이성과 아무 조건없이) 하룻밤을 보내다

one-night stand는 아무런 조건 없이 남녀가 하룻밤을 같이 사랑을 나누는 것을 뜻합니다. 동사 have를 사용하여 have a one-night stand(하룻밤을 보내다)라고 말할 수 있지요.

Danny	I **had a one-night stand** with his mother. I paid for his education and so forth. I did everything to be a good father.
	내가 그 녀석의 엄마와 하룻밤을 보냈거든. 난 그 아이의 교육비와 그외 비용들을 줬어. 좋은 아빠가 되기 위한 모든 것들을 했지.
Paul	When's the last time you saw him?
	그 아이를 마지막으로 본 게 언제죠?

from >> Boston Legal 1- 3

have a rocky day 힘든 하루를 보내다

rocky는 마치 돌(rock)이 흔들흔들거리듯 불안하고 불안정한 상황을 의미합니다. 그래서 have a rocky day는 그렇게 불안정한 '힘든 하루를 보내다'란 뜻이지요.

Jane	I heard you **had a rocky day** in court.
	법원에서 힘들었다면서요.
Grayson	Got rockier when we got back.
	돌아와서 더 힘들어졌어요.

from >> Drop Dead Diva 1-7

have a shot 가능성이 있다, 승산이 있다

have a shot에서 shot은 '기회, 가능성'을 뜻합니다. 어떤 일을 함에 있어서 have a shot 이라는 것은 좋은 결과를 얻을 '가능성이 있다, 승산이 있다'는 뜻이 되지요.

Allan's ex-girlfriend	Please tell me we **have a shot**. I don't know how much longer I can take it in here. 제발 우리에게 가능성이 있다고 내게 말해줘. 내가 이 안에서 얼마나 더 버틸 수 있을지 모르겠어.
Allan	We have a shot. I'll get you out. 가능성 있어. 내가 널 꺼내 줄게.

from >> Boston Legal 1- 1

have high hopes 큰 기대를 하다, 큰 희망을 갖다

have high hopes는 말 그대로 높은 희망을 갖다, 즉 큰 기대를 하다라는 뜻입니다. 그래서, 우리가 흔히 말하는 '너무 기대하진 마.'라는 말을 이 표현을 써서 "Don't have high hopes."라고 할 수 있습니다.

Hank	I'm sorry, buddy. I know you **had high hopes**. 미안해, 동생아. 너 기대가 컸던게 내가 아는데.
Evan	No, you know, it's completely fine, you know. The dream can wait. 아냐, 정말 괜찮아. 꿈은 기다릴 수 있는 거잖아.

from >> Royal Pains 1-5

have it coming 자초하다

have it coming에서 it은 어떤 좋지 않은 결과나 상황을 의미합니다. 그래서 그러한 나쁜 상황이 오도록(coming) 가졌다는 의미이므로 어떤 상황을 '자초하다'란 의미로 사용되는 표현이지요.

Christine	Still no excuse for trying to kill him.

여전히 그를 죽이려고 한 것에 대한 변명은 안 돼요.

Tara Perhaps he **had it coming**.

그가 그 일을 자초한 걸 수도 있죠.

from >> Boston Legal 1-2

hearing 공판, 심리

재판의 기초가 되는 사실 및 법률관계를 확실히 하기 위해 배심원 없이 법관에 의해
소송절차의 정당성을 제시된 증거를 바탕으로 확정하는 과정을 '공판', 혹은 '심리'라고 하며
이를 영어로는 hearing이라고 합니다.

Alicia The **hearing**'s today?

심리가 오늘이죠?

Diane Well, we could delay, but that would leave Jennifer incarcerated
for another month.

음, 연기할 수도 있었지만, 그렇게 되면 제니퍼를 한 달 더 감금상태에 두게 될 거예요.

from >> The Good Wife 1-1

heavy smoker 골초

smoker는 '흡연자'를 뜻합니다. 담배를 심하게 많이 피우는 사람, 즉 '골초'를 가리켜 heavy
smoker라고 하지요. 더 심한 골초인 경우 chain smoker란 표현을 사용할 수도 있습니다.

Allan You're a **heavy smoker**, is that correct, Mrs. Hewitt?

증인께서는 골초시죠, 맞나요, 휴위트 씨?

Mrs. Hewitt I quit.

전 담배 끊었습니다.

from >> Boston Legal 1-9

hell hath no fury 여자가 한을 품으면 오뉴월에도 서리가 내린다

hell hath no fury는 우리말의 '여자가 한을 품으면 오뉴월에도 서리가 내린다'와 가장

Essential Expressions A to Z

비슷한 표현입니다. hell hath no fury 뒤에 like a woman scorned를 함께 쓰기도 하며,
거절당하거나 배신당한 여자가 분노에 찬 것을 뜻하죠.

Beckett	Melissa Talbot - A killer?
멜리사 탈봇이요? 살인자가요?
Castle	**Hell hath no fury like a woman scorned**.
거절당한 여자의 분노만큼 무서운 건 없죠.

from >> Castle 2-5

hit one's cell 휴대폰으로 전화하다

cell은 cell phone의 줄임말로 '휴대폰'을 뜻합니다. 동사 hit을 써서 hit one's cell이라고
하면 '휴대폰으로 전화하다'란 뜻이 되지요.

Kelly	Do you have some time to chat?
이야기 좀 나눌 시간 있나요?
A basketball player	You know, I have to take my little brother home, and I got an econ midterm tomorrow. I need to get with the books, you know. But **hit my cell** later.
저기요, 저 제 동생을 집에 데려다 줘야 해요. 그리고 내일 경제학 중간고사도 있고요. 공부를 해야 하거든요. 하지만 나중에 휴대폰으로 전화 주세요.

from >> Lie to me 1-2

house calls 왕진

의사가 직접 환자의 집을 방문하는 것을 '왕진'이라고 하죠. 영어로는 house call이라고
합니다. 참고로 house call은 외판원 등의 '가정방문'을 뜻하기도 하죠.

Addison	You do **house calls**, too?
당신은 왕진도 가요?
Pete	We. We all do house calls.
우리요. 우리 모두 왕진을 가요.

from >> *Private Practice 1-2*

H.R. 인사과

H.R은 Human Resources의 약자로 기업의 인사관련 업무를 담당하는 '인사과, 인사부'를 뜻하는 용어입니다.

Grayson	I got your file from **H.R.** 당신 파일을 인사과에서 가져왔어요.
Kim	That's pretty thick. 꽤 두껍네요.

from >> *Drop Dead Diva 1-7*

in a crunch 매우 중요한 시기에 있는

crunch는 '굉장히 중요한 시기' 혹은 '고난의 시기'란 뜻을 갖고 있습니다. 그래서 be in a crunch는 '굉장히 중요한 시기에 있다'는 뜻이 되지요.

Tony	Are you avoiding me? 날 피하는 거예요?
Jane	No, it's just, it's this case. I've been **in a crunch**. 아니요, 그게 아니라, 이 사건 때문에요. 굉장히 중요한 시기거든요.

from >> *Drop Dead Diva 1-11*

in cold blood 냉혈의, 냉혹한

냉혹하고 무자비한 사람을 가리켜 냉혈인이라고 부르듯이 in cold blood는 말 그대로 차가운 피, 즉 '냉혈의, 냉혹한'이란 뜻으로 사용됩니다.

Beckett	The things that people will do for money.
	돈을 위해서 그런 짓을 하다니.
Castle	This guy killed his own sister **in cold blood** and two more people to cover it up.
	이 사람은 자기 여동생을 잔인하게 죽이고, 그걸 덮으려고 2명을 더 죽였다고.

from >> Castle 1-1

inside job 내부소행

inside job은 말 그대로 '내부의 일'이란 뜻입니다. 무언가 부정적인 일이 외부의 소행이 아닌 내부에 의해서 행해진 것일 경우 이를 inside job이라고 하지요.

A client	Our IT guys say the data theft was an **inside job**. Only three chemists have lab access. They're all denying they were involved. If you could tell us who's lying, we can find out who's making the knockoff and shut them down.
	IT를 담당하는 친구가 자료도난이 내부 소행이라고 말했어요. 오직 세 명의 화학자들만이 연구소에 접근할 수 있지요. 그 사람들 모두 자신들이 포함되었음을 부정하고 있어요. 당신이 누가 거짓말을 하고 있는 건지 말해줄 수 있다면, 우린 누가 짝퉁을 만들고 있는지 알 수 있고, 이를 막을 수 있죠.
B client	If we don't get this counterfeiting drug off the market soon, we are looking at hundreds of deaths.
	이 가짜 약을 당장 시장에서 제거하지 못한다면, 수 백명의 사람들이 죽게될 겁니다.

from >> Lie to me 1-7

interrogate 심문하다

경찰 등에 의해서 누군가로부터 정보를 얻어내기 위해 오랜 시간에 걸쳐서 질문을 하는 것을 '심문한다'고 말합니다. 영어로는 interrogate란 동사를 사용하지요.

Alicia	Detective, I need you to stop **interrogating** my client and step out.

	형사님. 제 고객들을 심문하는 일은 그만 두시고 나가 주셨으면 합니다.
Detective	I was just asking a question.
	전 그냥 질문을 했을 뿐입니다.

from >> The Good Wife 1-14

I.V. 정맥주사

I.V.는 intravenous를 줄여 부르는 말로, 우리가 흔히 말하는 링거, 즉 정맥주사를 뜻합니다. 링거를 맞았다고 얘기할 때는 동사 have를 써서 I had an I.V..라고 할 수 있죠.

Pete	I hear you got blue girls.
	파란 여성 환자가 있다며.
Cooper	I ran labs. Nothing's turned up so far. It's driving me crazy. I gave them **I.V.s** and they turned pink and ... Their mom insists on taking them home.
	검사를 했는데, 아직은 아무것도 안나와. 돌아버리겠어. 링거를 맞혔더니 다시 제 색으로 돌아왔다가는.... 애들 엄마는 퇴원하겠다고 난리야.

from >> Private Practice 1-3

Jane Doe (여자) 신원 불명, 신원 미상

Jane Doe는 신원을 알 수 없는 환자나 시체를 뜻하는 단어입니다. 수사물이나 의학 드라마에서 자주 들을 수 있죠. Jane Doe는 신원 미상의 환자나 시체가 여성일 경우에만 부르며, 남성일 경우에는 John Doe라고 합니다.

Dell	Hey, I just checked out on **Jane Doe**.
	제가 방금 신원 미상 환자를 확인했어요.

Addison What are you doing checking on my patient?
네가 왜 내 환자를 확인하고 그래?

from >> Private Practice 1-4

jarhead 해병대원

jarhead는 미 해병대원들의 머리스타일을 뜻하는 속어입니다. 더 나아가서 미 해병대원을
의미하기도 하지요.

Gibbs He was found yesterday lying at the bottom of a cliff.
그가 어제 벼랑 아래에서 발견됐어.

Runion Is that what this is all about? You think I killed some **jarhead**?
이게 다 그거 때문인가요? 내가 해병놈을 죽였다고 생각하는 거요?

from >> NCIS 2-15

jog one's memory ~의 기억을 일깨우다

동사 jog는 '조깅하다'는 뜻 이외에 기억 등을 '일깨워주다' 혹은 '상기시켜주다'란 뜻이
있습니다. 그러므로 jog one's memory는 누군가의 '기억을 일깨워주다'란 뜻이 되지요.

Angie I don't remember.
전 기억이 나질 않네요.

Jane I have a credit card receipt that might **jog your memory**.
내게 당신의 기억을 일깨워 줄 신용 카드 영수증이 있어요.

from >> Drop Dead Diva 1-12

junkie 마약쟁이, 마약 중독자

junkie는 drug addict, 즉 '마약 중독자'를 뜻하는 속어입니다. 중독이 된 대상을 앞에 붙여서
'~ junkie'라고 하면 '~의 중독자(광)'란 의미로도 사용이 될 수 있지요. 예를 들면 Tabloid
junkie(타블로이드 신문광)처럼요.

Annabeth	That's as cold-blooded as it gets.
	그거 정말 냉혹하네요.
Maureen	**Junkies** will take anything.
	마약쟁이들은 뭐든 안 가리고 훔치잖아.

from >> Close to home 1-9

K

keep someone informed ~에게 알려주다, ~ 에게 계속
연락을 취하다

누군가에게 계속 새롭게 업데이트되는 정보나 소식을 알려주는 것을 가리켜 keep someone informed라고 합니다. informed 대신에 posted를 써서, keep someone posted라고도 말하지요.

Steve	**Keep me informed.**
	계속 알려주게나.
Maureen	Okay.
	알겠어요.

from >> Close to home 1-6

keep something from someone 어떤 일을
~로부터 숨기다

동사 keep은 '간직하다'란 뜻이 있습니다. 남에게 주거나 보여주지 않고 자신의 소유로 두는 것이죠. 그래서 keep something from someone은 무언가를 남에게 알리거나 보여주지 않고 숨기는 것을 뜻합니다.

Grayson	He asked me not to say anything. It's a divorce. He has his reasons.
	저한테 말하지 말라고 하셨어요. 이건 이혼문제라고요. 그분도 합당한 이유가 있어요.
Jane	So you didn't tell Deb because he asked you to keep quiet? Something that important, you **kept from** her?
	그래서 그분이 말하지 말랬다고 해서, 뎁한테 말을 안 한 거예요? 그렇게 중요한 일을, 그녀에게 비밀로 했어요?

from >> Drop Dead Diva 1-4

keep to oneself 남들과 어울리지 않다, 혼자 지내다

keep to oneself는 남들과 어울려 지내지 않고 외톨이처럼 혼자지낸다는 뜻의 표현입니다. keep to oneself는 keep oneself to oneself에서 앞의 oneself를 생략한 것으로 자기 자신을 오직 자기 자신에게만 둔 채로 유지한다는 의미인 것이죠.

Lou	Forsberg has no priors. He has no history of any trouble of any kind. He pretty much **kept to himself**.
	포스버그는 전과가 없어요. 어떤 문제를 일으킨 적도 없고요. 그는 거의 혼자 지냈어요.
Steve	Murder weapon was in his possession at the time of his arrest, with the victim's blood on it.
	체포 당시 그는 희생자의 피가 묻은 살인 무기를 가지고 있었어.

from >> Close to home 1-14

kickbacks 뇌물

kickback은 불법적으로 누군가에게 제공되는 돈, 즉 '뇌물'을 뜻합니다.

Gibbs	Gorden was in supply, any chance he was getting **kickbacks**?
	고든은 보급계에서 근무했는데, 뇌물을 받고 있었을 수도 있나요?
Master Chief	No chance at all.
	전혀 없습니다.

from >> NCIS 1-17

kick in 효과가 나타나다

kick in은 약물 등의 '효과가 나타나다'란 뜻입니다. 마치 배 속의 아이가 '나 여기 있어요!'라고 알리기 위해 엄마 배를 차듯, 약물이 효과가 있음을 알리기 시작하는 거죠.

Sam	Your blood pressure's way too high. This is serious.
	혈압이 너무 높아요. 심각하다고요.
Henry	I took all of the pills you gave me. They'll **kick in** soon enough.
	선생님이 주신 약도 다 먹었어요. 이제 약효과가 나타날거예요.

from >> Private Practice 2-6

kingpin 우두머리, 두목

kingpin은 조직, 활동의 '중심인물, 우두머리, 두목'을 의미하는 용어입니다. 한때 인기를 끌었던 드라마 '왕초'의 영어제목도 kingpin이 될 수 있죠.

Annabeth	Who do you think is more guilty, the meth head who shot those poor women, or the **kingpin** who hired him to do it?
	누가 더 죄가 많은 것 같아, 불쌍한 여자들을 쏜 마약쟁이일까, 아니면 살인을 하라고 고용한 우두머리일까?
Jack	What about the kid driving the getaway car?
	도망갈 수 있게 차를 운전했던 애도 있잖아?

from >> Close to home 1-9

lay A on B A를 B의 책임으로 지우다

동사 lay는 '놓다, 두다'란 뜻입니다. 그래서 어떤 일을 누군가에게 lay 한다는 것은 그 일에 대한 책임, 탓을 그 사람에게 지운다는 의미가 되죠.

Gibbs	You **laying this on me**, huh?
	당신 내탓하고 있구만, 응?
Tobias	I arranged your meeting with him, Jethro. He's our only agent inside Al qaeda, and what did you do? You shot him.
	그와 당신이 만나도록 내가 주선했어, 제쓰로. 그는 알카에다에 있는 유일한 요원이라고. 근데 당신은 어떻게 했나? 그를 쐈어.

from >> NCIS 2-5

level with ~에게 솔직히 털어놓다

level with는 거짓말을 하지 않고 솔직하게 누군가에게 사실을 '털어놓다'란 뜻입니다. 네이티브들은 상대방에게 '솔직히 털어놔봐'라고 말할 때 "Level with me."란 말을 즐겨 사용하죠.

Fornell	Your Colonel's in a lot of trouble, Gibbs. **Level with** me and I might be able to help.
	라이언 대령은 곤경에 처해있소, 깁스. 내게 털어놓으면, 내가 도움을 줄 수도 있을거요.
Gibbs	I have a better idea. You level with me and I'll decide if I need your help.
	나한테 더 좋은 생각이 있는데. 당신이 내게 사실을 말해주면, 내가 당신의 도움이 필요한지 판단하겠소.

from >> NCIS 1-15

lighten up 기분을 풀다

lighten up은 힘들어 하거나 혹은 기분이 언짢아 하는 상대방에게 '기운 내.' 혹은 '기분을 풀어.'란 의미로 사용할 수 있는 표현입니다.

Walter	What kind of question is that?
	뭔 놈의 질문이 그래요?
Denny	Oh, **lighten up**. Let's all sit.
	아, 기분 풀어요. 우리 모두 일단 앉자고요.

from >> Boston Legal 1-12

lineup 용의자 열

lineup은 사람들이 쭉 늘어선 '열'을 의미합니다. 유명한 스릴러 영화 〈유주얼 서스펙트〉의
포스터를 보면 용의자들이 일렬로 쭉 늘어선 모습을 보여주죠. 이처럼 수사과정에서
누군가를 lineup 상에 세우겠다는 것은 '용의자 열'에 세우겠다는 뜻이 됩니다.

Beckett   Don't make me put you in the **lineup**.
          널 용의자 열에 세우게 만들지 마.

Adam   I just wanted to talk to her.
          전 그냥 그녀와 얘기를 하고 싶었을 뿐이예요.

from >> Castle 1-8

live paycheck to paycheck 벌어서 쓰기 바쁘다

'그 날 벌어 그 날 쓰다'라는 말이 있죠. 이에 해당하는 영어표현이 바로 live paycheck to
paycheck이죠. paycheck은 '월급, 봉급'이란 뜻 입니다.

Jane   How would you describe your financial well-being?
          당신의 경제상황을 어떻게 설명하시겠어요?

Lisa   I **live paycheck to paycheck**.
          벌어서 쓰기 바빠요.

from >> Drop Dead Diva 1-11

lose one's cool 자제심을 잃다

cool은 '멋진'이란 뜻도 있지만 '마음이 진정된 상태'를 뜻하기도 합니다. lose one's cool은
그러한 진정된 마음상태를 잃어버렸던 뜻이 되므로 '자제심을 잃다'란 의미가 되죠.

Jason   Well, I'm sorry, I **lost my cool**. But you handled it perfectly.
          음, 미안해요. 제가 자제심을 잃었네요. 하지만 당신이 굉장히 잘 처리해줬어요.

Lori   Thank you.
          고마워요.

from >> Boston Legal 1-9

289

lowdown 내막, 기밀정보, 내부정보

lowdown은 슬랭으로 내막이나 기밀정보를 뜻하는 단어입니다. 즉 내부 사람들만 아는 비밀을 말하는 거죠. 이러한 정보를 알려 달라고 말할 때는 give 동사를 사용하여, give me the lowdown이라고 할 수 있으며 '~에 대한 정보'라고 할 때는 전치사 on을 써서 말합니다.

Divya	I need you to translate.
	당신이 통역을 해줘야겠어요.
Evan	Okay, yeah, I'd be happy to provide my aiuto. That means 'help' in Italian, by the way. But in return, since you know everybody around here, you can give me the **lowdown** on Boris.
	좋아요, 내가 기꺼이 'aiuto'를 주겠어요. 아, 그건 이탈리어로 '도움'이란 뜻이죠. 대신 보답으로 보리스에 대한 정보를 말해줘요. 당신은 여기 사람들을 잘 아니까.

from >> Royal Pains 1-4

M

make a dig at ~에게 빈정대다

make a dig at은 누군가에게 빈정대듯이 말을 하는 것을 뜻하는 표현입니다. dig를 명사로 쓰지 않고 동사로 사용해 그냥 dig at이라고 하기도 합니다.

Pete	Hey, Addison.
	이봐요, 애디슨.
Addison	Naomi was **making a dig at** me.
	나오미가 내게 빈정거리잖아요.

from >> Private Practice 2-5

make a good living 잘 먹고 잘 살다

good living은 충분한 돈을 벌어 풍족한 삶을 사는 것을 의미합니다. 즉 make a good living은 '잘 먹고 잘 살다'란 뜻이 되는 거죠.

Mrs. Tolliver	You're psychic? 당신 심령술사에요?
Patric Jane	No. Just paying attention. I used to **make a good living** pretending to be a psychic. 아뇨. 그냥 사물에 관심을 잘 기울이는 거죠. 한 때 심령술사인 척 해서 잘 먹고 잘 살고는 했었죠.

from >> Mentalist 1-1

make a ruling 판결을 내리다.

ruling은 법정에서 판사가 내리는 '판결'을 뜻합니다. 그래서 make a ruling은 '판결을 내리다'란 뜻의 표현이지요.

Allan	Your honor. 재판장님.
Judge	I have **made my ruling**. 전 이미 판결을 내렸습니다.

from >> Boston Legal 1-8

make a tough call 힘든 결정을 하다

tough call은 결심하기 '힘든 결정, 어려운 결심'을 뜻합니다. 동사 make와 함께 쓰여서 make a tough call은 '힘든 결정을 하다'란 뜻이 되지요.

Shirley	We're streamlining a little. And I have to **make some tough calls**. I'm sorry. 저희는 조직을 다소 간소화시키고 있어요. 그리고 몇 가지 힘든 결정을 해야 하고요. 미안합니다.

Essential Expressions *A to Z*

Sally	How can you come in here and in one week, fire someone you don't even know?
	어떻게 이사님께서는 여기 오신 지 일주일 만에 알지도 못하는 사람을 해고하실 수 있으신거죠?

from >> Boston Legal 1-12

maternity leave 출산휴가

회사에서 여직원이 임신을 하게 되면 '출산휴가'가 주어집니다. 이를 영어로 maternity leave라고 부르지요. '출산 휴가 중이다'는 be on maternity leave라고 하면 됩니다.

Maureen	So how was **maternity leave**?
	출산휴가는 어땠어요?
Annabeth	Great. Fantastic.
	좋았어요. 아주 좋았어요.

from >> Close to home 1-1

M.E. 검시관

M.E.는 Medical examiner의 약자입니다. 즉 의학적으로 시체를 검사하는 사람인 '검시관'을 의미하는 용어지요.

Ducky	Very well, You two can stay, but everyone else must deplane.
	좋아요, 당신 둘은 남아도 돼요, 하지만 나머지분들은 모두 내리세요.
Elmo	All right, you heard the **M.E.** Let's move it, boys.
	자, 검시관 말씀 들으셨죠, 모두 내리세요.

from >> NCIS 1-1

meth 필로폰, 마약

meth는 약학용어인 methamphetamine의 속어입니다. meth는 각성제의 일종으로 필로핀을 뜻하는 용어이지요.

Gibbs Did you give her **meth**, too?
그녀에게도 필로폰을 줬나?

Willy No.
아니요.

from >> NCIS 2-16

midwife 조산원, 조산사

우리나라와는 달리 외국에서는 산부인과 대신에, 산모의 출산전 준비과정에서부터 아이를 낳을 때까지 도움을 주는 조산원 혹은 산파들이 굉장히 많이 있습니다. 이들을 부르는 용어가 바로 midwife지요.

Naomi You'll have Dell. He's studying to be a **midwife**.
델이 있잖아. 그는 조산사가 되려고 공부하고 있어.

Addison The cute boy who answers the phone?
전화받는 귀여운 애 말이야?

from >> Private Practice 1-1

Miranda's rights 미란다 원칙

경찰이 용의자를 체포 시에 용의자에게 말해주어야 하는 헌법상의 권리를 '미란다 원칙'이라고 부르며 영어로 Miranda's rights라고 합니다. 보통 다음과 같은 내용으로 용의자에게 알려주지요. 'You have the right to remain silent. Anything you say can and will be used against you in a court of law. You have the right to an attorney. If you cannot afford an attorney, one will be appointed to you.' (당신은 묵비권을 행사할 권리가 있습니다. 당신이 진술하는 내용은 법정에서 당신에게 불리하게 사용되어질 수 있습니다. 당신은 변호사를 선임할 권리가 있고, 만약 변호사를 선임할 경제적 여유가 없다면 국가에 의해서 당신에게 변호사가 선임될 것입니다.)

Judge It seems fairly evident that one of the arresting officers got a little out of control.
체포한 경찰 중 한명이 자제력을 잃었던 게 분명하군요.

Eric	Yes, your honor. My client was already in custody when he was interrogated without his **Miranda's rights**.
	네, 재판장님. 제 의뢰인은 미란다 원칙을 고지받지 못한 채, 구금되어 심문을 받았습니다.

from >> *Close to home 1-12*

mix business with pleasure 공과 사를 혼동하다

business는 공적인 일, 그리고 pleasure는 개인의 즐거움, 즉 사적인 일을 뜻합니다. mix business with pleasure는 공적인 일과 사적인 일을 혼합시킨다는 뜻이므로 우리말 '공과 사를 혼동하다'란 뜻이 됩니다.

Karl	I don't normally **mix business with pleasure**, but I was wondering you fancy grabbing a drink later or...
	전 보통은 공과 사를 혼동하지는 않아요, 하지만.. 그쪽이 나중에 같이 술이나 한 잔 하러 가는 걸 어떻게 생각할지 궁금하네요.
A soldier	I'm not gay.
	전 게이 아닙니다.

from >> *Lie to me 1-2*

morgue 시체 보관실

수사물 미드를 보면 빠지지 않고 빈번히 등장하는 용어 중의 하나가 바로 morgue입니다. 살인사건 발생시 피해자의 가족들이 와서 시체의 신원을 확인하고 데려갈 때까지 보관해두는 시체 보관실을 뜻하는 용어입니다.

Esposito	Sam Parker, age 38. Lives in Conneticut with his wife Helen and his two kids.
	이름은 샘 파커, 나이는 38살. 코네티컷에 아내인 헬렌과 그의 두 자녀들과 함께 사네요.
Ryan	Wife's en route to the **morgue** to ID the body.
	그의 아내는 그의 시체를 확인하기 위해 시체 보관실로 가는 중입니다.

from >> *Castle 2-10*

morning roll call 아침 출석확인

roll call은 보통 캠프나 군대에서 사용하는 용어로 참여 인원들의 '출석 확인'을 의미합니다.
그래서 morning roll call은 아침에 하는 출석확인을 뜻하죠.

Lori	You're late. 지각이네.
TAra	Didn't miss **morning roll call**, did I? 아침 출석확인을 제가 놓친 건 아니죠, 그렇죠?

from >> Mentalist 1-7

motion to compel 재정신청

자신에게 피해를 입힌 피의자를 고소, 고발을 한 피해자가 검사로부터 공소를 제기하지
아니한다는 통보를 받았을 때, 이에 반박하여 법원에 피의자를 재판에 회부하여 달라고
신청하는 것을 재정신청이라고 하고 영어로는 motion to compel이라고 합니다.

Danny	Item two, Beckerman discovery? What the hell is that? 두 번째 안건은... 베커맨 발견? 이게 대체 뭐지?
A man	Uh, well, opposing counsel was granted their **motion to compel**, which means we are now required to turn over all correspondence and scientific studies. 음, 그건, 반대쪽 변호사가 재정신청을 받아냈습니다. 그러니까 이제 저희 쪽에서 모든 관련된 서신이나 과학적 연구문서들을 넘겨줘야 하는 거죠.

from >> Boston Legal 1-1

mug shot 현상 수배범 사진, 경찰이 찍은 범인 얼굴 사진

mug shot은 원래 상반신 사진을 뜻하지만, 경찰서에서는 범인들의 얼굴을 찍은 사진을
말합니다. 현상 수배범이나 그동안 잡힌 범인 등의 사진을 뜻하죠.

Esposito	I snagged a photo off the video surveillance. 감시카메라 영상에서 사진을 뽑아왔어요.

Montgomery	Start looking through some **mug shot** books.
	수배 사진첩을 뒤져봐.

from >> *Castle 2-9*

mumbo jumbo 말도 안되는 말, 황당한 말

mumbo jumbo는 '미신적인 주문'이라는 의미인데, 여기서 '말도 안되는 말, 황당한 말'이라는 뜻이 나왔습니다. 표현의 뉘앙스에서 느껴지듯 도저히 이해가 가거나 논리적이지 못한 말을 의미하지요.

A firefighter	You know, that shrink **mumbo jumbo** won't get you far with our boys.
	저기요, 그 정신과 의사 식의 말도 안되는 말들은 우리 대원들에게 그다지 먹히지 않을 겁니다.
Kelly	That's why I won't be interviewing the men.
	그래서 그들 인터뷰는 제가 하지 않을 거예요.

from >> *Lie to me 1-5*

muscle in ~에 끼어들다

muscle은 '근육'을 뜻합니다. 즉 힘을 상징하지요. muscle in은 누군가가 큰 노력이나 요청 없이 자신의 지위나 힘을 이용해서 남의 일에 끼어드는 것을 의미합니다.

Gibbs	NCIS. We flew down here from Washington to take over the investigation.
	NCIS예요. 우린 사건 수사를 인계받기 위해 워싱턴에서 왔어요.
Kate	First the FBI tries to **muscle in** and now NCIS.
	처음엔 FBI가 끼어들려고 하더니 이젠 NCIS군요.

from >> *NCIS 1-1*

N

narrow something down 범위를 좁히다

narrow는 '좁은'이란 뜻인데, narrow something down 이라고 하면 무언가를 조사함에 있어서 그 범위를 좁혀 나간다는 것을 의미합니다.

> **Bryan** Uh, you don't know my boss. I hardly know him.
>
> 어, 제 사장님을 모르시는군요. 저도 잘 모르지만.
>
> **Evan** Well, we should get to know him, right, Divya? Oh, "him". So it's a guy. Interesting. So that **narrows it down**.
>
> 그럼, 알아가면 되죠, 그렇죠, 디비아? 오, "그"라면, 남자군요. 재미있네. 그렇다면 범위가 좁혀지네요.

from >> Royal Pains 1-11

net worth 순자산

net worth는 경제, 회계 용어 중의 하나로 '순자산'을 뜻합니다. net이 돈의 액수에 있어서 '순-'이란 뜻을 의미하기 때문이죠. 전체 자산에서 부채를 제외한 순수한 자산을 의미합니다.

> **Teri** Your client's husband has a **net worth** of $5 mil, but the prenup only give her about 100 grand.
>
> 당신 고객의 남편은 순자산이 5백만 달러예요. 하지만 혼전 합의서는 당신이 단지 10만 달러만 받도록 되어있네요.
>
> **Jane** Well, if she was dumb enough to sign one...
>
> 음, 만약 그녀가 거기에 서명을 할 정도로 멍청하다면 말이죠.

from >> Drop Dead Diva 1-1

next of kin 가장 가까운 친척(들)

kin은 친척을 의미합니다. next of kin은 그 중에서 혈연적으로 가장 가까운 친척을 뜻하지요. 연락할 가족이 없을 경우에는 다음으로 가까운 친척을 찾게 됩니다.

Gibbs	**Next of kin?**
	가까운 친척은?
Kate	None in the states. No U.S. address, either.
	미국엔 없어요. 미국 주소도 없고요.

from >> NCIS 1-8

no brainer 아주 쉬운 일

굉장히 쉬운 일을 가리켜 no brainer라고 칭할 수 있습니다. 말 그대로 brain, 즉 두뇌를 쓰지 않아도 알 수 있을 만큼 쉬운 일이라는 의미죠.

A witness	As I said, her story just didn't add up.
	제가 말씀드렸던 것처럼, 그녀의 이야기는 앞뒤가 맞지를 않아요.
Jason	Seems from your tone, detective, you consider this kind of a **no-brainer**.
	형사님의 말투를 보니, 이 일을 아주 쉬운 사건으로 생각하고 계시는군요.

from >> Boston Legal 1-10

no-fly list 출국금지 리스트

fly는 비행기가 상공을 '날다'란 의미인데요. 그래서 누군가를 no fly list에 올려놓는 것은 비행을 할 수 없는 목록, 즉 '출금금지 리스트'에 올린다는 뜻이 되는 거죠.

Buckett	Notify passport control. Get 'em the sketch of Oni and tell 'em to put his name and aliases on the **no-fly list**.
	여권 통제국에 알려요. 오니 몽타주를 보내고, 그의 이름과 가명을 출국금지 리스트에 넣으라고 해요.
Esposito	You got it, boss.
	알겠어요.

from >> Castle 1-6

Now that you mention it 그 말이 나와서 말인데요.

상대방의 말을 듣고 나서 무언가 할 말 혹은 기억이 떠올랐을 때, '그 말이 나와서 말인
데요'란 뜻으로 사용할 수 있는 말이 바로 Now that you mention it입니다.

Lisbon　　Who does she know that might have reason to do this?
　　　　　이런 짓을 할만한 누군가를 그녀가 알고 있나요?

Darlee　　Well, **now that you mention it**, there was a guy.
　　　　　음, 그 말이 나와서 말인데요, 한 명이 있었어요.

from >> Mentalist 1-3

OBGYN 산부인과 의사

OBGYN은 OB/GYN 또는 OBG, O&G라고 불리기도 하는데요. 출산을 담당하는
산부인과 의사를 뜻하는 Obstetrics와, 여성의 생식기 질병을 모두 다루는 부인과 의사인
Gynecology를 합쳐서 부르는 말입니다. 출산과 질병을 모두 담당할 수 있는 의사를 말하죠.

Cathleen　　I made an appointment with the new **OBGYN**.
　　　　　　새로운 산부인과 선생님과 약속이 있는데요.

Dell　　　　Honeymoon baby?
　　　　　　허니문베이빈가봐요.

from >> Private Practice 1-3

OD (약물을) 과량 섭취하다

OD는 overdose의 약자입니다. 약물 등을 '과량 섭취하다'란 뜻의 동사로 회화에서
사용되지요.

Kalinda	Look, maybe he **OD**'d on the oxycodone, but where did the alprazolam and ephedra come from?
	그러니까, 그가 옥시코딘을 남용한 걸 수도 있죠. 하지만 알프라졸람이랑 마황은 어디서 난 걸까요?
Alicia	Is that the stomach contents?
	그게 위 안에 있던 것들인가요?

from >> *The Good Wife 1-12*

off 죽다

off는 동사로 '죽이다, 끝내다'란 뜻으로도 사용됩니다. off가 무언가 멀리 떨어져버리는 의미를 담고 있기에 목숨을 앗아가 버리는 의미로 넓혀서 사용되는 것이죠.

Dinozzo	You think he **offed** himself, lieutenant?
	그가 자살했다고 생각하나요, 대위?
Lienutenatn	It's possible.
	가능한 일이죠.

from >> *NCIS 1-4*

off center 중심을 벗어난, 불안정한

off center는 말 그대로 중심(center)에서 떨어진(off) 상태를 뜻합니다. 감정적으로나 혹은 정신적으로 중심을 잡지 못하고 흥분한 상태를 가리켜 off center라고 말할 수 있지요.

Zoey	My sister's a little **off center** sometimes.
	저희 언니는 가끔 조금 중심을 못 잡고 흥분하고는 해요.
Hank	Oh, I know how you feel.
	아, 어떤 기분인지 나도 알아요.

from >> *Royal Pains 1-12*

off the charts 정상보다 훨씬 뛰어난

chart는 '도표, 그림'이란 뜻입니다. off the charts는 이런 도표나 그림 상의 수치를
벗어났다는 뜻으로, 통상적인 기준보다도 훨씬 더 뛰어나다는 것을 의미하지요.

Fred	Look on the bright side. You're alive. Oh, and not only do you get Jane's body, but you get her brains, too. Her I.Q. is **off the charts**.
	긍정적인 면을 생각해봐요. 당신은 살아있잖아요. 오, 그리고 당신은 제인의 몸을 얻은 것만 아니라 그녀의 뇌도 얻은 거예요. 그녀의 아이큐는 상상을 초월하죠.
Jane	Fred, tell me how to get "me" back.
	프레드, 어떻게 하면 '나'로 돌아갈 수 있는지 말해줘요.

from >> Drop Dead Diva 1-1

off the grid 추적 불가능한, 사라져서 찾을 수 없는

grid는 '배관망, 송전망'이라는 뜻으로, off the grid는 모든 통신에서 단절된 채 사는 것을
말합니다. 또 가스, 전기 등의 공공서비스나 휴대폰, 신용카드 등을 사용하지 않기 때문에
추적이 불가능하다는 의미가 있습니다. 수사 미드에서 용의자를 찾아낼 수 없을 때 자주 쓰는
표현이며, off grid라고 하기도 합니다.

Esposito	I pinged their cell phones, tracked their credit cards. She's **off the grid**.
	그들의 휴대폰도 추적해보고 신용카드 기록도 추적해봤는데요, 완전히 사라졌어요.
Ryan	Maybe not completely. I just got off the phone with the son's school.
	완전히는 아닐 수도 있어. 내가 방금 그의 아들의 학교측과 통화했어.

from >> Castle 2-8

on bail 보석금을 내고

앞에서도 나왔듯이 bail은 '보석금'이란 뜻입니다. 그래서 on bail은 보석금을 내고 구치소에서
나와 있는 상태를 의미하지요.

Judith	Do you think he'll ever get out **on bail**?
	그가 보석으로 나올 수 있을 거라 생각하세요?
Alicia	We're trying.
	그렇게 될 수 있도록 노력중입니다.

from >> The Good Wife 1-15

on meds 약을 복용 중인, 마약을 하는

"Are you on any meds?"는 의사들이 환자를 진찰할 때면 꼭 물어보는 질문 중 하나인데요.
on meds라는 건 어떤 종류의 것이든 약을 복용하는 것이 있는지를 묻는 것입니다. 또한
치료를 목적으로 먹는 약 뿐 아니라 마약을 복용하는지 여부도 포함이 되죠.

Hank	Are you **on any meds**? Do you take recreational drugs of any kind?
	약을 복용 중이신가요? 어떤 종류든 탐닉성 약품을 복용하고 계시나요?
Tess	No, no, nothing like that.
	아뇨, 아뇨. 그렇지 않습니다.

from >> Royal Pains 1-2

on one's mind 마음속에 있는

mind는 사람의 '마음'을 의미합니다. 그래서 on one's mind는 '마음속에 있는' 혹은
무언가가 '마음에 걸려 있는'이란 뜻이 됩니다.

Jane	What's **on your mind**, Mrs. Sands? Why am I here?
	무슨 생각을 하고 계시죠, 샌즈 씨? 왜 제가 여기 있는 거죠?
Sands	You know why. I want an apology.
	아시잖아요. 전 사과를 받길 원한다고요.

from >> Mentalist 1-4

on probation 집행유예 중인

범죄자의 유죄를 인정하되 정상을 참작하여 일정한 기간 동안 형의 집행을 미뤄주는 것을
'집행유예' 제도라고 합니다. 이를 영어로는 probation이라고 부르지요. on probation은
바로 이러한 상태에 있음을 나타내는 표현입니다.

Lori	Michael!
	마이클!
Michael	Lori, You know my record, I'm **on probation**. They get me for this, I'm going to go back. It's gonna be 30 years.
	로리, 제 기록 아시잖아요. 전 집행유예 중이라고요. 이 일로 경찰이 절 잡으면, 전 다시 감옥에 들어가야 해요. 30년 형은 받을 거라고요.

from >> Boston Legal 1-7

on suspension 직무정지 중인

suspension은 '직무정지'를 의미합니다. on suspension은 바로 이러한 상태에 있음을
나타내는 표현이지요.

Patric Jane	Morning, everybody! How was your flight?
	좋은 아침이에요, 여러분. 비행은 어땠어요?
Lisbon	Go away. You're **on suspension**.
	저리 가. 당신 직무정지 중이잖아.

from >> Mentalist 1-1

on the line 위태로운

on the line은 '위태로운, 위험한'이란 뜻입니다. 보통 회사에서 잘릴지도 모르는 상황에 있을
때 "My job is on the line." 이라고 말하곤 하지요.

Kelly's Husband	My job's **on the line**. The deputy director just chewed my ear off. Because I didn't make a meeting I was supposed to

be at.

지금 내 자리가 위태롭다고요. 내가 참석해야 할 회의에 그러지 못해서 부국장에게 엄청 잔소리를 들었어요.

Karl   **We both know that's not true.**

당신이나 나나 지금 그 말이 사실이 아니란 걸 알잖아요.

from >> Lie to me 1-4

on the pill 피임약을 복용 중인

pill은 '알약'을 의미합니다. 그러므로 on the pill은 '약을 복용 중인' 상태를 나타내는 표현이지요. 보통 비유적으로 피임약을 복용 중인 여성을 가리켜 on the pill이라고 말하곤 합니다.

Charlotte   **I'm on the pill.**

나 피임약 복용 중이잖아.

Cooper   **You're a doctor. You know that's not 100%.**

넌 의사잖아. 그게 100% 보장되는 건 아니라는 거 알면서 그래.

from >> Private Practice 2-9

OP 작전

OP는 operation의 약자입니다. '작전'이란 뜻으로 주로 군대에서 사용되는 용어이지요.

Gibbs   **Tell me about this OP you're running.**

무슨 작전 중인지 말해봐요.

Melinda   **ATF knew they were moving a lot of illegal weapons.**

ATF는 불법 무기가 대량으로 유통된다는 건 알아냈어요.

from >> NCIS 1-21

O.R. 수술실

O.R.은 Operation Room의 약자입니다. '수술실'을 가리키는 용어이지요.

Richard	You belong in the **O.R.**. You'll be back in less than a month, begging for your job
	당신은 천상 수술실에 있어야 할 사람이야. 한 달도 못 돼서 돌아오게 될 거야. 다시 일자리를 달라고 빌면서 말이야.
Addison	No, I won't. I am changing my life.
	아뇨, 안 그럴 거예요. 전 제 삶을 변화시킬 겁니다.

from >> Private Practice 1-1

out of (the) line 도가 지나친

out of (the) line은 어떤 일을 함에 있어서 혹은 어떤 말을 함에 있어서 그 '정도가 지나친' 이란 뜻의 표현입니다. 즉 지켜야 할 선(line)을 벗어났다는(out of) 뜻의 표현인 것이죠.

Brad	Denny, you're way **out of the line**. This woman has just lost her husband. You're asking her questions about her sex life, her perfume?
	데니, 너 도가 지나쳤어. 이 여자분은 이제 막 남편을 잃으셨다고. 근데 그녀에게 부부생활과 향수에 대해서 물어보는 거야?
Denny	I know what I'm doing.
	내가 뭐하는지는 내가 잘 알아. (다 이유가 있어서 그러는 거야.)

from >> Boston Legal 1- 2

out of thin air 불쑥, 무(無)에서

만약 주변에 아무것도 없고 만약 공기(air) 뿐이라면 그 무엇도 만들어 내거나 할 수가 없을 겁니다. 그래서 out of thin air는 out of nothing과 동일한 의미로 '불쑥, 무(無)에서'란 뜻을 가지고 있습니다.

Hank	Nikki, I can't make a new job appear **out of thin air**.
	니키, 내가 불쑥 새로운 일자리를 나타나게 할 수는 없잖니.
Nikki	Yeah, no one can.
	그래, 그 누구도 그럴 수는 없지.

from >> Royal Pains 1-1

park (patient) 환자를 기다리게 하다

park는 동사로 '주차하다'는 뜻이 있습니다. 만약 park의 목적어로 사람, 환자가 오게 된다면 그 사람의 치료를 바로 하지 않고 기다리게 한다는 뜻이 되죠.

Cary	I looked at the paramedic's run sheet. You're right, the times don't add up. Looks like they **parked** Ben for 15 minutes. 구급대원 일지를 봤는데, 당신 말이 맞아요. 시간이 안 맞아요. 병원에서 벤을 15분 동안 기다리게 한 것 같아요.
Kalinda	That's pretty damning. 그건 꽤나 죄를 명백히 하는 건데요.

from >> The Good Wife 1-12

patient zero 감염원

patient zero는 감염을 일으킨 최초 환자를 말합니다. 어떤 병이 주변 사람들에게 전염 되었을 때, 그 병을 가장 먼저 앓은 사람을 말하죠.

Divya	And who is **patient zero**? 누가 감염원인데요?
Hank	(To Antoine) So, Antoine, are you feeling any better? (안톤에게) 안톤, 좀 나아지셨어요?

from >> Royal Pains 1-6

pay off 갚다

pay는 비용을 '지불하다'란 뜻입니다. off는 무언가가 멀리 떨어지는 이미지를 가지고 있으므로 pay off는 빚이나 대출금 등을 완전히 '갚다'란 뜻이 됩니다.

A suspect	How am I ever gonna **pay off** a hundred grand in student loans? 제가 수십 만 달러나 되는 학생 대출금을 어떻게 갚을 수 있겠어요?
Karl	Yeah, well, you've got a point there. 응, 음. 자네 말도 일리가 있어.

from >> Lie to me 1-2

ped 소아과, 소아과 의사

ped는 pediatrics 의 약자입니다. 즉 '소아과' 또는 '소아과 의사'를 뜻하는 용어지요.

Naomi	Oh, okay. 5-cent tour. Exam rooms- two is for **ped**s, uh, three has the gynie exam table in it. You and I will share it. 오, 이리와, 잠깐 둘러보자. 검사실부터. 두 개는 소아과 거고, 세 개엔 산부인과 검사대가 있어. 우리가 함께 쓸 거야.
Addison	You didn't tell them you hired me. 너 다른 사람들한테 나 고용했단 말 안했다며.

from >> Private Practice 1-1

pink slip 해고 통지서

예전에는 직원을 해고할 때 해고 통지서를 분홍색 쪽지에 적어서 알려줬다고 합니다. 여기서 유래해서 pink slip이 '해고 통지서'를 뜻하게 되었습니다.

Gibbs	Well, she better get the message soon, or you're gonna be getting one on a **pink slip**. 그녀가 그 메시지를 빨리 받는 게 좋을 거야. 아니면, 자네가 해고될 거니까.
Tony	You can't fire me for something I have no control over.

from >> NCIS 1-11

제가 통제할 수 없는 일로 저를 해고하시면 안되죠.

play coy 시치미 떼다

coy는 '수줍어하는, 내숭을 떠는'이란 뜻입니다. 그래서 play coy는 거짓으로 사람들에게 수줍어하거나 내숭을 떤다는 의미로 우리말의 '시치미 떼다'에 해당하는 표현이죠.

Beckett	My winnings?
	내 딴 돈이라고요?
Castle	Oh, don't **play coy** with me. You threw your hand.
	오, 시치미 떼지 마세요. 일부러 져 줬잖아요.

from >> Castle 1-8

plea bargain 형량 거래

죄를 지은 피고가 재판 과정에서 유죄를 시인하는 대신에 그를 기소한 검찰 측에서 형량을 감량해서 구형하도록 서로 간에 거래를 하는 것을 '형량 거래'라고 부릅니다. 영어로는 plea bargain이라고 하지요.

Cary	Anyway, I just wanted to update you on the outcome of the Chatham case. Turns out I was able to push the S.A. into a very favorable **plea bargain**.
	어쨌든, 전 그냥 Chatham 사건의 결과를 당신에게 알려주고 싶었어요. 제가 주 변호사에게 굉장히 호의적으로 형량 거래를 하자고 압박을 했어요.
Diane	Excellent.
	잘했어요.

from >> The Good Wife 1-3

P.O.I 의심가는 인물

P.O.I는 person of interest의 약자입니다. interest가 '관심'이란 뜻이 있으므로 말 그대로

'관심이 가는 사람'이란 의미가 되죠. 보통 사건수사와 관련하여 용의자나 중요한 단서가 될 만한 사람을 가리켜 P.O.I.라고 부릅니다.

Gibbs	Now, what's on the tape?
	자, 이제 테이프엔 뭐가 있어?
Abby	Well, I haven't finished cleaning it up yet, but I have a **P.O.I.**
	그게, 아직 끝내진 못했는데요, 의심가는 인물이 있긴해요.

from >> NCIS 2-15

positive 확실한

positive는 긍정적인이란 뜻 외에도 확실하다는 의미로도 사용이 됩니다. 누군가가 어떤 것에 대해 질문을 던졌을 때, 그것에 대해 확실하다고 느끼면, "I'm positive."라고 말할 수 있는 거죠.

Annabeth	Are you sure?
	확실해요?
Ms. Walker	I'm **positive**.
	확실해요.

from >> Close to home 1-8

pro bono 무료 변호

pro bono는 법률 관련 업무에 있어서 변호사가 가난한 고객들을 위해 수임료를 받지 않고 무료로 변호를 해주는 것을 뜻합니다. '공익을 위해서'란 뜻의 라틴어 pro bono publico의 줄임말이죠.

Will	Hope you're all right with this **pro bono**. How'd it sound?
	이 무료 변호 건에 대해 당신이 괜찮아했으면 좋겠어. 어떤가?
Alicia	Interesting.
	흥미롭겠는 걸요.

from >> The Good Wife 1-1

Essential Expressions A to Z

pull wool over one's eyes ~를 속이다

pull wool over one's eyes는 '~를 속이다'란 뜻입니다. 누군가의 눈에 양털을 덮어 씌워서
사실, 진실을 보지 못하게 만드는 것을 비유한 표현이지요.

Kelly	Given what happened at home, you have to consider the possibility that Smantha ran away. 집에서 일어났던 일을 생각해 볼 때, 사만다가 가출을 했을 가능성도 고려해야 할 겁니다.
A detective	Unless none of it happened and they're **pulling the wool over our eyes**. 만약 그 중 어느 것도 일어나지 않았다면 그 사람들이 우리를 속이는 겁니다.

from >> Lie to me 1-6

push someone's buttons 성질을 건드리다

push one's buttons에서 buttons는 누르게 되면 사람의 화가 치밀어 오르게 되는 무언가를
의미합니다. 그래서 push one's buttons는 누군가의 '성질을 건드리다'란 뜻이 되는 거죠.

Castle	You're trying to **push my buttons**, but it's not gonna work. 지금 날 약 올리려고 하는 거죠, 하지만 절대 안 먹힐걸요.
Beckett	Really? 'Cause it seems to be working just great. 진짜요? 제가 보기엔 아주 잘 먹히고 있는 것 같은데요.

from >> Castle 2-4

Q

quit cold turkey 단칼에 끊다

술이나 담배 등을 단칼에 끊는 것을 가리켜 quit cold turkey라고 합니다. 보통 차가운
칠면조 고기는 표면이 닭살처럼 오돌오돌 올라와 있는데요. 이렇게 닭살이 돋도록 소름끼치게

한 번에 확 끊는다는 것을 뜻하는 표현이죠.

> **Mrs. Hewitt** My husband's a chain smoker. It was his smoke they smelled on my clothes.
>
> 제 남편은 골초예요. 의사들이 제 옷에서 냄새를 맡았던 건 남편의 흡연으로 인한 거였답니다.
>
> **Allan** Amazing. You smoked two packs a day. You live with a chain smoker, and you're able to just **quit cold turkey**.
>
> 놀랍군요. 하루에 담배를 두 갑이나 피셨던 분이, 그것도 골초인 남편분과 사시는데, 담배를 단칼에 끊을 수 있으셨다는 거죠.

from >> Boston Legal 1-9

R

rainmaker 실적우수자

rainmaker는 비가 오지 않을 때 '인위적으로 비를 내리도록 하는 능력을 가진 사람'을 뜻하는 용어입니다. 그래서 불가능한 일을 가능하게 할 만큼 뛰어난 실력과 실적을 보여주는 사람을 가리켜 rainmaker라고 부르죠.

> **Shirley** And he's technically still in charge of litigation?
>
> 그리고 엄밀히 말해서 그가 여전히 소송을 책임지고 있다는 건가요?
>
> **Paul** Which is the reason I called you back. He is an enormous **rainmaker**, Shirley.
>
> 셜리, 그게 바로 내가 당신을 다시 불러들인 이유죠. 그는 실적이 아주 뛰어나요.

from >> Boston Legal 1-12

rap sheet 전과기록

범죄자들의 전과기록을 가리켜 rap sheet이라고 합니다. rap은 '범죄, 징역형'이란 뜻을 가지고 있는데, rap sheet은 이러한 내용을 담고 있는 종이를 의미합니다.

Beckett	You've got quite a **rap sheet** for a best-selling author. Disorderly conduct, uh, resisting arrest? 베스트셀러 작가치고는 놀라운 전과기록이 있네요. 풍기문란죄, 체포반항죄?
Castle	Boys will be boys. 남자들이 원래 그렇잖아요.

from >> Castle 1-1

rat on 밀고하다

rat on은 '밀고하다'란 뜻의 표현입니다. 여기저기 돌아다니며 비밀을 퍼트리고 다니는 쥐새끼 같은 행동을 함을 뜻한다고 볼 수 있지요.

Fire chief	I can't believe Wallace didn't come forward earlier. 월러스가 좀 더 일찍 나서지 않았다는 게 믿을 수가 없네요.
Brendan	(Sarcastically) Yeah, the black firefighters won't **rat on** the racists. (비꼬면서) 그렇죠. 흑인 소방관들은 인종차별주의자들을 고자질하지 않을 테니까요.

from >> Lie to me 1-5

red herring 관심을 딴 데로 돌리는 것

red herring은 물고기 종류인 '훈제청어'를 뜻합니다. 과거 범죄자들이 자신을 잡기 위해 쫓아오는 개의 후각을 교란시키기 위해 냄새가 강한 훈제청어를 이용했던 것에서 유래해 '관심을 딴 데로 돌리는 것'의 의미로 사용됩니다.

Castle	He's totally the **red herring**. 그는 관심을 딴데로 돌리기 위한 미끼예요.
Beckett	The red herring? 관심을 돌리기 위한 거라고요?

from >> Castle 1-4

restraining order 접근 금지 명령

누군가가 자신에게 접근하는 것을 법적으로 금지시킬 수 있는데, 이를 restraining order라고 하죠. 보통 스토커들로부터 자신을 보호하기 위해 이 명령을 받아내곤 하죠.

Tara	At the very least, You could get a **restraining order**.
	최소한, 접근 금지 명령은 얻어낼 수 있잖아요.
Allan	There's nothing to warrant that, either.
	그걸 보장할 수 있는 것 역시도 전혀 없죠.

from >> Boston Legal 1- 1

rule out 배제하다

rule out은 어떤 사안의 가능성이나 적절성을 '배제하다'란 뜻입니다. 말 그대로 규정과 같은 틀에서 무언가를 밖으로(out) 배제시켜 버리는 것이죠.

Mcgee	I don't think we should **rule out** anything, Tony.
	어떤 것도 배제해선 안 될 것 같은데요, 토니.
Tony	Oh, really? Do you now, probie?
	오, 정말? 그런거야, 신입?

from >> NCIS 2-9

run a red light (빨간 불) 신호를 어기다

교통신호 등이 빨간색이면 당연히 차는 운행을 멈춰야 합니다. 하지만 신호를 어기고 달리는 경우 영어로 run a red light이란 표현을 사용합니다. 말 그대로 빨간 신호등이 켜진 상태에서 달렸다는 것을 뜻하지요.

Kelly	You said there was new information?
	새로운 정보가 있다고 말씀하셨죠?
A victim's father	A car **ran a red light** two days ago.
	차 한 대가 이틀 전에 신호를 어겼어요.

from >> Lie to me 1-6

run for 출마하다

run for 뒤에 목적어로 공직, 직무와 같은 것들이 오면 그 자리를 얻기 위해서 선거에
'출마하다'란 뜻이 됩니다.

Grayson	But think about your future. You might not always feel the same way as you do now. 하지만 미래를 생각해보렴. 니가 언제나 지금처럼 느끼지 않을 수도 있잖니.
Jenny	So I won't **run for** president, okay? 그렇다고 제가 대선에 출마할 것도 아니잖아요?

from >> Drop Dead Diva 1-9

run-of-the-mill 흔히 있는, 평범한

mill은 '방앗간, 물레방아'를 뜻합니다. 물레방아는 늘 같은 움직임으로 돌기만 하죠.
그래서 어떤 일이 run-of-the-mill이라는 것은 마치 물레방아가 도는 것처럼 '흔히 있는,
평범한'이라는 뜻이 됩니다.

Beckett	It would be almost impossible for a **run-of-the-mill** revenge murderer to be that invisible. 복수를 위한 평범한 살인범이 그렇게 깨끗하게 범행을 저질렀을리 없어요.
Montgomery	You thinking it's professional? 이게 프로의 소행 같나?

from >> Castle 1-10

S

sat phone 위성전화

육지에서야 휴대전화 송신이 다 가능하지만, 배를 타고 바다에 있다거나 비행기를 타고

있는 상태에서는 휴대전화의 사용이 어렵습니다. 이때는 위성을 통한 전화연결이 가능한데 바로 이러한 단말기를 satellite phone(위성전화)이라고 부릅니다. 간단히 줄여서 sat phone이라고도 하지요.

Rob	What can I do?
	저는 뭘 할까요?
Hank	Okay, I need a drill and all the bits. I need Lois on hand, and I really need that **sat phone** working.
	드릴이랑 모든 날이 필요해요. 루이스도 있어야하고요, 그 위성전화도 꼭 필요해요.

from >> Royal Pains 1-5

scare the hell out of someone ~을 간 떨어질
정도로 무섭게 하다

scare는 누군가를 '무섭게 하다'란 뜻의 동사입니다. hell out of는 이를 좀 더 강조하는 표현으로 마치 지옥(hell)이 생각날 정도로 무섭게 한다는 의미가 되는 거죠. 우리말의 '~의 간을 떨어지게 하다'란 표현과 비슷하다고 할 수 있습니다.

Jane	You **scared the hell out of me**.
	너 때문에 간 떨어질 뻔 했잖아.
Fred	You scared the hell out of me. What are you doing here?
	내가 간 떨어질 뻔 했다고. 여기서 뭐하는 거예요?

from >> Drop Dead Diva 1-2

scrub in (수술 전) 손을 씻다, 수술에 참여하다

scrub in은 수술 전에 의사들이 손을 씻는 것을 뜻하는 표현인데요. 실제 손을 씻는 것 뿐 아니라 수술에 참여한다는 의미를 나타내기도 합니다. 손을 씻는다는 것은 곧 수술에 들어간다는 것을 뜻하니까요.

Pete	Addison.
	애디슨.

Addison	I am going to **scrub in** and find sterile drapes.
	난 가서 손을 씻고 멸균 천을 찾아봐야겠어.

from >> Private Practice 1-1

shook up (마음이) 혼란스러운, 동요된

shake는 '흔들다'란 뜻입니다. 그래서 누군가가 마음이나 정신상태가 shook up이라는 것은 흔들어진 상태, 즉 '혼란스러운, 동요된'이란 뜻이 되는 거죠.

A lawyer	And detective, describe for the jury if you can, the defendant's demeanor when you arrived at the scene that night.
	그리고 형사님. 배심원단을 위해 하실 수 있다면 설명해주세요. 그날 밤 현장에 도착했을 때 피고인의 태도를요.
A witness	She seemed pretty **shook up**. There were blood all over her.
	그녀는 꽤 혼란스러워 보였어요. 그녀는 온통 피투성이였죠.

from >> Boston Legal 1-10

sign up for ~에 입학하다, 참가하다, 신청하다

sign은 '서명하다'란 뜻으로 sign up for 하면 강의나 수업 등을 듣기 위해 서명을 하여 등록을 하는 것을 뜻하는 표현이죠.

Stacy	Sweetie, did you **sign up for** the Jillian Ford diet? Let's do it together.
	친구야, 너 질리언 포드 다이어트에 등록한거야? 같이 하자.
Jane	No, I didn't. I'm suing Ms. Ford.
	아니야, 그런거 아냐. 포드 씨를 고소 중이야.

from >> Drop Dead Diva 1-7

silent treatment 고의적인 무시

상대방을 상대하지 않는 방식의 하나가 바로 silent treatment입니다. 이는 상대방에게 말을

걸지도 상대방의 말에 대답을 하지도 않는 침묵, 즉 '고의적인 무시'를 뜻하지요.

Kelly	According to Mr. Donovan, your men have been involved in some pretty extensive hazing. He wouldn't say who was involved, but it went beyond the **silent treatment**.
	도나반 씨에 의하면, 당신의 부하직원들이 꽤나 광범위한 괴롭힘과 관련되어 왔다고 하더군요. 누구 누구가 관련이 되어있는지는 말하지 않았습니다. 하지만, 단순히 상대를 무시해온 것 이상의 괴롭힘이라더군요.
Brendan	Baking soda showers, bottle rockets in the bathroom stalls.
	베이킹소다를 덮어씌운다던지, 화장실 변기에 화약병을 넣어둔다던지 하는 등요.

from >> Lie to me 1-5

skirt chaser 여자의 꽁무니나 따라다니는 남자

우리나라에도 여자 치맛자락만 쫓아다닌다는 말이 있죠. 영어에서도 이렇게 여자만 보면 정신 못 차리고 쫓아다니는 사람을 가리켜 skirt chaser라고 부릅니다. chase가 동사로 '~을 쫓다, 추적하다'란 뜻이 있기 때문이죠.

Lori	The man is a profound **skirt chaser**.
	그 남자는 아주 뼈 속까지 여자 꽁무니나 따라다니는 남자야.
Tara	What's wrong with your skirt?
	근데 왜 선배는 안 쫓아다녀요?

from >> Boston Legal 1-1

Slow down. 진정해.

상대방이 흥분을 했을 때 진정하라는 의미로 사용되는 표현 중에 하나가 바로 slow down입니다. 말 그대로 흥분된 상태를 느린 상태로 진정시키라는 것이죠. 이 외에도 Relax. / Cool Down. / Calm Down. 등의 표현이 사용됩니다.

Teri	**Slow down**, what's going on?
	진정해, 무슨 일이야?

Jane	There was a weirdo at the courthouse, and I think he followed me out.
	법정에 어떤 이상한 사람이 있었는데, 날 쫓아온 것 같아.

from >> *Drop Dead Diva 1-4*

solid case 확실한 기소건

solid는 '기반이 확실한, 믿을 수 있는'이란 뜻이 있습니다. 그래서 어떤 사건이 증거 불충분등으로 법원 심리(hearing)에서 기각되지 않고, 확실하게 기소되어 재판이 진행될 수 있는 사건을 가리켜 solid case라고 부릅니다.

Annabeth	Please tell me you're kidding.
	지금 농담하시는 거죠.
Steve	Listen, Annabeth, this is a **solid case**, three witnesses up and down.
	들어봐, 애나베쓰, 이건 3명의 증인이 있는 확실한 기소건이야.

from >> *Close to home 1-8*

speak highly of someone ~에 대해 극찬을 하다

highly는 '높이 평가하여, 크게 칭찬하여'란 뜻이 있는데요. 그래서 누군가에 대해서 '극찬을 하다'란 의미로 사용되는 표현이 바로 speak highly of someone입니다.

Alicia	Me?
	나한테?
Will	Yeah. The slip and fall, his daughter's defense. I guess she **spoke highly of you**.
	그래. 낙상사고 있었잖아, 그녀의 딸 사건말이야. 그녀가 너에 대해 좋게 말했나봐.

from >> *The Good Wife 1-9*

spousal privilege 배우자 특권

범죄사건에 있어서 피고인의 배우자가 피고에게 불리한 증언을 할 수 없도록 법적으로 규정한
것이 바로 '배우자 특권' 제도이고, 이를 영어로 spousal privilege라고 부릅니다.

Lou   On what ground?
           무슨 근거로?

Danny   **Spousal privilege**. She can't testify against her own husband.
           배우자 특권이요. 아내는 자기 남편에게 불리한 증언을 할 수 없잖아요.

from >> Close to home 1-7

stand 증언석

법정에서 증인들이 증언을 하기 위해 앉는 좌석을 '증언석'이라 하는데 영어로는 stand라고
부릅니다.

Philip   I was selfish and stupid. She deserves so much better. You have
           to get me on that **stand**, you have to let me speak to that jury.
           제가 이기적이고 멍청했어요. 그녀는 더 나은 대접을 받아야해요. 저를 꼭 증언대에
           세워주셔야 해요. 제가 배심원들에게 얘기할 수 있게 해 주세요.

Kim   Philip, there's nothing we can do at this point.
           필립, 지금 시점에선 우리가 할 수 있는 게 아무것도 없어요.

from >> Drop Dead Diva 1-6

state-of-the-art 최신, 최첨단의

현재의 기술 수준과 비교해 '최첨단의' 것임을 말할 때 사용할 수 있는 표현이 바로 state-
of-the-art입니다. state가 '상태'란 뜻이 있는데, 그래서 현 시점에서 가장 앞서는 상태의
기술(혹은 예술)임을 나타내는 용어지요.

Lou   All these folks had a **state-of-the-art** alarm system, I can tell
           you that.
           이 집에는 최신식 경보시스템이 설치되어 있었어요, 그건 확실히 말할 수 있죠.

Annabeth	Make sense. Mr. McNeil owns a security firm, right?
	그럴 수 있죠. 맥닐 씨가 보안회사 사장이잖아요, 그렇죠?

from >> Close to home 1-1

straight arrow 곧은 사람, 정직한 사람, 고지식한 사람

straight arrow는 휘어지지 않고, 일직선으로 곧게 서있는 화살처럼 '곧은 사람, 정직한 사람, 고지식한 사람'을 뜻하는 숙어입니다.

Steve	You think you can handle that?
	처리할 수 있겠어?
Annabeth	It's hard to believe Prichard's involved in meth. He's such a **straight arrow**.
	프리처드 씨가 필로폰과 연관됐을 거란 건 믿기 힘들어요. 그는 바른 사람이라고요.

from >> Close to home 1-9

strapping (체격이) 건장한

strapping은 구어로 '체격이 건장한, 덩치가 큰'이란 뜻을 가지고 있습니다. 또한, '가죽 끈'이란 뜻으로도 사용이 되니 혼동하지 않도록 하세요.

Allan	Sorry to intrude, but you seem rather **strapping**. Here's 300 dollars. Would you be so kind as to go hit that man down there?
	갑자기 끼어들어서 죄송한데요, 여러분들은 꽤 건장해 보이시는 군요. 여기 300달러가 있습니다. 저쪽에 있는 저 남자를 한 대 쳐 주시겠습니까?
A big man	Really?
	정말요?

from >> Boston Legal 1-14

street clothes 평상복, 외출복

street clothes는 평상시에 외출할 때 입는 옷을 말합니다. 특별한 날이나 운동 경기 등을 위해 입는 옷이 아닌 일반적으로 외출할 때 입는 옷을 말하죠. 말 그대로 거리(street)에 나가기 위해 입는 옷이라고 생각하면 됩니다.

Dern	She was here 20 minutes ago.
	20분 전까지는 여기 있었어요.
Jill	Her **street clothes** are gone.
	외출복도 없어졌어요.

from >> Royal Pains 1-4

subpoena 소환하다, 소환장(을 발부하다)

subpoena는 명사로는 '소환장'을 뜻합니다. 누군가에게 법원에 출석을 하라는 명령서 이지요. 이 단어는 또한 동사로도 사용되어 '~를 소환하다'란 의미도 가지고 있습니다.

Alicia	Why would they **subpoena** you?
	그들이 왜 당신을 소환하는 건데요?
Kalinda	I knew certain things.
	제가 알고 있는 것들이 있거든요.

from >> The Good Wife 1-14

suck up 아부하다

suck-up은 명사로 쓰이게 되면 '아부쟁이, 아첨쟁이'란 뜻이 있습니다. 동사로 suck up이라고 하면 '아부하다'란 의미가 되지요.

A secretary	I understand you're the boss. I'm **sucking up**.
	그 쪽이 사장님이시군요.. 전 아부를 하고 있는 거랍니다.
Shmidt	By standing next to me?
	내 옆에 서 있는 걸로요?

from >> Boston Legal 1-13

tail ~를 미행하다

tail은 '꼬리'란 뜻의 명사입니다. 동사로 사용될 경우 누군가의 꼬리를 밟다, 즉 '미행하다'란 의미로 사용이 되지요.

Danny	We can't **tail** the wife. 우린 그 사람 아내를 미행해선 안 돼.
Sally	It's what he wants, Danny. 하지만 그가 그러길 바란다고요, 대니.

from >> Boston Legal 1- 1

take advantage of ~을 이용하다

advantage는 '이득, 이점'이란 뜻입니다. 'take advantage of + 사람'은 누군가의 이점이나 이득을 취한다는 뜻이 되므로 '~을 이용하다'로 해석이 되지요.

Kar	Why did principal Castle recognize your car when I showed him the photograph? You're involved with him, aren't you? Castle **took advantage of** you. 왜 카슬 교장선생님이 내가 그에게 사진을 보여줬을 때 네 차를 알아본 걸까? 너 그와 관계를 맺었지, 그렇지 않니? 카슬 씨가 널 이용한 거야.
A student	He didn't take advantage of me. We're in love. 그가 절 이용한 게 아니에요. 우린 서로 사랑한다고요.

from >> Lie to me 1-1

take a shot 시도해보다

shot은 어떤 일을 해내기 위한 '시도'란 뜻이 있습니다. 그래서 take a shot은 성공, 실패

여부를 떠나서 무언가를 '시도해 보다'란 뜻이 되죠.

Annabeth	I'd really like to **take a shot**, if that's okay with you.
	당신만 괜찮다고 하시면, 한번 시도해보고 싶어요.
Mr. Wheeler	I would appreciate that.
	저야 (그렇게 해주신다면) 감사하죠.

from >> Close to home 1-13

take it down a notch 진정하다

notch는 '새김 눈'을 뜻합니다. take it down a notch는 새김 눈을 한 단계 내리다는 뜻이 되므로 화가 나거나 흥분한 상태를 좀 낮추다, 즉 '진정하다'는 뜻으로 사용이 됩니다.

Sam	You two, maybe we could **take it down a notch**.
	둘 다 그만 좀 해도 되지 않을까 싶어.
Naomi	People get angry, Sam. It's normal.
	사람들은 화낼 때도 있는거야, 샘. 그게 정상이라고.

from >> Private Practice 1-4

take it out on someone ~에게 화풀이하다

take it out on은 누군가에게 화풀이하다라는 뜻의 표현입니다. 자신이 마음 속에 가지고 있는 화를 밖으로 꺼내어 놓는 거라고 생각하면 쉽게 이해가 갈 겁니다.

Hank	No matter where I go, Beth can't ride tomorrow without my consent.
	제가 어딜가든, 베쓰는 제 승인없이는 내일 말을 탈 수 없어요.
Dan	You don't like me. That is fine. Do not **take it out on** Beth.
	당신은 나를 싫어하죠. 그건 괜찮아요. 베쓰에게 화풀이하지는 마요.

from >> Royal Pains 1-9

tipster 제보자, 정보원

사건을 해결하는 데 있어 반드시 필요한 것이 바로 제보자입니다. 누군가가 사건을 해결하기 위한 핵심단서를 알려주어야 하지요. tipster는 바로 '제보자, 정보원'을 뜻하는 용어입니다.

Beckett	And who was the **tipster**?
	그리고 제보자가 누구였는데?
Esposito	That's just it. The FBI never knew 'cause she didn't leave a name.
	그게 다에요. 그녀가 이름을 안 남겨서 FBI도 몰랐죠.

from >> Castle 1-8

toss 뒤지다

toss는 동사로 '던지다'란 뜻과 '뒤척이다'란 의미를 갖고 있습니다. toss의 대상이 장소가 될 경우, 이때는 그 장소를 '뒤지다'란 의미로 사용되지요. toss and turn은 '밤에 잠을 자지 못하고 뒤척이다'란 의미로 앞에서 배웠죠.

Gibbs	Somebody **tossed** this place.
	누군가 여길 뒤졌어.
Tony	How can you tell?
	어떻게 아세요?

from >> NCIS 1-17

track down ~를 찾아내다

track은 동사로 '~의 뒤를 쫓다'란 뜻입니다. track down은 누군가의 뒤를 쫓아서 그 사람을 '찾아내다'는 의미로 사용되지요.

Beckett	How'd you **track 'em down**?
	어떻게 그들을 찾아 낸거니?
Alexis	(To dad) It was something you said, dad.
	(아빠에게) 아빠가 말한 그거였어요.

from >> Castle 2-10

trespassing 침입, 침해

trespass는 남의 토지나 권리를 '침입하다, 침해하다'란 뜻의 동사입니다. 범죄 사건에 있어서 trespassing이라고 하면 바로 이러한 '침입, 침해' 활동을 뜻하지요. 보통 어떤 장소에 있는 '출입금지'란 푯말에는 'No Trespassing'이라고 적혀 있습니다.

Ryan	They're holding Helen Parker for assault and Sarah Reed for **trespassing**.
	그들은 Helen Parker를 폭행 혐의로 그리고 Sarah Reed를 침입 혐의로 붙잡아 두고 있어요.
Castle	A wife and fiancee cat fight. Please tell me we can stop for popcorn on the way.
	아내와 약혼자 사이의 여자싸움이구만. 가는 길에 팝콘이라도 사가야겠어요.

from >> Castle 2-10

truant officer 무단결석 지도원

미국에는 truant officer라는 직업이 있습니다. truant는 우리말로 '무단결석자'를 뜻하는데요. truant officer는 이렇게 학교를 무단으로 결석한 학생들을 잡아서 다시 학교에 돌려 보내는 역할을 하는 사람들이죠.

Alexis	Dad.
	아빠.
Castle	I am serious. Or I will call the **truant officer**.
	정말이야. 안 그러면 무단결석 지도원을 부른다.

from >> Castle 2-7

tune someone up 버릇을 고치다

tune up은 원래 악기의 음정을 '조율하다, 맞추다'란 뜻입니다. 이를 사람에게 적용하면 그 사람의 버릇이나 행동의 잘못된 점을 '고치다'란 뜻으로 사용이 되지요.

Hector	Last time I saw her, two weeks ago, she was disrespectful, so I

had to **tune her up**. She got a bloody nose.

마지막으로 그녀를 봤던 게 2주 전이었죠. 그녀는 버릇없게 굴었어요. 그래서 버릇을 고쳐줘야 했죠. 그때 그녀가 코피를 흘렸어요.

Lisbon   Was physical abuse a normal occurrence in your relationship?

당신들의 관계에서 신체적 폭행은 일상적인 거였나요?

from >> Mentalist 1-2

turn a trick 매춘을 하다

turn a trick은 '매춘부가 손님을 맞다, 매춘을 하다'란 뜻으로 사용되는 속어 표현입니다.
복수형태로 turn tricks라고 해도 역시 같은 뜻이지요.

Shannon   Is that a crime?

그게 범죄인가요?

Detective   Well, it is if you're **turning tricks**.

음, 당신이 매춘행위를 하고 있다면 그렇죠.

from >> Close to home 1-3

turn one's life around 개과천선하다

turn around는 '회전하다, 방향을 바꾸다'란 뜻입니다. 일반적으로 좋지 않던 상황에서 좋은
상황으로 방향이 바뀌는 것을 의미하지요. 그래서 turn one's life around는 '누군가의 삶이
좋은 방향으로 바뀌다'란 뜻이며 '개과천선하다'란 의미로 사용될 수 있습니다.

A sheriff   She sure had built up a lot of bad karma. But I don't know. She
seemed to be **turning her life around**.

그녀는 분명 많은 악업을 쌓아왔죠. 하지만 모르겠네요. 개과천선하고 있던 것으로
보였었거든요.

Lisbone   Bad karma doesn't have an expiration date.

나쁜 업보란 게 만기일이란 게 없잖아요.

from >> Mentalist 1-5

turn someone in ~를 신고하다, ~를 고발하다

turn in은 여러 가지 의미로 사용되는 표현입니다. 보고서나 숙제 등을 turn in 한다고 할 때는 '제출하다'란 뜻이 되지요. 반면에 turn in의 대상이 사람일 경우에는 그 사람을 경찰에 '신고하다, 고발하다'란 뜻으로 쓰입니다.

Jared	Against Cynthia? What for?
	신시아한테요? 왜요?
Castle	For **turning you in**. It was Cynthia who called the cops the night you were arrested.
	당신을 신고했잖아요. 당신이 체포될 때, 경찰한테 신고했던 사람이 신시아잖아요.

from >> Castle 1-8

ump 심판

미식축구나 야구의 심판을 가리켜서 umpire라고 부릅니다. 이를 간단히 줄여서 ump라고 애칭처럼 사용하기도 하지요.

Annabeth	Okay, see if you can find the **ump**, I'll track down the kids.
	그럼, 심판을 만나보세요, 전 아이들을 찾아볼게요.
Lily	Okay.
	알았어요.

from >> Close to home 1-10

Uncle Sam 미국 정부

미국 사람, 미국, 더 나아가서는 미국 정부를 가리켜서 Uncle Sam이라고 부릅니다. 과거 미국 국기를 연상시키는 옷과 모자를 쓰고 흰 머리에 수염을 가진 할아버지 Uncle Sam의

포스터에서 유래된 표현이라고 하죠. Uncle Sam의 각 단어 앞 스펠링을 따면 US, 즉 United States(미국)가 되기도 하죠.

Esposito	Whatever the procedure was, **Uncle Sam** paid for it. 수술이 뭐였던 간에 정부에서 비용을 대준거예요.
Castle	I guess we can rule out boob job. 적어도 이제 가슴 수술은 제외할 수 있겠네요.

from >> Castle 1-10

under arrest 체포된

arrest는 '체포'란 뜻입니다. 전치사 under를 사용해서 under arrest라고 하면 '체포된'이란 뜻이 되지요. 수사 미드에서 용의자에게 "당신을 체포합니다."라고 말할 때, "You're under arrest."라고 하지요.

A man	I followed her into the park and I did it. I killed her. 전 공원으로 그 애를 따라갔고 제가 그랬어요. 제가 그녀를 죽였어요.
A detective	You're **under arrest** for the muder of Danielle Stark. 당신을 다니엘 스타크를 살해한 죄로 체포합니다.

from >> Lie to me 1-3

undercover 위장근무

범인을 찾기 위해서 경찰들이 주로 하는 수사 방법 중에 하나가 바로 위장근무입니다. 이를 영어로 undercover라고 하지요. 동사 go를 사용해서 go undercover라고 하면 '위장근무를 하다'란 뜻이 됩니다.

Gibbs	Well, maybe the daughter is following in daddy's footsteps. 딸이 아빠의 뒤를 따르고 있는지도 모르지.
Tony	**Undercover** time? 위장근무 시간인가요?

from >> NCIS 1-21

uniform 경찰, 경관

경찰이나 경관들은 모두 특정 제복(uniform)을 입습니다. 일반적으로 경찰을 가리켜 cop이나 police란 단어를 사용하지만, 특별 수사대라던가 혹은 경찰과 다른 수사기관의 요원들은 경찰들을 가리켜 슬랭으로 uniform이라고 하기도 합니다.

Castle	Two straight years of therapy- maybe he just snapped. 2년간 계속 상담했으니- 갑자기 돌아버린 걸 수도 있죠.
Beckett	Have **uniforms** bring him in. 경관들에게 그를 데려오라고 하세요.

from >> Castle 2-2

up one's sleeve 몰래 준비해둔, 숨겨둔

sleeve는 긴 팔 옷의 '소매'를 뜻합니다. 마술사들은 이 sleeve를 사용해서 무언가를 숨겨 놓고 나타나게 하는 속임수를 쓰기도 하지요. 그래서 up one's sleeve는 '몰래 준비해둔, 숨겨둔'이란 의미를 갖습니다.

Jane	What's our next move? 우리 다음 계획은 뭐야?
Kim	Don't worry. I have a little trick **up my sleeve**. 걱정 마. 내가 따로 생각해둔 게 있으니까.

from >> Drop Dead Diva 1-9

vice versa 반대로 해도 같음, 거꾸로도 같음

Essential Expressions *A to Z*

무언가를 언급하고 그 상황을 역으로 바꿔도 역시 마찬가지임을 전달할 때 사용할 수 있는 표현이 바로 vice versa입니다.

Fred	Oh, I couldn't concentrate up there. I was sending bad people to heaven and **vice versa**.
	오, 하늘에서 집중할 수가 없었어요. 나쁜 사람들은 천국에 보내고, 착한 사람들은 반대로 했고요.
Jane	Because of Stacy?
	스테이시 때문에 말이에요?

from >> Drop Dead Diva 1-10

W

wall-to-wall 많은, 계속되는

wall-to-wall은 '바닥 전체를 덮는'의 뜻을 가지고 있기도 하지만, 바닥을 덮을 만큼의 많은 양이나 수를 뜻하는 형용사로 사용되기도 합니다.

Dell	If you have some time later, I think we should have a meeting.
	시간 좀 있으시면 우리 얘기 좀 해요.
Naomi	I have, uh, **wall-to-wall** patients today, so....
	내가 오늘 환자가 좀 많거든, 그러니까...

from >> Private Practice 2-1

ward 병동

병원의 병실 혹은 병동을 가리켜 ward라고 부릅니다.

Rebecca	I don't need another shrink. This is exactly why I didn't tell you about the psych **ward**.
	난 또다른 정신과 의사는 필요없어요. 이럴까봐 정신과 병동에 대해 말하지 않은거라고요.
Addison	I need you to be off your feet. Your contractions just eased up.
	서 있으면 안돼요. 자궁수축이 막 진정됐잖아요.

from >> Private Practice 1-4

warrant 영장

범죄 수사를 할 때, 어떤 곳을 수색하기 위해서는 법원으로부터 '영장'을 받아야 합니다. 이 영장을 영어로 warrant라고 하지요. 수색 영장은 보통 search warrant, 체포 영장은 arrest warrant라고 합니다.

Castle	So who was answering the dummy lines?
	그러면 누가 그 가짜 전화번호들의 전화를 받고 있었던 거지?
Beckett	let's get a **warrant** for all these numbers.
	이 전화번호들 모두에 대한 영장을 받도록 하죠.

from >> Castle 2-10

weather 이겨내다, 견디다

weather는 명사로 '일기, 기상, 날씨' 등을 뜻합니다. 하지만 동사로도 사용이 되는데요. 이 경우 어떤 시련이나 고난 등을 '이겨내다, 견디다'란 뜻이 됩니다. 궂은 날씨로 비유될 수 있는 어려운 상황을 견디는 것을 의미하지요.

Naomi	You feel a little clammy.
	몸이 안 좋으신 것 같네요.
Sister Virginia	I'm fine. I spend most of the year ministering to people in Uganda. You ought to see what I'm exposed to there. I'll **weather** sister Helen's cold.

Essential Expressions A to Z

> 괜찮아요. 전 일 년의 대부분을 우간다에서 봉사하며 보내요. 제가 그 곳에서 어떤
> 환경에 노출되어있는지 보셔야 해요. 헬렌 수녀님께 옮은 감기 정도는 이겨낼
> 거예요.

from >> Private Practice 1-8

whereabouts 행적

whereabouts은 '소재, 행적, 행방'을 뜻하는 단어입니다. 가끔 단수로도 사용되지만 보통은
복수 형태로 사용되지요.

Beckett   Can you confirm your **whereabouts** between 7:30 and 9:00 last night?
지난 밤 7시 반에서 9시 사이에 어디에 있었는지 말씀해주시겠어요?

Ross   Yeah, sure. I was here. I'm open till 10:00 every night.
네, 그럼요. 여기 있었어요. 매일 밤 10시까지 문을 열어요.

from >> Castle 2-2

with flying colors 성공적으로, 좋은 성적으로

과거에 전쟁에서 승리를 하게 되면 다양한 색깔의 깃발을 흔들며 승리를 자축하고는 했죠.
with flying colors에서 flying colors는 바람에 날리는 다양한 색의 깃발들을 의미합니다.
그래서 무언가를 성공적으로 혹은 좋은 성적으로 해냈을 때 with flying colors라는 표현을
쓸 수 있지요.

Hank   Evan, I have a patient who just passed his physical **with flying colors**.
에반, 난 지금 건강검진 결과가 좋게 나온 환자가 있어.

Evan   So what's the problem?
그럼 문제가 뭔데?

from >> Royal Pains 1-7

witness prep 증인 심문 준비

prep은 preparation(준비)의 줄임말입니다. 그래서 witness prep은 재판에서 '증인을 심문하기 위한 준비'를 뜻하지요.

Diane	Oh, Alicia, by the way, I'm moving you onto the Haskin tax case. Carry, you'll take **witness prep**.
	오, 앨리시아, 있잖아, 당신이 이제 하스킨 텍스 사건을 맡아줘야겠어. 캐리, 당신이 증인 심문 준비를 맡아요.
Alicia	Why, did I do something wrong?
	왜요, 제가 뭐 잘못했나요?

from >> The Good Wife 1-15

wrap up 일을 끝내다, 마무리 짓다

wrap은 '싸다, 포장하다'란 뜻의 동사입니다. 어떤 상황이나 일을 wrap up 한다는 것은 마치 최종적으로 포장을 하듯이 그 상황이나 일을 '끝내다, 마무리 짓다'란 뜻이 됩니다.

Castle	Dr. Talbot, too?
	탈봇 박사님도요?
Nurse	Him, too. We **wrapped up** a little after 9:00.
	박사님도요. 우린 9시 좀 넘어서 일을 마쳤어요.

from >> Castle 2-5

 미드 속 명대사

People do change, Patrick, it's possible.

사람들은 변해요, 패트릭. 가능한 일이라고요.

Games are for people with too much time on their hands.

게임은 시간이 남아도는 사람들이나 하는 짓이야.

The only way three people can keep a secret is if two of them are dead.

세 사람이 비밀을 지킬 수 있는 유일한 방법은 세 사람 중 두 명이 죽었을 때뿐이다.

Mistakes are the building blocks of wisdom.

실수를 통해 지혜를 쌓아가는 거야.

After all, we are pod-mates. I call it the peapod bond. You know, the bond that exists between parent and child, you and me, you and Alexis. We're all peas in a pod, and whether we like it or not, everyone who's ever had a child is in the pod forever.

결국 우리는 (완두콩)꼬투리 짝이거든 . 난 그걸 완두콩(꼬투리) 유대라고 불러. 있잖니, 부모와 자식 간에 존재하는 유대감 말이야, 너와 나, 그리고 너와 알렉시스가 가지고 있는 거. 우리는 모두 한 꼬투리 안에 있는 완두콩이야. 싫든 좋든 말이지. 아이가 있는 사람은 모두 영원히 그 꼬투리 안에 사는 거야.

Martha from "Castle"

Jane, the best way to get unstuck is to give yourself a kick in the ass.

제인, (어떤 것에서) 빠져나오는 가장 좋은 방법은 자신의 엉덩이를 걷어 차주는 거예요.

Lily From "Drop Dead Diva"

Divya   You're the first person who's asked me that.

Evan   People don't usually ask questions they don't want the answers to.

디비아   그걸 물어본 건 당신이 처음이에요.

에반   사람들은 보통 듣고 싶지 않은 대답의 질문은 하지 않죠.

From "Royal Pains"

All I want to do is go home and kick off these incredibly painful shoes, eat pizza and watch some really bad TV where people's lives are more screwed up than mine.

내가 원하는 거라곤 집에 가서 이 말도 안 되게 고통스런 신발을 벗어버리고 피자를 먹으며 나보다 더 삶을 망친 사람들이 나오는 TV를 보는 거야.

Addison from "Private Practice"

STUDY BREAK

Lie to me에서는 주인공이 사람들의 얼굴 표정을 통해 그들의 감정을 읽어내고 거짓과 진실을 가려내는데요. 그럼 어떤 것들을 통해서 그 느낌을 알 수 있는지 한번 알아볼까요?

놀라움

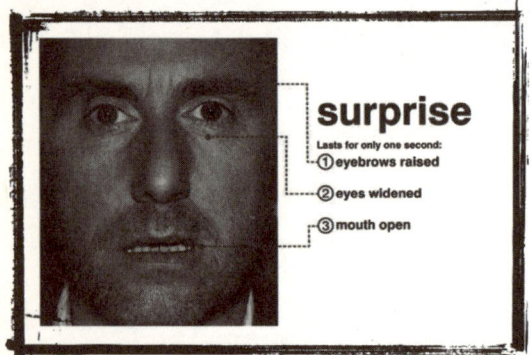

놀라움을 느꼈을 땐, 보통 눈썹이 올라가며 눈은 넓어집니다. 그리고 입은 벌어지게 되죠.

- EYEBROWS RAISED
- EYES WIDENED
- MOUTH OPEN

혐오감

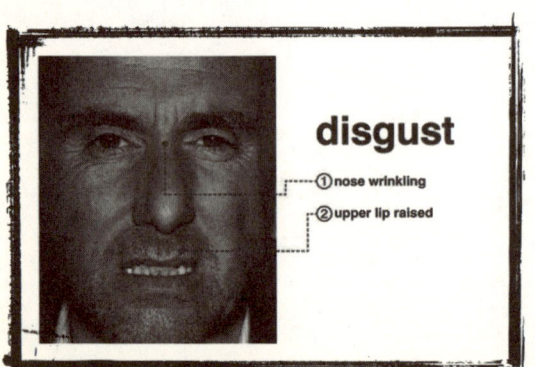

혐오감을 느낄 때는, 코를 찡그리게 되고 윗입술이 올라갑니다.

- NOSE WRINKLING
- UPPER LIP RAISED

Lie to me

happiness

A real smile always includes:
① crow's feet wrinkles
② pushed up cheeks
③ movement from muscle that orbits the eye

눈가의 잔주름이 생기고, 볼이 올라가며, 눈 주위의 근육의 움직임이 보인다면 그 사람이 행복하다는 걸 알 수 있죠.

- CROW'S FEET WRINKLES
- PUSHED UP CHEEKS
- MOVEMENT FROM MUSCLE THAT ORBITS THE EYE

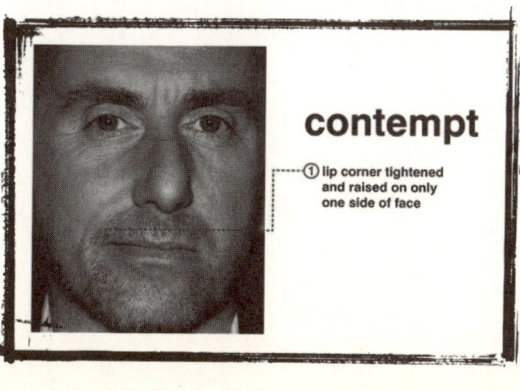

contempt

① lip corner tightened and raised on only one side of face

입 끝이 다물어진 채 한 쪽으로 올라간다면 그 사람이 경멸한다는 걸 알 수 있습니다.

- LIP CORNER TIGHTENED AND RAISED ON ONLY ONE SIDE OF FACE

Index

Index

Index

Index

Index

Index